BEITRÄGE ZUR GESCHICHTE DER LITERATUR UND KUNST
DES 18. JAHRHUNDERTS
Band 5

Herausgegeben von der Arbeitsstelle Achtzehntes Jahrhundert,
Gesamthochschule Wuppertal

Das deutsche Singspiel im 18. Jahrhundert

Colloquium
der Arbeitsstelle 18. Jahrhundert
Gesamthochschule Wuppertal
Universität Münster

Amorbach vom 2. bis 4. Oktober 1979

HEIDELBERG 1981
CARL WINTER · UNIVERSITÄTSVERLAG

Gedruckt mit Unterstützung des Ministers für Wissenschaft und Forschung
des Landes Nordrhein-Westfalen

CIP-Kurztitelaufnahme der Deutschen Bibliothek

Das deutsche Singspiel im 18. [achtzehnten] Jahrhundert:
Colloquium d. Arbeitsstelle 18. Jh., Gesamthochschule
Wuppertal, Univ. Münster, Amorbach vom 2.-4. Oktober 1979. – Heidelberg: Winter, 1981.

   (Beiträge zur Geschichte der Literatur und Kunst
des 18. [achtzehnten] Jahrhunderts; Bd. 5)
ISBN 3-533-03047-4 kart.
ISBN 3-533-03048-2 Gewebe
NE: Arbeitsstelle Achtzehntes Jahrhundert
<Wuppertal>; GT

ISBN 3-533-03047-4 kart.

ISBN 3-533-03048-2 Ln.

Alle Rechte vorbehalten. © 1981. Carl Winter Universitätsverlag, gegründet 1822, GmbH., Heidelberg
Photomechanische Wiedergabe nur mit ausdrücklicher Genehmigung durch den Verlag
Imprimé en Allemagne. Printed in Germany
Gesamtherstellung: Carl Winter Universitätsverlag, Abteilung Druckereien, Darmstadt und Heidelberg

Inhalt

Rainer Gruenter (Wuppertal)
Vorwort 7

Thomas Koebner (Wuppertal)
Hofkritik im Singspiel 11

Reinhart Meyer (Wuppertal)
Der Anteil des Singspiels und der Oper am Repertoire der deutschen Bühnen in der zweiten Hälfte des 18. Jahrhunderts 27

Joachim Schlichte (Kassel)
Bürgerliches Theater und Singspiel: eine Einflußnahme auf das Theaterrepertoire im ausgehenden 18. Jahrhundert dargestellt am Beispiel der Frankfurter Bühne 77

Wolfgang Greisenegger (Wien)
Der Weg zur Ausstattungspraxis des 18. Jahrhunderts 105

Christopher Thacker (Reading)
Rousseau's *Devin du village* 119

Roland Würtz (Weisenheim am Berg)
Das Türkische im Singspiel des 18. Jahrhunderts 125

Herbert Zeman (Wien)
Aber ich hörte viel von Pamina, viel von Tamino
Wer kennt den Text der *Zauberflöte*? 139

Horst Rüdiger (Bonn – Partschins/BZ)
Muß Mozart verständlich sein?
Zu Karl Wolfskehls Übersetzung von Da Pontes *Figaro* 171

Renate Moering (Wiesbaden)
Johann Friedrich Reichardts Liederspiele 191

Vorwort

Vom 2. bis 4. Oktober 1979 fand das fünfte Colloquium der Arbeitsstelle Achtzehntes Jahrhundert (Wuppertal/Münster) *Das deutsche Singspiel im 18. Jahrhundert* in Amorbach im Odenwald statt. Renate Schusky, Mitglied der Wuppertaler Sektion der Arbeitsstelle, zuständig insbesondere für musikhistorische Fragen und Aufgaben, hat das Colloquium vorbereitet und fachlich beraten.[1]

Das Singspiel als musikdramatische Mode des Achtzehnten Jahrhunderts versetzt, wie die gelehrte Literatur zeigt, die Forschung in einige Verlegenheit. Die Verbreitung und Beliebtheit des Singspiels im Achtzehnten Jahrhundert wird zwar immer wieder erwähnt, aber das Interesse der kompetenten historischen Disziplinen an seinen Formen und Arten ist so gering geblieben wie der Versuch wenig erfolgreich, seine musikdramatische 'Gattung' überzeugend zu bestimmen und abzugrenzen.

Das Singspiel ist, wenn nicht eine deutsche Spezialität, so doch in deutschen Territorien des Achtzehnten Jahrhunderts besonders geschätzt und besucht. Die Libretti des Singspiels sind, im Gegensatz zu den Texten der 'Großen Oper' (opera seria), der 'Komischen Oper' (opera buffa, opéra comique), in deutscher Sprache abgefaßt oder, überwiegend aus dem Französischen, ins Deutsche übersetzt. Das Publikum, das ihm seine Beliebtheit zusichert, ist nicht der 'Hof', sondern auf großen Plätzen, den Straßen, den Jahrmärkten vor allem der freien Reichsstädte zu finden. Das Singspiel zu Anfang des Achtzehnten Jahrhunderts, das aus der Zusammenarbeit von Christian Felix Weiße und Johann Adam Hiller entstand, fand an den großen Höfen zunächst keinen Zugang. Das Singspiel, das sich – in mitteldeutschen Bereichen – insofern den Gottschedschen Postulaten fügte, indem es den Harlekin tilgte, entwickelte sich unter dem Einfluß der opéra comique zu einer musikalischen Komödien-Gattung der Hof-Kritik, in die auch das städtische Ämter- und Schranzenwesen einbezogen wurde. Das Schema dieser Kritik beruhte auf dem bewährten topischen Kontrast von 'unschuldigem' Landleben – pastorale oder dörfliche Idylle menschlicher Eintracht – und 'verdorbener' Stadt mit der Zwietracht sozialer Abhängigkeiten und Eitelkeiten. Später konnte die Kleinstadt den Part der sittsamen Idylle übernehmen. Schauplatz antithetischer Konstellationen wurden schließlich auch die 'exotischen' Bereiche ferner Länder.

Das Singspiel büßte mehr und mehr seine durch die opéra comique tradierten stände- und hofkritischen Impulse ein, und es eroberte das Repertoire der Duodezhöfe, wie es, zum Beispiel, die Spielbücher der Fürstlich Leiningenschen Bibliothek zeigen. Rollenbücher, Theaterzettel, Libretti lassen eine rege aktive Beteiligung der Angehörigen des Hofes an den Aufführungen erkennen. Der Hofmann als Gürge oder Töffel, die Favoritin als Lottchen oder Hannchen nehmen theatralisch die

'Tugend' der niederen Stände in Besitz. Das Singspiel, das sich an den städtischen Theatern und auf öffentlichen Plätzen durchgesetzt hatte und gegen Ende des Achtzehnten Jahrhunderts die Spielpläne mehr und mehr bestimmte, weil es erfolgreicher als andere Darbietungen der Bühne die wirtschaftliche Existenz der Theatergruppen sicherte, wurde nun zum beliebten Unterhaltungs- und Geselligkeitsspiel, das weder durch Ort und Handlung, noch durch Publikum ständisch bestimmt war.

Wielands ästhetisches Ideal des Singspiels favorisierte antikisierende Stoffe, die gesellschaftskritische Elemente der opéra comique ausschlossen. Damit war der Weg frei zur schönsten Form des Singspiels, dem Märchenspiel Mozarts, der *Zauberflöte*, die zugleich, nachdem Mozart Schäferspiel und Türken-Stoff musikalisch erprobt hatte, die Versöhnung von opera seria und Singspiel brachte.

Eine musikgeschichtliche Betrachtung des Singspiels wird es nicht trennen können von bestimmten Opernformen. War die musikalische Form des Singspiels zunächst durch das fehlende Recitativ und einfache liedhafte Arien (retardierende Elemente der Bühnenhandlung) geprägt, so wurde es zunehmend durch aufwendige Orchestrierung, Vermehrung und Differenzierung des Ensembles der Komischen Oper angeglichen. Freilich blieb sein Abstand zum Darbietungstypus der großen Oper, der opera seria, – vor allem auch in der Ausstattungspraxis – entschieden gewahrt. So war das Singspiel in den Neunziger Jahren des Achtzehnten Jahrhunderts in der Gunst des Publikums so sehr gestiegen, daß es nicht nur unbestrittene Priorität im Aufführungsrepertoire besaß, sondern daß man es sich auch leisten konnte, Mozarts *Don Giovanni* durch Kürzung der Musiknummern und Einführung gesprochener Dialoge anstelle des secco-Recitativs auf Singspiel-Format zurechtzuschneiden und die Kompositionskonsequenz, die 'Form' der Oper zu zerstören.

Das Amorbacher Colloquium konnte gewiß nur eine Auswahl der Singspiel-Probleme zur Sprache bringen und auch in dieser Auswahl nur begrenzte Antworten auf die Fragen finden, die zur Textgeschichte und Textform, zur Literatur-, Musik-, Theater- und Kulturgeschichte des Singspiels gestellt wurden. Daß Hans-Albrecht Koch (Berlin) seinen Beitrag *Wielands Singspieldichtungen und Singspieltheorie* kurzfristig absagen mußte, störte die 'Komposition' des Colloquiums erheblich. Drei Teilnehmer wollten davon absehen, die Notizen ihrer Beiträge für eine Druckfassung zu überarbeiten. Nichtsdestoweniger verdanken wir ihnen nicht nur eine Fülle von Informationen, sondern auch Definitionen, die der Singspiel-Diskussion der Arbeitsstelle nutzen werden. Fritz Kaiser (Mainz) teilte aus seinen reichen Kenntnissen von *Musik und Theater am Leiningenschen Hofe in Dürkheim und Amorbach* mit. Zur Frage der heutigen 'Aktualität' des Singspiels, seiner historischen Rekonstruktion auf heutigen Bühnen und vor heutigem Publikum äußerten sich Christoph Albrecht (Köln): *Probleme bei Aufführungen von Singspielen* und Klaus Schultz (München): *Das Labyrinth. Der Kampf mit den Elementen oder: 'Der Zauberflöte zweyter Theil' von Peter von Winter*. *Das Labyrinth* wurde 1978 an der Bayerischen Staatsoper neu inszeniert und im Cuvilliés-Theater in München aufgeführt. Norbert Miller, der Winters *Labyrinth* eine umfängliche Studie gewidmet hat,[2] mußte als Vortragsgast leider fehlen. Als jüngster Beitrag zur Rezeptionsgeschichte des Singspiels wurde die Vorführung von Ingmar Bergmans Film *Die Zauberflöte* sehr begrüßt.

Roland Würtz (Viola da braccio), Ingrid Würtz (Sopran), Erna Rottenwöhrer (Hackbrett), Elisabeth Zehm-Thoma (Viola da gamba) und Hans-Jürgen Thoma (Cembalo) war das Kammerkonzert im 'Grünen Saal' der ehemaligen Abtei Amorbach zu danken, in dem Lieder aus den Singspielen *Flora* und *Cecrops* von Johann Philipp Krieger und Arien aus *Der bekehrte Trunkenbold (L'ivrogne corrigé)* und aus *Echo und Narciss* von Christoph Willibald Gluck vorgetragen wurden.

Zu danken ist schließlich Emich Fürst zu Leiningen für vielfältiges Entgegenkommen und Interesse, vor allem auch Friedrich Oswald von der Fürstlich Leiningenschen Verwaltung, der unsere Gäste sachkundig durch Konventbau, Bibliothek und Kirche der ehemaligen Amorbacher Abtei führte.

Amorbach, Oktober 1979 Rainer Gruenter

Hofkritik im Singspiel

von

Thomas Koebner (Wuppertal)

I Das Singspiel als parodistisches und populäres Genre

Seinem Ursprung als eines parodistischen und populären Genres: als „Bettleroper", als (Pseudo-)Bauern-, Handwerker- und Kleinstädter-Oper, verdankt das Singspiel seine Bedeutung im 18. Jahrhundert – weniger seinen Libretti oder Kompositionen für sich genommen, die tendenziell, da sie primär parodistisch und populär gemeint sind, nicht unverwechselbare Individualität auszeichnen soll. Selten zuvor hat das Musiktheater (jedenfalls außerhalb Venedigs) ein so breites Publikum angesprochen und erreicht: in Frankreich, Deutschland, Österreich. Im Protest des Singspiels sowohl gegen die feudale Oper als auch gegen das feudale Wertsystem wird deutlich, wie sehr die Opera seria das Selbstbild der Hofkultur widerspiegelt; zumindest in der Sicht ihrer Gegner erscheint es so. Dem Programm der absolutistischen Opernform antwortete das kontradiktorische Programm des Singspiels, eines Genres, das gleichsam ‚von außen und von unten' kommt. Aus der Position der vom Hof Ausgeschlossenen: der Position der Vorstadttheater in Paris, London, Leipzig oder Wien, erschütterte die Parodie des Singsspiels Künstlichkeit und Arroganz der höfischen Kunstübung. Diese Parodie zielte auf Stereotypien und Manierismen der Form und gleichzeitig auf eine spezifische Haltung. Denn es geht dem Singspiel um mehr als bloß um die Forderung neuer Natürlichkeit auf der Bühne, es greift das höfische Kulturideal an, es widersetzt sich einer Privilegierten-Ästhetik und einem Privilegierten-Ethos. Die Opera buffa hat nicht in diesem Maße vom kritischen Impuls gelebt und zudem eine weiter zurückreichende Tradition. Doch auf der Bühne der Ballad-Opera, der Opéra comique (häufig von den Zeitgenossen genannt: comédie mêlée d'ariettes), des deutschen Singspiels erscheinen Menschen aus den unteren Sozialschichten als Gegensatz zu den mythologischen Figuren und den Heroen der Seria; einfache Liedformen von der Straße als Gegensatz zu den arie di bravura und ihren Koloraturen; die ländliche Tracht: der Reiz von nackten Armen und von Frauenfüßen in Holzschuhen (Mme. Favarts Erscheinungsbild in *Les Amours de Bastien et Bastienne,* Théâtre aux Italiens, 1753) als Gegensatz zu repräsentativen Posen in Gala und Reifrock; die Einfalt des Empfindens und das Standesbewußtsein endogamer Liebe als Gegensatz zu den Leidenschaftskämpfen der Seria, die an Affektiertheit grenzen. Dank dieser fundamentalen Kritik hat sich wiederum die Seria vom Verdacht, nur Prunk-Teil einer höfischen Festordnung zu sein, befreien und erneuern müssen. Es sei an Wielands Reformideen zum Singspiel (Ideen, die einer ernsten Oper gelten) und an Mozarts Semiseria-Dramatik erinnert, die Revierabgrenzungen zwischen der Komik der Niederen und der Tragik der Erhabenen durchdringt und aufhebt, den Konflikt zwischen den conditions der Elite und der anderen ins Humane vertieft. Den Weg dahin, zur Synthese, hat das Singspiel, als Antithese, bereitet.

Im Singspiel ist das genus humile, das Populare als Prototyp volksnaher Kunst, einer Kunst für alle, rehabilitiert worden. Christian Felix Weiße hat diese Absicht in den Vorreden zur ersten und zweiten Auflage seiner *Komischen Opern*, 1768 und 1777, ausdrücklich dargelegt. Er verteidigt die Wahl der ländlichen Szenerie im Singspiel, indem er auf das Unbeengte, Zwangsfreie dieses Raums (im Gegensatz zum engen städtischen Zimmer) aufmerksam macht. Er will das Gesellschaftslied, die Kunstform des Singspiels, der Kunsterfahrung der Menge anpassen, angleichen. In solchen Erklärungen hat sich die Angriffslust der Parodie beinahe schon verflüchtigt. Das Popularitätsprinzip verliert hofkritische und gewinnt dafür pädagogische Züge. Kam einst der Vortrag eines Liedtextes, der der Verkehrssprache, gar dem Dialekt angenähert war, in Verbindung mit einer geläufigen Ballad- oder Vaudeville-Melodie einem Akt der ‚Entwürdigung' eines Würde heischenden Originals gleich: einem Einspruch des common sense gegen die verstiegene Stilform einer verstiegenen Elite, so wird bei Weiße das Allgemeinverständliche zu dem Mittel, Öffentlichkeit herzustellen, das Singspiel jenem Prozeß einzuordnen, der das Theater zur ‚Schule der Nation' aufwertet! Entsprechende Ideen vom Auftrag der schönen Künste, bis in die Hütten vorzudringen, sind gerade in den siebziger Jahren sehr verbreitet – von Sulzers *Theorie der schönen Künste* bis zum Briefwechsel zwischen Vater und Sohn Mozart. Das Populäre stiftet Geselligkeit. Aber Geselligkeit, dieser Leitbegriff Weißes, meint offensichtlich auch Gemeinsamkeit, die Gemeinsamkeit der hoffernen Stände: Schattenhaft wird eine nichtfeudale Gesellschaftsverfassung sichtbar, wenn Weiße sein Publikum in Gassen und Wirtshäusern, unter Bürgern und Bauern verstreut sieht – eine Leipziger Perspektive.

Die Hofkritik des Singspiels erreicht im Vergleich zu den literarischen Idyllen, Satiren oder Lehrdichtungen eine stark gemischte Zuschauermenge, Adressatengruppe, die zur Mehrheit wohl nicht aus Gebildeten bestanden hat. Bevor das Lesen zur bevorzugten Kulturtechnik im letzten Drittel des 18. Jahrhunderts geworden ist, bringt die Theaterform Singspiel antihöfische Gedanken ‚unter das Volk' – durch die Verschränkung von high life und low life in der Ballad-Opera (bei Gay und Coffey), durch die Polarisierung von Hof und Land in der Opéra comique (bei Anseaume, Favart, Sedaine, Marmontel), durch die Nachahmung dieser beiden Modelle im sächsischen Singspiel (bei Weiße) und deren Verbürgerlichung im deutschen und Wiener Original-Singspiel der siebziger und achtziger Jahre. Das Singspiel ist dabei nie zu einem ‚realistischen' Genre geworden. Zwar enthält die Parodie fast immer den Vorwurf, am Hofe sei Falschheit in Substanz und Form zuhause, doch schärft das Bewußtsein moralischen Rechts nicht unbedingt den Blick dafür, wie verwickelt die Dinge sind. Das Schema von den zwei Welten: höfischer und nichthöfischer Lebensform, vereinfacht vielfache Widersprüche und komplizierte Verhältnisse, führt zu Antithesen, die eher der theatralischen Veranschaulichung dienen, als der historischen Erfahrung zu entsprechen. Die antithetische Konstellation kann auch durch verschiedene Symbolräume und Symbolfiguren verdeutlicht werden – etwa, wenn bei den Türken-Singspielen an die Stelle des Hofes der orientalische Palast tritt: Der Entführung aufs Schloß entspricht die Entführung ins Serail. Die antagonistische Position kann der Selbstgerechtheit anheimfallen: Dies geschieht in manchen Handwerker-Singspielen mit ihren trink- und spielfreudigen Badern, ‚schlagfertigen' Hauspatriarchen. Die grobianische Figur des Schuhflickers Jobsen Zeckel in Weißes *Die verwandelten Weiber oder der Teufel ist los* (1752/1766; nach der englischen Vorlage von Charles Coffey *The Devil to pay; or The Wives Metamorphos'd,* 1731) ist nahe an der Grenze, hinter der ein aufgeblähtes pharisäisches Philistertum den Stachel antihöfischer Opposition verliert – und selbst zum Problem wird. Beim Singspiel mit Landpächtern und Aufsehern, Mädchen und Kavalieren ist die Verschiebung der hofkritischen Aufsässigkeit ins Paradigma der Pastorale leicht zu erkennen. Beim Singspiel mit Handwerkern und Apothekern schließt die Wand des bürgerlichen Innenraums die Welt draußen ziemlich hermetisch aus. Der Schauplatz Land ist, auch historisch betrachtet, konflikträchtiger Boden: Das Land gehört dem Adel, doch wird es vom Bauer bewirtschaftet. Die Menschen auf dem Lande bewegen sich auf fremdem Boden. Die Besitzer erscheinen als höfische Eindringlinge. Der Schauplatz Bürgerstube erlaubt die Entfaltung ökonomischer Alltags- und Zukunftssorgen. Müssen in dem einen Fall von den jungen Liebenden höfische Glücksverheißungen entlarvt, so in dem anderen Fall der Starrsinn der Väter und die Angst vor der Armut überwunden werden. In dem Maße, in dem das Singspiel zur bürgerlichen Komödie wird, büßt es eine historische Funktion ein – indem es den Angriff vom Hof weg auf andere Objekte lenken und verstreuen muß.

Im französischen Singspiel schwächt sich die Parodie seit den sechziger Jahren zugunsten eines vordringenden Legitimismus ab. Nachdem das Théâtre de la Foire und die Comédie italienne 1762 zu einer Bühne unter königlicher Aufsicht zusammengeschlossen wurden, setzte es sich bald durch, die Premieren der Singspiele nicht mehr in Paris, sondern in Fontainebleau stattfinden zu lassen, wo der Hof – in dieser Zeit besonders vergnügungs- und theatersüchtig – die Jagdsaison im Oktober/November zubrachte. In der mehrfachen Wahl und dem Erfolg eines ‚legitimistischen' Stoffes prägt sich diese dann nicht nur institutionelle Domestizierung des Singspiels aus: König Henri IV. verirrt sich bei einer Jagd im Wald und wird als Unbekannter – sein Gefolge sucht ihn noch – von einem treuen Untertanen liebreich aufgenommen. Dabei kommt es auch zu folgender Szene: Der König deckt gemeinsam mit den Frauen den Abendtisch in der Pächterskate. Leutseligkeit und die Ausstrahlung des noch jugendlichen Mannes vermenschlichen, verhäuslichen die Majestät – *le héros en déshabillé*[1]. Bei Sedaine (*Le Roi et le Fermier*, 1762) und dann

---

[1] C. Collé, *La Partie de chasse de Henri IV. Avertissement.* In: *Théâtre du XVIII. siècle.* Bd. II. Paris 1974, S. 599.

bei Collé (*La Partie de chasse de Henri IV.;* endgültige Fassung des Schauspiels 1764) mischen sich die Elemente einer comédie domestique und eines Fürstenspiegels (der gute Landesvater ist merklich jünger und viriler als in entsprechenden deutschen Phantasien). Louis XV. wollte sich dem Vergleich mit Henri IV., der in seiner Güte und Männlichkeit fast schon legendär geworden war, in der Öffentlichkeit augenscheinlich nicht aussetzen und verbat deshalb die Aufführung des Dramas in Paris. Weiße arbeitete die französischen Vorlagen von Sedaine und Collé zum wohl bedeutendsten seiner Singspiele um: *Die Jagd,* das in einer Art symbolischem Vorgang nicht mehr im bürgerlichen Leipzig, sondern 1770 vor dem Hofe in Weimar uraufgeführt wurde. Weil Singspiele wenig bühnentechnischen Aufwand erfordern und keine großen künstlerischen Ansprüche stellen, haben sie als Repertoirestücke viele Wandertruppen vor dem Ruin gerettet. Aus denselben Gründen werden sie auch an den Gesellschafts- und Liebhaberbühnen kleiner Residenzen gerne aufgeführt – ein Umstand, der also nicht vornehmlich der Assimilationskraft des Hofes zuzuschreiben ist. Die Hoffnung von Josef II., im Singspiel ein neues nationales Genre zu begründen, das eine eigene kulturelle Identität gegenüber italienischen und französischen Mustern beweise, diese Hoffnung auf eine Kulturreform von oben ist erst nach der Aufgabe des Plans ‚von unten‘, mit Vorstadt-Theaterproduktionen wie der der *Zauberflöte,* erfüllt worden.

Der Aufstieg der Komponisten, ihre wachsende Bedeutung im Arbeitsverhältnis von Drama, Musik und Szene beendet die Epoche des Singspiels ebenso wie die fortschreitende Auflösung des ancien régime. Gemeinsam mit der historischen Geltung des parodierten ‚Vorbilds‘ erlischt der parodistische Impuls (der auch schon durch die legitimistische Wende gedämpft worden war). Das Populäre konnte als bescheidene, formelhafte und leicht darzubietende Kunstorganisation den sich rasch entwickelnden kompositorischen Techniken, dem Wunsch, ambivalente Aussagen zu gestalten, dem von Gluck formulierten Auftrag, die Musik habe sich auch nach dem Interesse der Situation auszurichten, nicht mehr genügen. Mozarts Kompliziertheit, bereits an der *Entführung aus dem Serail* (1782) bemerkt, entfernt das Singspiel weit von Hillers einfacher Charakterisierungskunst, die noch von der Affekte-Dramaturgie und der Rollenfach-Schematik behindert ist, und führt das populäre Genre zusehends in eine komplexe Kunstform über. Ein Beispiel für diesen Auffassungswandel der musikalischen Ästhetik ist die Komposition von Pedrillos Romanze *Im Mohrenland gefangen war* (*Entführung aus dem Serail,* III, 4). Die eigentümlich zwischen den Tonarten schwebende ‚Stimmung‘, der zwischen zart beschwingter Kantilene und halb verdecktem Leierton schwankende Ausdruck trifft die Ironie der Situation: Ein vom Text her gesehen schmetternd-unverzagtes Entführungsglied, die Beschwörung forscher Entschlossenheit wird ja in heikler Lage von dem durchaus nicht tapferen Pedrillo vorgetragen:

> *Gesagt, getan, Glock' zwölfe stand*
> *Der tapfre Ritter da.*
> *Sanft reicht' sie ihm die weiche Hand,*

> *Früh man die leere Zelle fand;*
> *Fort war sie, hopsasa!*

Die Diskrepanz zwischen der Hopsasa-Leichtfertigkeit der Romanzenerzählung und der Ängstlichkeit, Besorgtheit der handelnden Figuren auf der Szene (deren Flucht am Ende mißlingt) wird durch die Leistung der Musik zur dramatischen Spannung.

In den achtziger Jahren setzt sich, zumal im Werk der Wiener Komponisten, die musikalisch reichere Formensprache der Buffa durch: ein später und am anderen Ort eingetroffener Erfolg der Buffonisten. Das Singspiel ist in erster Linie von den Librettisten bestimmt gewesen – nun setzt sich wieder ein Musiktheater der Komponisten durch. Zugleich erhalten Schaueffekte und Inszenierungskünste auf dem Theater neues Gewicht. Die Ärmlichkeit des ländlichen Sujets, für die Aufführung einst so praktisch, macht nun in den stehenden Theatern mehr spektakulären Vorgängen und unerhörten Begebenheiten Platz: dem Abenteuerlichen und Märchenhaften in Ritter-, Soldaten-, Zauber- und Maschinenstücken. Eine neue Polarität spannt sich auf: Sie besteht nicht länger zwischen Hof und Land, zwischen den Ständen, sondern zwischen der ‚ganzen bürgerlichen Welt' und dem Einzelnen, der ihr als Deserteur aus Liebe oder als kühner Vagant, als Held auf dem Prüfungsweg oder als ent-bürgerlichter Gegenspieler konfrontiert ist. Wie Mozart die musikalische Einfalt des Singspiels überwindet, so markieren Goethes frühe Versuche mit dem Genre die veränderte Problemkonstellation. Bereits in *Erwin und Elmire* (erste Fassung 1774) zeigt Goethe ein vorwiegend unernstes Verhältnis zur idealischen Programmatik und Praxis der Weltflucht, die aufs Land führt. In *Claudine von Villa Bella* (erste Fassung 1776) weist der Typus des attraktiven Räubers und entlaufenen Adelssprosses Crugantino in die Zukunft: auf Fra Diavolo und andere Banditen in der Oper des 19. Jahrhunderts, die der legalen Welt beweisen müssen, daß sie die wahren Männer sind. Ein geradezu sinnbildlicher Vorgang verdeutlicht das Ende des Formtyps Singspiel: Crugantino trägt eine Schauerballade vor (ein Gesellschaftslied, das Grauen und Greuel der Moritat entleiht), als die Situation ihn zum Abbrechen und zur Flucht zwingt. Das Schauspiel tritt gebieterisch in seine Rechte und schmälert den angestammten Geltungsbereich der musikalischen Einlage. Populäre Sanglichkeit erweist sich bei kritischen Situationen, wie der Flucht Crugantinos oder dem Fluchtversuch Pedrillos, als unangemessen. Die Widersprüche zwischen Vorsatz und Tat, die Mischung der Emotionen oder die Exzentrik der Figuren darzustellen, bedarf es weiträumiger Entwicklung im ‚Material' – entweder in der Schauspiel-Dramatik oder in der Musik-Dramatik.

II Liebe und Leben auf dem Lande

Das Singspiel hat sich aus seiner Hofkritik einen polemisch nutzbaren Begriff vom Lande erschlossen, der allerdings weitgehend mit dem der hofkritischen Idyllen- und Landlob-Literatur übereinstimmt. Da aber diese Vorstellung vom Lande zu einem dominanten Leitbild im Singspiel geworden ist, sei sie dennoch – ungeachtet ihrer Konventionalität – etwas ausführlicher dargelegt. Die Liebe auf dem Lande unterscheidet sich deutlich von der Galanterie am Hofe, aber auch vom Sinnenglück arkadischer Schäferspiele (die keinen geringen Einfluß auf die Opéra comique ausgeübt haben). Die Liebe auf dem Lande beachtet – im Unterschied zu den Balzritualen von Daphnis und Phyllis – durchaus das Ansehen der Person, genauer: ihren gesellschaftlichen Rang. Im Singspiel (zumal französischer Herkunft) ist das Land kein neutraler Raum, in dem es nur Geschlechter, Männer und Frauen, gibt: Die Konflikte zwischen den Ständen reichen selbst in diese windschattenähnliche Zone hinein. Die Liebeserklärung gilt immer auch einem sozialen Ideal – dem der Standestreue, der Vermeidung aller Berührungen mit der ‚monde', der großen Welt. Erotische Entzückung mündet in Bescheidenheitseuphorie. Glück und Frieden des Paares sind verknüpft mit Glück und Frieden der Hütten. Wiederholt findet sich die Kombination der Stichworte Glück, Friede, Liebe, die die private Zufriedenheit auf dem Lande als Modell eines Gemeinwohls, als Demonstration einer besseren Gesellschaftsverfassung (im Vergleich zu der von Hof und Stadt) herausstreicht. Ein prägnantes Beispiel für diese Konzeption, die das Dorf, die Hütte, das Landleben als Inbegriff sozialer Harmonie versteht, findet sich etwa in Sedaines *Le Roi et le Fermier* (Ariette des Richard, des fermier; III, 12):

> *Ce n'est qu'au village*
> *Que le bonheur a fixé son séjour.*
> *Loin de la ville, loin de la cour,*
> *C'est à l'ombrage*
> *D' un vert feuillage*
> *Qu'on trouve ensemble et la paix et l'amour*
> *(. . .)*
> *La foudre frappe les palais,*
> *Elle respecte les cabanes.*[2]

In einer tieferen Schicht gibt dieser Idealzustand gesellschaftlichen Friedens auch Züge utopisch-anarchischer Freiheit zu erkennen. In *Annette et Lubin* (1762), von Mme. Favart inspiriert, wenn schon nicht geschrieben, entwickelt sich die Liebe zwischen zwei jungen Leuten zum Mißfallen eines eifersüchtigen Aufsehers und Steuereintreibers (des im Singspiel berüchtigten bailli). Er zeigt die Liebenden beim Seigneur an:

> *Oui, Monseigneur, l'affaire est criminelle.*
> *Annette est fille et Lubin est garçon.*
> *Ils s'aiment tous les deux.*
> *(. . .)*
> *Quoi! s'aimer sans permission.*[3]

---

[2] *Théâtre de Sedaine.* Paris 1878. S. 114/5.
[3] Mme. Favart et Mr. ***, *Annette et Lubin.* Paris 1768, S. 4/5.

Sich ohne Erlaubnis zu lieben: Diese Lizenz vermischt Wunschtraum und Realitätserfahrung, deutet einmal auf das gesetzlose Treiben hin, das bei den Menschen des goldenen Zeitalters (seit der Antike, spätestens seit Ovids Metamorphosen) alle Richter entbehrlich macht, deutet zum andern auf die demütigende Abhängigkeit hin, der Landleute dieser Zeit unterworfen waren, so daß sie sogar für ihre Hochzeit das Einverständnis der Herrschaft brauchten. In seiner Bearbeitung von *Annette et Lubin*, dem Singspiel *Die Liebe auf dem Lande* (1768), in die er noch ein Schäferspiel eingefügt hat, wird Weiße nicht müde, das Lieben ohne Gesetz als Ankündigung und Verheißung eines Lebens ohne Gesetz hervorzuheben. Liebe und Leben wollen sich allem Zwang und Diktat entziehen, sogar dem für nichtadlige Stände verpflichtenden Arbeitsgebot:

> Schösser (Bailli). *Aber ihr lebt ohn all Gesetze?*
> Hännschen (Lubin). *Desto besser!*
> (...)
> Schösser. *Die Gesetze verdammen euch.*
> Hännschen. *Was geht uns das an? Die Vögel haben auch keine Gesetze und sie verheurathen sich alle Jahre, kriegen Kinder (...)*[4]

Wie im biblischen Gleichnis von den Lilien auf dem Felde und den Vögeln unter dem Himmel, die der Herr nährt, obwohl sie nicht säen und ernten, werden bei Weiße Besitzlosigkeit und Leben ohne Arbeitsfron als Vorbedingung des Glücks gepriesen – und die Liebenden in den Stand holder Anarchie, in einen Stand jenseits des Staates versetzt.

Der kritische Impuls des Singspiels dringt nur selten zur Wirklichkeit der Knechtschaft von Bauern und Hirten vor. Wenn die Leiden in den Hütten anklingen, etwa die durch soziales Elend hilfloser erlittene Unwirtlichkeit der Natur eingestanden wird, dann heißt es oft gleich, die Liebe könne all diese Unbill besänftigen – so in der berühmten Romanze des Colin aus Rousseaus *Le Devin du Village* (1752):

> *Dans ma cabane obscure,*
> *Toujours soucis nouveaux;*
> *Vent, soleil, et froidure,*
> *Toujours peine et travaux.*
> *Colette, ma Bergere,*
> *Si tu viens l'habiter,*
> *Colin dans sa chaumiere*
> *N'a rien à regretter.*[5]

Die intensivere Vergegenwärtigung von „peine et travail" hätte unversöhnlichere, heftigere Affekte auch in der musikalischen Präsentation der Figuren und ihrer Probleme erzwungen. So enthüllt das Singspiel vornehmlich die feinen Sitten als

---
[4] C. F. Weiße, *Komische Opern*. 1. Tl. Leipzig ²1777, S. 145.
[5] J. J. Rousseau, *Oeuvres complètes*. Bd. II. Paris 1964, S. 1110.

Eigenschaften der Sittenlosen (am Hofe, in der Stadt) und verharrt bei dem Konstrukt einer beinahe synthetischen nichthöfischen Kulisse und Moral; wenn sich auch durchaus die Perspektive auf eine anders zu definierende Gesellschaft eröffnet.

Liebe, deklariert als naturhafte und in fast theologischem Sinne unschuldige Lebenslust, scheint auch dem Hofmann nur außerhalb des höfischen Bannkreises gewährt werden zu können: Er sucht sie auf dem Lande. Der antihöfische Protest des Singspiels will jedoch zwischen dem regierenden Herrn und den Schranzen unterscheiden. Der Respekt vor dem Fürsten (untilgbar im Theater des 18. Jahrhunderts, das doch stets obrigkeitlicher Genehmigung zum Spielen bedarf) erkennt ihm wenigstens die Möglichkeit zu, solche angeblich ‚niedere Neigung' zu empfinden – so dem gnädigen Herrn Astolph in Weißes *Lottchen am Hofe* (1767; nach Favarts *Ninette a la cour*, 1755), der das Standesbewußtsein als Hemmnis seiner Liebesleidenschaft zu Lottchen scheinbar zu überwinden bereit und fähig ist. Ehre, Ruhm und Macht werden in einem Entscheidungsakt verworfen, dessen trotzige Banalität unfreiwillig komisch wirkt:

> *Doch wenn ich Liebe höre,*
> *So verschwindet Ruhm und Macht,*
> *Und ich sage: gute Nacht,*
> *Gute Nacht, o Stand und Ehre!*[6]

Aber die Schwerkraft seines sozialen Orts, des Hofes, ist am Ende stärker. Seiner Liebe kann der Fürst eben nicht zu willen sein. Sein Ausbruch bleibt ein folgenloses Gedankenspiel, das den Mächtigen immerhin unschlüssig und nachdenklich stimmt. Am Schluß wird ihm die Chance eingeräumt sich großmütig zu zeigen. Bei diesem Szenentyp ist der Automatismus, die Abruptheit bemerkenswert, mit der sich die Großmut offenbaren muß. So tritt zutage, wie fremd diese Handlung dem Charakter der Herren ist. Sie müssen erst ‚wider Willen' gerührt sein (wie der Seigneur in *Liebe auf dem Lande,* wie Bassa Selim in *Entführung aus dem Serail*).

Die höfische Autorität wird im Singspiel auf vielfache Weise erschüttert oder diskreditiert: Der verliebte Fürst gerät in Gefahr, als Mensch dem Amt des Herrschers untreu zu werden. Der galante Kavalier entpuppt sich als Strauchdieb, der junge Mädchen raubt. Die Herrin des Hauses gebärdet sich eigen-und streitsüchtig (in *Die verwandelten Weiber, oder Der Teufel ist los*). Allerdings kommen derart verbürgerlichende Karikaturen eher im englischen als im französischen Singspiel vor, in dem die Vasallen als kaltherzige Immoralisten erscheinen – und Randfiguren bleiben. Ihnen, die die nicht immer sanfte Gewalt der Galanterie praktizieren, kommt kein Zweifel an der Legitimität ihres Handelns. Erst der Einspruch des Fürsten, der auf fortgeschrittenerer Position steht, bringt sie zur ‚Raison'. So muß der König in *Die Jagd* entdecken, daß ein Mann seines Gefolges Hannchen von der Bleiche weg auf sein Schloß entführt hat. Sie ist zum Glück aus dem ‚goldenen Käfig' wieder in die ‚arme' Freiheit zurückgeflogen. Hatte sie zärtliche Aufwallungen auf dem Schloß? – Sie beteuert, dies sei nicht der Fall gewesen, und gibt damit, so scheint es,

---

[6] Weiße, ebd., S. 15.

der Fähigkeit des Königs in nichts nach, der Verführung durch den jeweils anderen Stand zu widerstehen.

In der italienischen Buffa gelingt der Sprung über Standesgrenzen in der Richtung von unten nach oben: Die Magd kann Herrin werden – wie Pergolesis Intermezzo *La serva padrona* (1933), schon von Zeitgenossen zum Muster erkoren, vorführt. Aber nur der Magd und nicht dem Knecht wird solcher Wechsel erlaubt – und dann führt ihre Karriere auch nicht sehr weit: nur an die Seite eines alten, reichen, bürgerlichen Junggesellen. Die Frauen und Mädchen im französischen Singspiel (und ebenso in den mitteldeutschen Beispielen) streben keinerlei sozialen Aufstieg an – solange sie jedenfalls aufs Land gehören; in der Kleinstadt sind kleine Avancen durch die Heirat möglich. Doch Lottchen und Hannchen bleiben ihrem Gürge treu, auch wenn es keiner begreift. Ihre Liebe ist Ausdruck einer unangestrengt wirkenden Verweigerung, die allem höfischen Pomp und aristokratischen Schmeichelkünsten gilt. Es handelt sich bei diesem Triumph der Treue fast mehr um eine standesbewußte Demonstration als um eine Gefühlsentscheidung. Lottchen läßt, als sie am Hofe eingekleidet wird, *die Diamanten auf die Erde fallen, und läuft unachtsam drüber weg, um nach den Bluhmen zu greifen*[7] – die sich dann auch noch als unecht erweisen. Soviel Souveränität eignet den bäurischen Männern für gewöhnlich nicht. Sie fürchten den ‚charme discret de l'aristocratie' und rechnen mit der Verführbarkeit der Landmädchen. Sie selbst benehmen sich entweder empfindsam oder tölpelhaft, sie warten und seufzen oder machen sich durch plumpe Eifersucht bemerkbar. Nur wenige raffen sich im Konflikt zwischen Hof und Land zu ‚mannhaftem' Widerstand auf (z. B. Hännschen in *Liebe auf dem Lande*). Die Frauen der Oberschicht haben dementsprechend nur selten erotische Gelüste auf Gürge oder Töffel. Der Seigneur und das Mädchen sind die wahren Kontrahenten und häufig auch die Wortführer im Streit zwischen höfischer und nicht-höfischer Lebensform. Für beide ist die Grenze zwischen diesen Bereichen in unterschiedlicher Weise durchlässig. Doch wenn es auch zum Ortswechsel kommt, der Fürst in die Hütte tritt, Lottchen den Hof kennenlernt, so doch nicht zum Verrat am jeweils eigenen Milieu. Wer von den Mädchen tatsächlich länger auf dem Schloß verweilt, kommt zwischen die Fronten: ein im Singspiel mehr bedauertes als beklagtes Opfer.

Die Liebe im Singspiel macht keineswegs alle Stände gleich. Wo sich die parodistische, hofkritische Einstellung durchsetzt, wird eher die Unvereinbarkeit und Unversöhnlichkeit der opponierenden Kulturmodelle Hof und Land betont. So geraten die nichthöfischen Lebenswerte zum Ideal: Lottchens Sinn für Blumen und alles Echte, an dem gemessen die höfischen Lebenswerte: Schmuck, Mode, Künstlichkeit, als verfehlt und verdorben erscheinen. Die Entmischung der Stände zeigt sich im Singspiel als das Normale – von Coffey bis Schikaneder. In der *Zauberflöte* sollen sich der Prinz Tamino und Pamina, die Tochter der Königin der Nacht, verbinden, obwohl der Komponist Mozart zwischen Pamina und dem ‚unwürdigen' Diener-Narren Papageno eine auffällige Zärtlichkeit walten läßt. Der Glaube

---

[7] ebd., S. 46.

an die egalisierende Kraft der Liebe, die weder Rang noch Titel suche, enthüllt sich in diesem Zusammenhang eher als populäre Fiktion. Wie wenig ernst sie zu nehmen sei, verraten z. B. jene Lieder Weißes, die Gleichheit beim Genuß der ‚plaisirs' Liebe – und Wein erreicht sehen, aber damit als gemeinsamen Nenner der Menschen in Hof und Land nur Rudimentärbedürfnisse gelten lassen:

> *Ohne Lieb' und ohne Wein,*
> *Was wär unser Leben?*
> *(...)*
> *Wenn die Großen sich erfreun,*
> *Was ist ihre Freude?*
> *Hübsche Mädchen, guter Wein,*
> *Einzig diese beide!*
> *(...)*
> *Aber gebt uns Lieb' und Wein:*
> *O, so sind wir Fürsten.*[8]

Immerhin, das Naive und Illusionäre solcher Gleichheitsvorstellungen bleibt dem Singspiel durchaus nicht verborgen. Selbst die Verkleidung, die Verirrung im Dunkel führen nur für eine kleine Weile zur Verwischung ständischer Differenzen. Die Komik der Verkennung und Wiedererkennung dient etwa dazu, den lüsternen Adligen zu demütigen – so in *Lottchen am Hof* und noch in *Le nozze di Figaro*. Die vornehmen Frauen, die als Bäuerinnen oder Gärtnerinnen auftreten (die Figur der ‚finta giardiniera' von zunächst unbekannter Herkunft ist stark an Richardsons Pamela orientiert), legen schließlich ihre Verkleidung endgültig und unter vielen Zeichen der Erleichterung ab, um wieder aufs Schloß, zum Mann ihrer Wahl: ihres Standes zurückzukehren. Ein burleskes Quidproquo findet sich schon in *Die verwandelten Weiber, oder Der Teufel ist los:* Obwohl hier die Frau des Handwerkers und der Edelmann augenscheinlich besser zueinander passen als jeder von ihnen zu dem angetrauten Partner, wäre es undenkbar, daß die reizvolle Probe eines Austauschs zu einer neuen Verbindung führte.

Der Hof drängt aufs Land. So dringt auch das abgewiesene höfische Kulturmodell offenkundig und untergründig ins kontrastierende Wunschbild ein. Es entspricht der historischen Situation, daß Komponenten des Höfischen im Landleben gegenwärtig sind – insbesondere die Organe der Macht. Die Leiden an der Herrschaft werden an der Figur des Bailli abreagiert (wenigstens auf der Bühne), der in der Buffa als Podestá, im Leipziger und Wiener Singspiel als Schösser oder Aufseher Ärger, Zorn Verachtung und Spott auf sich zieht. Tocqueville weiß in seiner Untersuchung *L'Ancien régime et la révolution* die Empörung über die delegierte Willkürherrschaft dieser Amtswalter zu erklären. Sie sind gleichsam Symbolfiguren unredlicher Landesverwaltung gewesen, die als kleine Tyrannen den Blick auf die großen Tyrannen ver-

---

[8] Weiße, *Die verwandelten Weiber* (...). Fassung der Erstauflage der *Komischen Opern* (1768). In: *Deutsche National-Litteratur*, Bd. 72, S. 81.

stellt haben. Noch der Schulmeister als anmaßender ‚Untertan' im ländlich-kleinstädtischen Sujet von Johann Benjamin Michaelis' Singspiel *Der Einspruch* (1772) oder der komisch-grimmige Haremswächter Osmin aus der *Entführung aus dem Serail* sind dem Typus des Bailli angenähert. Die in den siebziger Jahren beliebte Figur des Haremswächters hat in der Gestalt von Mozarts Osmin Züge ebenso dieses Amtmannes wie des Seria-Wüterichs übernommen, gleichsam parodistisch auch an hochherrschaftliche Muster gemahnend. In Briefen an seinen Vater (September/Oktober 1781) erläutert Mozart den ‚autoritären Charakter' dieses Aufsehers über das Landhaus von Bassa Selim. Osmin, der *Erzfeind von allen Fremden* (Br. v. 13. 10. 1781) überschreite im heftigsten Zorn alle Ordnung und kenne sich selbst nicht mehr (Br. v. 26. 9. 1781): Bei ihm überlagern sich Angst und Impertinenz des untergeordneten Machtverwalters. Seine Vernichtungsvisionen (*Ha, wie will ich triumphieren, / Wenn sie euch zum Richtplatz führen / Und die Hälse schnüren zu!* III, 5) entspringen nicht von ungefähr Rachewünschen, die an beunruhigende Fremde fixiert sind, die seine Autorität in Zweifel ziehen, an beneidete Männer, die ihm die Frauen wegnehmen wollen. Die durch Osmins Status und Person bedingte Tücke sieht manchmal anarchischer Verzweiflung ähnlich. Sie wird von der Musik nicht nur ins Lächerliche gezogen, sondern auch aufmerksam porträtiert.

In Favarts *La Rosiere de Salenci* (1769) ist der Ort der Handlung Salenci, eine Gemeinde, von der es heißt, es sei ihr Glück von Paris weit entfernt zu liegen. Doch auch in Salenci, wo zum Rosenfest ausgewählte Jungfrauen durch einen ‚prix de la sagesse et l'innocence' geehrt werden, finden sich die Spuren der unheilvollen Pariser Zivilisation: z. B. Mißbildungen verfehlter Erziehung und verkrampften Anstands, sogar ein Abglanz von Galanterie. Favart zeigt, wie die Provinz nicht nur geometrischer Ort eines ‚anderen Landes', sondern auch ein trüber Spiegel mehr bürgerlicher, als adliger Stadtkultur sein kann. Sind Handlung und Schauplatz gänzlich erfunden oder Schablonen der Singspiel-Dramaturgie, so fällt auf, wie sehr das ländliche Oppositionsmodell ans höfische Negativbild gebunden ist. Hännschen singt, während er an dem Häuschen für sich und Lieschen baut: *Von ihren Armen umfaßt, / Ist dieß mir ein Palast!*[9] Die überall wiederkehrende Gleichordnung, hier sogar: Gleichsetzung von Hütte und Palast verrät, daß sich die Vorstellungswelt der Protagonisten des Landes im wesentlichen aus Elementen der Hofkultur zusammensetzt: die Hütte als Palast, wenn die Liebe dazu kommt. Als der Wahrsager und Zauberer in Rousseaus *Le Devin du Village* (1752) den Text des abschließenden Rundgesangs und ad spectatores gerichteten Vaudevilles aus der Tasche zieht, erhellt aus dieser Durchbrechung der szenischen Logik, dieser ‚Illusionsstörung', wie vorgefertigt und topisch die Proklamationen des einfachen Liebens und des einfachen Lebens sind (zusätzlich mag auch die Erinnerung an Praktiken des Jahrmarkts- und Vorstadttheaters mitspielen, als die zeitweise einzig erlaubten pièces à la muette die Aufstellung von Schrifttafeln nötig machten – von denen die Zuschauer den Text ablesen konnten, um später, als auch auf der Bühne wieder gesungen wurde, mit einzustimmen):

[9] Weiße, *Komische Opern*, ebd., S. 114.

A la ville on est plus aimable,
Au village on sait mieux aimer.
Ah pour l'ordinaire
L'Amour ne sait guere
Ce qu'il permet, ce qu'il défend;
C'est un enfant, c'est un enfant![10]

Die Symmetrie von Stadt und Dorf, die spielerisch präsentierte Formelhaftigkeit ihrers Gegeneinanders, die Ableitung des Liebesbegriffs aus einem negierten Zustand, in dem Regeln und Verbote herrschen, nicht zuletzt der Vergleich der Liebe mit einem Kind – all diese Momente deuten darauf hin, daß der vorgestellte Adressat solcher Appelle ein mit der höfischen Kultur vertrautes Publikum ist. Rhetorik und Terminologie der Hofkritik stammen vom Hofe – und nicht nur im Falle Rousseaus, dessen Singspiel nach dem ersten großen Erfolg in Versailles gleich als Archetyp seiner Gattung betrachtet worden ist. In *Annette et Lubin* ruft der zu Güte und Nachsicht bekehrte Seigneur vor Beginn des Divertissements aus: *Gens de cour, venez au village, / Pour connoître le sentiment.*[11] Weiße übersetzt das französische Original nicht nur in eine andere Sprache, sondern auch verstärkt ins Bürgerliche. Die Anrede an die *gens de cour* fehlt an der entsprechenden Stelle in *Die Liebe auf dem Lande* – offensichtlich wird kein primär höfisch orientiertes Publikum erwartet. Stattdessen heißt es: *Nur in den Hütten herrscht eine ungeschminkte Zärtlichkeit, und die ächten Empfindungen der Liebe, die allein wahrhaft glücklich machen.*[12] Zwar bewegt sich die Argumentation im Schema von ‚geschminkt-ungeschminkt', ‚unecht-echt', ‚nicht wahrhaft glücklich – wahrhaft glücklich', doch der in der Reihenfolge erste, der höfische Standort ist aus dem Blickfeld geraten und bleibt nur noch als abstrakter ‚Unwert' gegenwärtig.

In der Opéra comique wird bisweilen – von Rousseau bis Favart – die Liebe als ein Kind verstanden (*C'est un enfant!*), das etwa nach den Schmetterlingen, nach den Mädchen hascht. Im Bild des Kindes drückt sich ein schmerz-, qual- und gramfreier, untragischer Liebesbegriff aus – der nur in stark gedämpfter Version das Motiv der Jagd enthält: Haschen nach Schmetterlingen. Das Noch-nicht-Erwachsene, das Vor-Soziale, das Spielerisch-Unbedenkliche, das Un-Bürgerliche scheint sich als verborgener Sinn dieser Liebesmetapher zu erschließen. Zugleich knüpft sie an die Kindergestalt der Eroten-Allegorien an und betont die Unschuld vor dem Sündenfall. Die verdächtige Nähe dieser Liebe zum Scherzen und Tändeln der Kavaliere und Schäferinnen läßt hinter diesem Vergleich, hinter dieser Redeweise eine noch libertine Denkart vermuten, wenngleich sie auch zu subtiler Dezenz gemildert scheint, zum Tonfall des Allegretto, der alles Gezierte gegen kindliche Heiterkeit eingetauscht hat: *La, la, la, la, l'Amour est là.* (*La Rosiere de Salenci*; II, 1). Ein Leitbild höfischer Liebe rettet sich in die antihöfische Polemik. Erst das Standesbewußtsein der Liebenden und die Topographie der zwei Kulturen setzen den kriti-

---

[10] Rousseau, ebd., S. 1111.
[11] Mme. Favart, ebd., S. 57.
[12] Weiße, ebd., S. 192.

schen Akzent. So erläutert Hännschen in *Liebe auf dem Lande,* wovon die ‚chansons du chateau' und die Lieder der Stadt handeln (und gibt so zu erkennen, wie viel ihm bewußt ist):

> *Da schwatzen sie von Thränen, von Schrecken, Foltern, Pfeilen der Liebe, Nebenbuhlern, Galanen, Seufzern, Eifersucht, Klagen, Augenblitzen, Flammen, Verzweiflung und Tod . . .*[13]

Zwar ist auch bei den Landleuten die Unruhe, die Marter der scheinbar unerwiderten Liebe, der Liebe als einer neuen Empfindung (bei jungen Mädchen) bekannt, doch wird sie meist nur als ein kleines Tremendum gekennzeichnet, im Mund der naiven Mädchen, der warnenden Mütter und der eifersüchtigen Männer.

III Ninette/Lottchen: Die Paradoxie von Standestreue und Souveränität

Das Singspiel kennt den Agnesen-Typus des unerfahrenen Mädchens (nach Agnès in Molières *L'Ecole des Femmes*), die von der Liebe als einer unbekannten Macht überrascht wird, ferner die spröde Preziöse, die sich der Liebesempfindung ängstlich verweigert. Vor all diesen ins Komische hinüberspielenden Gestalten bevorzugt das Genre einen schelmisch-fröhlichen und zugleich liebreizenden Frauentypus, dessen ‚Herz ohne Verstellung' ist – eine Naive ohne Ignoranz, von der gilt, was an Hélene in *La Rosiere de Salenci* gerühmt wird: Sie sei ‚sage, gaie, libre et heureuse'. Das außerordentliche Selbstbewußtsein dieser Frauen korrespondiert ihrer geistigen Autonomie: Sie lernen nicht die Lektionen, die ihr die Gesellschaft aufdrängt. Hélene präzisiert ihren Weg: *Pour apprendre mon devoir / Mon coeur est mon livre.* (*La Rosiere de Salenci*, III, 6). Kein Wunder, daß dieser Frauentypus alle Verführungssituationen und Liebesproben ohne Zittern besteht! Diese Heldinnen können den Liebhaber spottlustig reizen, ihm aber auch voller Würde Vertrauen abverlangen. Sie sind ehrlicher, mutiger, standhafter als ihre biederen Partner. Ein großes Repertoire sogenannter männlicher Tugenden kann auf sie übertragen werden. Dies gilt von Rousseaus Colette (schattenhaft jedenfalls), von Favarts Ninette oder Hélene, von Dapontes Susanna – oder auch von den ins Pathetische erhöhten Figuren der Konstanze oder Donna Anna. Noch Krönchen in Engels Singspiel *Die Apotheke* (1771) – der Titel bedeutet bereits auf die Verlagerung des Schauplatzes vom freien Land in die Bürgerstube der kleinen Stadt – gefällt durch diese eigentümliche Verbindung von Lebensklugheit und Spontaneität.

Zweifellos ist in die mehrdimensionale Konstitution dieser Frauen die unsentimentale Erotik und gewitzte Intelligenz der Serva, der ‚kokettfrechen' Dienerin eingeflossen, doch gemildert und ergänzt durch Empfindsamkeit und den natürlichen Ton der adligen Dame: Elemente der Zofe und der Frau von Welt schließen sich in diesen Figuren zu einer sozialen Totalität zusammen (als würden Minna von Barnhelm und ihre Franziska zu einer Person verschmelzen).

[13] ebd., S. 124.

Die umschwärmte Madame Favart, vor ihrer Heirat mit dem Dichter schon als La Chantilly bekannt, verkörpert in Frankreich diesen neuen Frauentypus. Collé bemerkt mißbilligend, als er Madame Favart im September 1749 das erste Mal erlebt, daß sie vor allem dem Parterre, dem unausgewählten Publikum der Comédie italienne gefällt. Er spricht von ihr als einer talentlosen *petite impure* –

> *elle chante un vaudeville avec une indécence rebutante, et danse avec des mouvements lascifs et dégoûtants pour les gens qui ont le moins de délicatesse.*[14]

Sonst wird von allen Zeugen Madame Favarts Anziehungskraft, Liebenswürdigkeit und Kunstverstand gerühmt (Casanova erwähnt sie bewundernd, ohne sie genauer, individueller zu schildern). Doch gerade der (erotisch gereizte?) Abscheu Collés reagiert auf das Selbstsicher-Ungenierte und das Provozierend-Sinnliche des ‚Stars' der Opéra comique: Der recht konservative Vorleser aus dem Umkreis des Herzogs von Orléans kann diesen neuen weiblichen Typus, der sich seinen moralischen Konventionen und seinen Beschreibungskategorien gleicherweise entzieht, nur gewissermaßen disqualifizieren – um so mehr, als er feststellt, wie groß die Zustimmung des nicht-höfischen Publikums (der Comédie italienne) ist. Obwohl sich der Charakter dieser Rollen bei der Übertragung ins Deutsche ins Häuslich-Schwerblütige oder Bürgerlich-Befangene verschoben hat, findet sich auch hier gleich ein entsprechender Publikumsliebling: Mademoiselle Steinbrecher, nach ihrer Heirat Madame Hübler, aus Kochs Truppe.

In diesem Frauentypus ist der nicht-höfischen Gesellschaft ein Leitbild erwachsen, dessen Anblick – ungebrochene, unverbogene, unverletzte Menschen von bemerkenswerter erotischer Selbstsicherheit! – ebenso die höfische Welt entzückt hat. Dieses Echo von zwei Seiten rührt vielleicht auch daher, daß diese Frauen, unabhängig, selbständig und standesbewußt, wie sie sind, nicht der bis dahin stillschweigend erwarteten Demutshaltung entsprechen – zu der die ländlichen Verehrer im Singspiel deshalb noch eher verurteilt sind, weil kein höfisches Interesse an ihnen besteht. Ein Reflex dieses aristokratischen und bürgerlichen Erstaunens über eine freisinnige und frei entscheidende Frau findet sich auf unterer Ebene in Osmins verblüfft-verlegener Empörung über die emanzipierte Engländerin Blondchen, die nicht so will, wie er wohl will. Diese Frauen werden nicht zu Opfern wie Emilia Galotti. Sie sind Selbsthelferinnen, die den Dolch nicht gegen sich kehren würden. Ihre Paradoxie: Sie wachsen über ihren Stand hinaus, ohne sich von ihm zu trennen. Sie sind treu – und souverän. Mit Ninette oder Hélène ist der gebildeten Frau des adligen Salons ein gleichsam ebenbürtiger, wenn auch noch weitgehend fiktiver Typus an die Seite gestellt worden. Vor allen anderen theatralischen und literarischen Gattungen ist es dem Singspiel (zumindest der Jahrhundertmitte) gelungen, im Gestaltenkreis seiner Frauen und Mädchen Varianten einer ständischen und utopischen Mündigkeit zu entfalten. Schon bald nach 1770 büßen die weiblichen Hauptfiguren des Singspiels und seiner Nachfolge-Gattungen wieder ihre Aktivität ein (ein Er-

---

[14] C. Collé, *Journal et Mémoires* (1748–1772). Hrsg. v. H. Bonhomme. Tl. 1. Paris 1868, S. 99.

gebnis der Verbürgerlichung und des wiedererstarkten Legitimismus, der Parodie und Hofkritik aufgesogen hat?): Sie werden Tugendheldinnen, werden geprüft und erlöst – von Prinzen wie Tamino.

Nachbemerkung: Die ländlich-idyllische Szenerie ist in Frankreich nicht völlig vergessen worden (weil diese Szenerie dem, der französischen Kultur besonders vertrauten und teuren Paradies-Topos entspricht?). Offenbach hat als junger Komponist und Direktor der Bouffes-Parisiens ausdrücklich auf die Tradition der Opéra comique zurückgegriffen und im Kaiserreich Napoleons III. hofkritische Satire wiederbelebt: Parodie der Grand opéra und mythologischen Heroentums konvergiert in seinen Werken der fünfziger und sechziger Jahre des 19. Jahrhunderts mit einem populären Musikstil, der mehr Wert auf die Rhythmik der Tanzsäle als auf komplizierte Harmonik legt. In einer bestimmten Konstellation, wenn es gilt, sich einer hoffärtigen Kunst als dem Symbol einer hoffärtigen Macht zu widersetzen, scheint sich das Singspiel immer wieder als die geeignete Protest-Gattung des Musiktheaters zu empfehlen. Das Beispiel Kurt Weills und seiner parodistisch-populären Bühnenwerke aus der Zeit der Weimarer Republik bestätigt diese Vermutung.

Forschungsliteratur (in Auswahl)

Abert Hermann: *Wolfgang Amadeus Mozart. 2 Tl.e.* Leipzig [6]1923.
Ders.: *Gluck, Mozart und der Rationalismus.* In: H. A., *Ges.Schriften und Vorträge.* Hrsg. v. Friedrich Blume. Tutzing [2]1968, S. 311–345.
Achenwall, Max: *Studien über die komische Oper in Frankreich im 18. Jahrhundert und ihre Beziehungen zu Molière.* Diss. Leipzig. Eilenburg 1912.
d'Arienzo, Nicola: *Die Entstehung der komische Oper.* Leipzig 1902 (= *Musikalische Studien* 10).
Beer, Otto: *Mozart und das Wiener Singspiel.* Diss. Wien 1932.
Calmus, Georgy: *Die ersten deutschen Singspiele von Standfuß und Hiller.* Leipzig 1908 (= *Publikationen der internat. Musikgesellschaft.* Beihefte. 2. Folge, IV.).
Gromes, Hartwin: *Vom Alt-Wiener Volksstück zur Wiener Operette.* Diss. München 1967.
Iacuzzi, Alfred: *The European Vogue of Favart. The Diffusion of the Opéra-Comique.* New York 1932.
Kawada, Kyoko: *Studien zu den Singspielen von Johann Adam Hiller (1728–1804).* Diss. Marburg 1969.
Koch, Hans-Albrecht: *Das deutsche Singspiel.* Stuttgart 1974 (= *Sammlung* Metzler 133).
Kunze, Stefan: *Singspiel.* In: *Reallexikon der deutschen Literaturgeschichte.* Berlin-New York 1977. Bd. III, 830–841.
de Ridder, Liselotte: *Der Anteil der Commedia dell'Arte an der Entstehungs- und Entwicklungsgeschichte der komischen Oper. Studien zum Libretto der Oper im 17. Jahrhundert.* Diss. Köln 1970.
Sander, Gerhard: *Das Deutschtum im Singspiel Johann Adam Hillers.* Diss. Berlin. Würzburg 1943.
Schletterer, Hans Michael: *Das deutsche Singspiel von seinen ersten Anfängen bis auf die neueste Zeit.* Augsburg 1863 (= *Zur Geschichte dramatischer Musik und Poesie in Deutschland* 1).
Schwab, Heinrich W.: *Sangbarkeit, Popularität und Kunstlied. Studien zu Lied und Liedästhetik der mittleren Goethezeit 1770–1814.* Regensburg 1965 (= *Studien zur Musikgeschichte des 19. Jahrhunderts* 3).
Weisser, Hermann Anton: *J. G. Jacobis Singspiele und seine Stellung in der Geschichte der Wiederbelebung der deutschen ernsten Oper in der zweiten Hälfte des 18. Jahrhunderts.* Diss. Freiburg i. Br. 1921.
Wesseler, Karl: *Untersuchungen zur Darstellung des Singspiels auf der deutschen Bühne des 18. Jahrhunderts.* Diss. Köln 1954.
Zander, Claus-Günther: *Christian Felix Weiße und die Bühne.* Diss. Mainz 1949.

Der Anteil des Singspiels und der Oper am Repertoire der deutschen Bühnen in der zweiten Hälfte des 18. Jahrhunderts

von

REINHART MEYER (Wuppertal)

Erna Stahl zum 80. Geburtstag gewidmet

1 Methodische und terminologische Vorbemerkungen

In diesem Aufsatz wird versucht, durch Auswertung der Repertorien deutschsprachiger Schauspieltruppen und Bühnen im gesamten Reichsgebiet zwischen 1770 und 1800 den Aufstieg des Singspiels und der Oper darzustellen. Dem Theaterwissenschaftler dürfte die Aufarbeitung der Spielpläne von rund 100 Bühnen einen erwünschten Überblick über die Entwicklung der Programmgestaltung der letzten dreißig Jahre des 18. Jahrhunderts liefern; der Germanist wird darüber hinaus (vielleicht mit Erstaunen) wahrnehmen, daß der größte Teil der bisher geleisteten Interpretationsarbeit die Praxis der Bühnen und den zeitgenössischen Geschmack des Publikums kaum berührt. Weitgehend am künstlerischen Anspruch des Autors und/oder der artistischen Qualität der Texte orientiert, würdigt die Literaturwissenschaft nur in Ausnahmefällen jene Dramen, die für die Bühne und das Theater von Bedeutung waren, eingehenderen Betrachtungen. Besonders kraß wird die Disproportion zwischen wissenschaftlichem Interesse und historischer Bedeutung von Dramen in den 90er Jahren, in denen die Oper die Bühnen des gesamten Reichsgebiets beherrschte, während von literarwissenschaftlicher Seite noch nicht einmal ein monographischer Überblick über die in dieser Zeit entstandenen Libretti angefertigt wurde, von einer verläßlichen bibliographischen Erfassung des Textmaterials ganz zu schweigen. Dagegen wandte sie ihr besonderes Augenmerk dem Trauerspiel zu, das schon in den 80er Jahren nur noch geringe Bedeutung für das deutsche Theater hatte.

Die Folge der literaturwissenschaftlichen Selektion ist, daß etwa 90% der dramatischen Produktion des letzten Drittels des 18. Jahrhunderts aus dem Gesichtsfeld der Germanisten entschwand. Besonders betroffen davon ist neben dem Lustspiel die Oper. Die Rücksichtnahme der Librettisten auf die Bedingungen der Bühne, die Fähigkeiten der Sänger und Schauspieler, für die sie schrieben, wirkte sich für das wissenschaftliche Interesse an ihren Texten genauso nachteilig aus, wie die Zusammenarbeit zwischen Autor und Komponisten den Operntext der Zuständigkeit der Germanisten entzog. Erst in den letzten Jahren, unter dem Einfluß einer stärker sozialgeschichtlich orientierten Forschung, konnte das Singspiel wieder einige Aufmerksamkeit auf sich ziehen; und es ist zu hoffen, daß bei der weiteren Bearbeitung die besonderen Bedingungen, unter denen diese Gattung oder ‚Textsorte' steht, nicht nur gesehen und akzeptiert, sondern als die diese Gattung konstituierenden Bedingungen anerkannt und in die Untersuchung der Texte mit einbezogen werden.

Eine der wesentlichen Schwierigkeiten der sozialgeschichtlich orientierten Forschung besteht vorerst noch in der Ermittlung, Sammlung und Aufarbeitung des historischen Materials. Sie hat sich auf die Normen, Tendenzen, Eigenarten der Zeit, die sie behandelt, zuerst einmal einzulassen, sie zu bestimmen, ihren Umfang, ihre Reichweite und Dauer zu eruieren, bevor sie sich exemplarisch mit einem oder einigen Texten interpretatorisch beschäftigt. Normen- und Kanonbildung hat genauso wie literarischer oder musikalischer Erfolg ein weites und differenziertes Feld konkurrierender Typen und Formen zur Voraussetzung; sie kann erst auf dem Hintergrund der gesamten Produktion einer Zeit beschrieben und sozialgeschichtlich interpretiert werden.

Von diesem Verständnis gehen die folgenden Darlegungen aus. Sie wollen versuchen, durch die statistische Auswertung der Repertorien der Wandertruppen und Bühnen im letzten Drittel des 18. Jahrhunderts einen Überblick über den Anteil von Opern und Singspielen am Spielplan zu liefern und damit einen numerischen Rahmen zu erstellen, der weiteren Untersuchungen zur Orientierung dienen kann.

Aus der teilweise schlechten Überlieferung der Repertorien resultiert, daß Folgerungen aus ihnen nur in Form von Aussagen über Tendenzen gemacht werden können. Besonders folgende Faktoren schränken den Wert der Statistiken ein:

- Die wichtigste Fehlerquelle liegt in der inkompletten Dokumentation der Repertorien, die meist rekonstruiert werden müssen, aber infolge fehlender amtlicher Aktennotizen oder Rats- und Magistratsprotokolle, lückenhafter Zettelsammlungen, fehlerhafter Aufnahme in zeitgenössischen Zeitschriften etc. nur selten die Gewähr für Vollständigkeit bieten. Besonders bedauerlich ist die Vernachlässigung der Ballettaufführungen in den rekonstruierten Repertorien, die aber für das Theater der 2. Hälfte des Jahrhunderts teilweise von dominierender Bedeutung waren. Um die ermittelten Werte trotzdem vergleichbar zu machen, gebe ich bei aufgenommenen Balletten in der zweiten Kolonne die Prozentzahlen ohne Anrechnung der Ballett-Abende. Wie schwierig es ist, selbst einen relativ gut dokumentierten Spielplan zu rekonstruieren, können die Ergänzungen Otto Fambachs (in DVjS 48 [1974] 374–393) zu C. A. H. Burkhardts *Repertoire des Weimarischen Theaters unter Goethes Leitung 1791–1817* [52] zeigen.
- Problematisch ist sodann die Gattungszuweisung der Titel. Grundsätzlich wurde von der Bezeichnung der Aufführung, nicht des Textbuches ausgegangen. In vielen Fällen fehlen auf den Theaterzetteln oder in Ankündigungen und Besprechungen in Zeitschriften aber Gattungsangaben, die also ergänzt werden mußten. Der hierbei notwendige Rückgriff auf die Texte kann nicht immer Klarheit schaffen, da in vielen Fällen dasselbe Drama in verschiedenen Bearbeitungen und unter abweichenden Gattungsbezeichnungen publiziert wurde. Das betrifft einerseits vor allem die Trauerspiele, die häufig in Schauspiele abgewandelt wurden, aber auch die Vor- und Nachspiele, die auch als Lustspiele erschienen. Infolge mangelhafter bibliographischer Erfassung des Dramas im 18. Jahrhundert tauchen immer wieder Titel auf, die sich

bibliographisch nicht nachweisen lassen, so daß der Statistiker hier auf Vermutungen angewiesen ist.
- Der unterschiedliche Umfang von Stücken verschiedener Gattungen kann nicht berücksichtigt werden; dadurch wird vor allem der Vergleichswert der Zahlen für das Lustspiel gemindert. Einaktige Vor- oder Nachspiele sind kein Äquivalent für ein fünfaktiges Trauerspiel. Allerdings macht sich seit den 80er Jahren ein Trend zur Aufführung nur eines Stücks pro Abend bemerkbar, wodurch Vor- und Nachspiele an Bedeutung verlieren. Trotzdem bleibt eine gewisse Inadäquatheit bestehen. Für die 70er und 80er Jahre dürfte sich bei Reduktion der Aufführungsziffern um ein Viertel bis ein Drittel die Zahl der mehraktigen Lustspiele ergeben.
- Wenn nicht besonders angemerkt, wird in den Statistiken zwischen deutschen, französischen oder italienischen Originalen oder Übersetzungen nicht differenziert. Die Untersuchung handelt vom Anteil der Oper – nicht nur der deutschen Oper – am Repertoire der deutschen Bühnen.
- Die meisten der folgenden Statistiken bedürften einer differenzierten Interpretation, die im Rahmen dieses Aufsatzes nicht geliefert werden kann. Sie hätte vor allem auf die sehr unterschiedlichen Organisationsformen der Bühnen und Truppen und deren personellen Verhältnisse, sowie auf die bisher vorliegende umfangreiche Literatur zur regionalen Dramen- und Theatergeschichte einzugehen, auf die – leider – kaum ansatzweise hingewiesen werden kann.
- Schließlich erschwert die ungleiche Spieldauer der Truppen die Vergleichbarkeit der Repertorien; ein Problem, das durch die Berechnung des prozentualen Anteils einer Gattung am Gesamtspielplan zwar nicht beseitigt, aber abgeschwächt werden kann.

Die Mannigfaltigkeit zeitgenössischer Gattungsbezeichnungen macht einen statistischen Überblick unübersichtlich, deshalb wurde in folgender Weise vereinheitlicht:

Lustspiel   umfaßt Posse, Vor- und Nachspiel (soweit es sich nicht um eigens zu einem bestimmten Anlaß geschriebene Pro- oder Epiloge oder dgl. handelt), Farce, Komödie, Lustspiel;
Trauerspiel umfaßt Tragödie und Trauerspiel;
Schauspiel umfaßt Drama, Gemä(h)lde, Ritterstück, Tragikomödie, dramatisches Gedicht, Schauspiel;
Oper   umfaßt Singspiel, Operette, Oper, häufig auch ‚Schauspiel mit Gesang (oder Musik)'.

2 Anteil der Gattungen am Gesamtrepertoire

2.1 Das Repertoire der großen Wandertruppen

Die Spielpläne von Schönemann, Ackermann, Seyler, Böhm und Großmann geben einen einigermaßen repräsentativen Überblick über die Entwicklung der Spielpläne in der 2. Hälfte des 18. Jahrhunderts, der dann anhand der Veränderungen in kleineren Zeiträumen regional differenziert werden soll.

Schönemann [1]		Ackermann [2]	
	1740–1757		1754–1767 / 1769–1771
145 Lustspiele	46,8%	146 Lustspiele	44,0%
63 Nachspiele	20,3%	93 Nachspiele	28,0%
	67,1%		72,0%

40 Ballette	12,9%		56 Trauerspiele	16,9%
40 Trauerspiele	12,9%		19 Schauspiele	5,7%
9 Schauspiele	2,9%		15 Opern	4,5%
8 Schäferspiele	2,6%		3 Intermezzi	0,9%
2 Pantomimen	0,6%			
2 Tragikomödien	0,6%			
1 Oper	0,3%			

Das Repertoire ist weit gefächert und wird bestimmt vom Lustspiel, dem erst mit einigem Abstand das Trauerspiel folgt. Oper und Schauspiel sind noch bedeutungslos. Doch schon in den 70er Jahren ändern sich die Verhältnisse gravierend:

Seyler [3] 1767–1785

Böhm [4] 1770–1792, 1792–1798

167 Lustspiele	54,4%		110 Lustspiele	37,0%
58 Opern	18,9%		103 Opern	34,7%
50 Trauerspiele	16,3%		37 Trauerspiele	12,5%
27 Schauspiele	8,8%		25 Schauspiele	8,4%
3 Monodramen	1,0%		21 Ballette	7,1%
2 Schäferspiele	0,6%		1 Duodram	0,3%

Zwar bleibt das Lustspiel die das Repertoire dominierende Gattung, aber der Anteil der Oper ist wesentlich gestiegen und hat den des Trauerspiels überflügelt; auch das Schauspiel hat sich derartig entwickelt, daß es die Position des Trauerspiels bedroht. Mit dem Mono- und Duodram ist eine neue Gattung auf die Bühne gekommen, deren Bedeutung allerdings beschränkt bleibt. Das Schäferspiel fällt aus dem Repertoire weitgehend aus. In Großmanns Spielplan findet diese Entwicklung ihren deutlichen Niederschlag:

Großmann [5] 1778–1796

272 Lustspiele	48,3%
141 Opern	25,1%
97 Schauspiele	17,2%
48 Trauerspiele	8,5%
5 Mono-/Melodr.	0,9%

2.2 Das Repertoire in einzelnen Städten

Als Ausgangsort einer differenzierten und regional spezifizierenden Analyse bietet sich das Hamburger Nationaltheater an, dessen Repertoire 1767–69 folgende Verhältnisse aufwies; zum Vergleich die Zahlen für Leipzig:

Hamburg [6] 1767–1769

Leipzig [7] Koch, 11. Juni–30. Sept. 1771

363 × Lustspiel	71,6%		76 × Lustspiel	61,8%
107 × Trauerspiel	21,1%		33 × Oper	26,8%

30 × Schauspiel	5,9%	9 × Trauerspiel	7,3%
7 × Schäferspiel	1,4%	5 × Schauspiel	4,1%

Diese Zahlen machen die Uneinheitlichkeit der Spielpläne Anfang der 70er Jahre deutlich; bedingt werden diese Differenzen einerseits durch die Struktur der Truppen (das Hamburger Repertoire ist ein verhältnismäßig konservatives, während Koch mit Nachdruck das Singspiel propagierte), andererseits durch die sozialen Verhältnisse des Spielortes; darauf wird später (vgl. Abschn. 4) noch genauer eingegangen werden. Wie schwankend im allgemeinen die Gattungsbedeutungen waren, kann der Weimarer Spielplan zeigen:

Weimar [8] Okt. 1771 – Mai 1772
  65 × Lustspiel   61,3%
  22 × Oper   20,8%
   8 × Trauerspiel   7,5%
   8 × Schauspiel   7,5%
   2 × Ballett   1,9%
   1 × Melodram   0,9%

Weimar [9] 22. Juni – 30. Dez. 1772
  63 × Ballett   38,6% o. Ballett
  44 × Lustspiel   27,0%   45,8%
  28 × Oper   17,2%   29,2%
  12 × Schauspiel   7,4%   12,5%
   9 × Trauerspiel   5,5%   9,4%
   4 × Monodram   2,5%   4,2%
   3 × Divertissement   1,8% o. Divert.

Ähnliches läßt sich im gesamten Reichsgebiet beobachten, ohne daß hierfür besondere regionale Verhältnisse verantwortlich gemacht werden müßten.

Graz [10] jew. im Sommer
1772–1774
  34 × Lustspiel   52,3%
  20 × Trauerspiel   30,8%
   8 × Schauspiel   12,3%
   3 × Oper   4,6%

Seyler in Thüringen u. Sachsen [11]
1772–1775
  297 × Lustspiel   49,3%
  170 × Oper   28,2%
   63 × Trauerspiel 10,4%
   50 × Schauspiel   8,3%
   23 × Monodram   3,8%

Lübeck [12]
8. Nov. 1773–31. Jan. 1774
  12 × Lustspiel   52,2%
   6 × Oper   26,1%
   3 × Schauspiel   13,0%
   2 × Trauerspiel   8,7%

Dresden [13]
19. Okt. 1775–19. März 1776
  35 Lustspiele   55,6%
  17 Opern   27,0%
   7 Trauer- und
     Schauspiele   11,1%
   4 Ballette   6,3%

Die Ähnlichkeit des Lübecker und Dresdner Spielplans resultiert aus einer Extremsituation: während unter Nicolini in Lübeck eine ausgesprochene Operntruppe den Bürgern der Hansestadt aufwartet, versucht in Dresden Seyler mit der Hofoper zu konkurrieren und muß weit mehr Opern geben, als es seinem Repertoire entspricht (vgl. [3]).

In Salzburg forciert die Theaterreform den Anteil an Trauerspielen, während in Rostock das Unterhaltungstheater den Spielplan bestimmt.

Salzburg [14] Nov. 1775 – Febr. 1776

22 × Lustspiel 33,3%
21 × Trauerspiel 31,8%
19 × Schauspiel 28,8%
4 × Oper 6,1%

Rostock [15] 26. Mai – 4. Juli 1777

20 × Lustspiel 37,7% 55,6%
17 × Ballett 32,1% o. Ballett
8 × Oper 15,1% 22,2%
4 × Trauerspiel 7,5% 11,1%
3 × Schauspiel 5,7% 8,3%
1 × Duodram 1,9% 2,8%

In den Zentren des Theaterspiels hat sich Ende der 70er Jahre die Oper bereits den zweiten Platz nach dem Lustspiel erobert:

Prag [16] Apr. 1777 – März 1778

132 × Lustspiel 56,7% 63,2%
39 × Oper 15,5% 18,7%
27 × Ballett 11,6%
26 × Trauerspiel 11,2% 12,4%
12 × Schauspiel 5,2% 5,7%

Leipzig [17] 21. Mai 1777 – 29. Okt. 1780

82 Lustspiele 48,5%
39 Opern 23,1%
25 Schauspiele 14,8%
21 Trauerspiele 12,4%
2 Melodramen 1,2%

Mannheim [18] Apr. – Juli 1778

25 × Lustspiel 55,6%
7 × Oper 15,6%
5 × Ballett 11,1%
5 × Schauspiel 11,1%
2 × Trauerspiel 4,4%
1 × Pantomime 2,2%

München [19] 6. Okt. 1778 – 18. Jan. 1779

27 Lustspiele 43,5% 55,1%
14 Opern 22,6% 28,6%
13 Ballette 21,0% —
5 Trauerspiele 8,1% 10,2%
3 Schauspiele 4,8% 6,1%

Mannheim [20] Okt. 1779 – Sept. 1780

132 × Lustspiel 62,2%
36 × Oper 17,1%
20 × Trauerspiel 9,5%
14 × Schauspiel 6,6%
9 × Duodram 4,2%

Wien [21] 1776

147 × Lustspiel 53,1%
59 × Oper 21,5%
29 × Schauspiel 10,5%
23 × Trauerspiel 8,3%
2 × Schäferspiel 0,72%
1 × Melodram 0,36%

In Mannheim macht sich die Übernahme der Theaterleitung durch den Freiherrn von Dalberg und die Einrichtung des „Nationaltheaters" vorerst vor allem in der Steigerung der Trauerspielaufführungen bemerkbar (vgl. [18] und [20]).

In den 80er Jahren dringt die Oper nicht nur in den Spielplan der kleineren Städte ein, sondern festigt insgesamt ihren Platz und rückt gelegentlich schon nah an die Position des Lustspiels heran.

Frankfurt/Main [22] Ostermesse 1780

14 Lustspiele 41,2%
9 Singspiele 26,5%

Frankfurt/Main [23] Herbstmesse 1780

20 × Lustspiel 55,6%
8 × Oper 21,1%

6 Schauspiele	17,6%	
3 Trauerspiele	8,8%	
1 Kinderpantomime	2,9%	
1 Duodram	2,9%	

4× Trauerspiel	11,1%
2 × Schauspiel	5,6%
1 × Pantomime	2,8%
1 × Duodram	2,8%

Frankfurt/Main [24]
18. Sept. – 22. Nov. 1780

24 × Lustspiel	43,6%
20 × Oper	36,4%
4 × Trauerspiel	7,3%
3 × Schauspiel	5,5%
3 × Ballett	5,5%
1 × Duodram	1,7%

Wien [25] 21. Jan. – 27. Febr. 1781

26 × Lustspiel	55,3%
13 × Oper	27,7%
5 × Trauerspiel	10,6%
2 × Singspiel	4,3%
kein Ballett	—
1 × Melodram	2,1%

Königsberg [26] Dez. 1781 – Mai 1782

54 × Lustspiel	42,8%
35 × Singspiel	27,8%
21 × Schauspiel	16,7%
13 × Trauerspiel	10,3%
3 × Duodram	2,4%

Berlin [27] 1782

162 × Lustspiel	41,9%
156 × Oper	40,3%
62 × Trauerspiel	16,0%
7 × Melodram	1,8%

Hier macht sich außerdem eine mit dem Vordringen der Oper eng verknüpfte andere Entwicklung bemerkbar; im selben Maß und in derselben Zeit, in der die Oper dem Lustspiel wichtige Anteile am Repertoire abgewinnt, verdrängt auch das Schauspiel das Trauerspiel, das von nun an ständig an Bedeutung verliert.

Graz [28]
21. Apr. – 2. Aug. 1783

42 × Lustspiel	51,8%
14 × Oper	20,6%
10 × Schauspiel	14,7%
2 × Trauerspiel	2,9%

Leipzig [29]
24. Dez. 1784 – 31. Dez. 1785

287 × Schau- und Lustspiel	61,3%
105 × Oper	22,4%
74 × Trauerspiel	15,8%
2 × Melodram	0,5%

Leipzig [30]
17. Apr. 1781 – 16. Okt. 1785

94 Lustspiele	51,1%
34 Schauspiele	18,5%
32 Trauerspiele	17,4%
22 Opern	11,9%
2 Melodramen	1,1%

Dresden [31]
14. Okt. 1781 – 28. März 1786

118 Lustspiele	59,3%
44 Schauspiele	22,1%
28 Trauerspiele	14,1%
7 Opern	3,5%
2 Melodramen	1,0%

Der geringe Anteil der Opern erklärt sich daraus, daß in Dresden die Hofoper eine Konkurrenz der Wandertruppen kaum zuließ und sie auch in Leipzig Gastspiele gab. An den Verhältnissen der ersten Hälfte der 80er Jahre ändert sich auch in der zweiten Hälfte kaum etwas:

Leipzig [32]
12. Sept. 1786 – 17. Okt. 1790

64	Lustspiele	52,5%
28	Schauspiele	23,0%
25	Trauerspiele	20,5%
4	Opern	3,2%
1	Melodram	0,8%

Dresden [33]
19. Okt. 1786 – 5. Apr. 1791

139	Lustspiele	60,7%
55	Schauspiele	24,0%
25	Trauerspiele	10,9%
9	Opern	3,9%
1	Melodram	0,5%

Im Vergleich mit dem Repertorium Schönemanns bzw. Ackermanns (vgl. [1] und [2]) hat sich der Anteil des Lustspiels ungefähr konstant gehalten, aber die Oper ist von 0,3% bzw. 4,5% auf rund 20% des Repertoires gestiegen (vgl. [28] und [29]), und das Schauspiel hat sich von 2,9% bzw. 5,7% zu einem Anteil von 23% bis 24% entwickelt. Gleichzeitig fiel das Trauerspiel von 12,9% bzw. 16,9% bis auf 2,9% ab (vgl. [28])! Diese Entwicklung stabilisiert sich in der zweiten Hälfte der 80er Jahre allgemein, regionale Abweichungen lassen sich allerdings allenthalben feststellen.

Königsberg [34]
6. Dez. 1785 – 11. Mai 1786

58 ×	Lustspiel	43,3%
33 ×	Schauspiel	24,4%
25 ×	Oper	18,5%
15 ×	Trauerspiel	11,1%

Wien [35]
Nov. 1785 – Febr. 1786

58 ×	Lustspiel	44,3%
51 ×	Oper	38,9%
13 ×	Trauerspiel	9,9%
9 ×	Schauspiel	6,9%

Wien [36] Aug. 1785 – Ende Juni 1786

103 ×	Oper	81,1%
16 ×	Lustspiel	12,6%
5 ×	Trauerspiel	3,9%
3 ×	Schauspiel	2,4%

Linz [37] Apr. – Aug. 1786

23 ×	Lustspiel	31,9%
18 ×	Oper	25,0%
16 ×	Trauerspiel	22,2%
10 ×	Schauspiel	13,9%
5 ×	Melodram	7,0%

In Wien, im Kärntnertor-Theater, führt also Mitte der 80er Jahre das deutsche Singspiel bzw. die deutsche Oper erstmals das Repertoire einer deutschsprachigen Bühne an. Es nimmt damit eine Entwicklung vorweg, die in der Mitte der 90er Jahre allgemein zu beobachten ist. Vorerst aber spielt das Lustspiel an den anderen Bühnen weiterhin die bedeutendste Rolle; in Bürgerstädten kann sich gelegentlich schon das Schauspiel gegen das Trauerspiel duchsetzen.

Brünn [38] Nov. 1786 – Jan. 1788

103 ×	Lustspiel	33,8%
40 ×	Nachspiel	13,1%
		46,9%
53 ×	Trauerspiel	17,4%
48 ×	Schauspiel	15,7%

Mannheim [39] 1788 – 1789

203 ×	Lustspiel	47,8%
99 ×	Oper	23,3%
80 ×	Schauspiel	18,8%
40 ×	Trauerspiel	9,4%
3 ×	Mono-/Duodram	0,7%

33 × Ballett 10,8%
28 × Oper 9,2%

Hamburg [40] Okt. 1789 – März 1790

36 × Lustspiel 40,0%
27 × Schauspiel 30,0%
22 × Oper 24,4%
5 × Trauerspiel 5,6%

Wien [41] 1789

108 × Oper 41,5% 50,7%
61 × Lustspiel 23,5% 28,6%
39 × Ballett 15,0% —
37 × Schauspiel 14,2% 13,4%
8 × Divertissement 3,1% —
7 × Trauerspiel 2,7% 3,3%

Ofen und Pest [42] Ostern – Ende 1789

86 Lustspiele 40,4% 50,3%
42 Ballette 19,7% —
32 Opern 15,0% 18,7%
31 Trauerspiele 14,6% 18,1%
18 Schauspiele 8,4% 10,5%
4 Pantomimen 1,9% 2,4%

Graz [43] 15. März 1787 – 9. Apr. 1791

260 × Lustspiel 34,6% 41,0%
160 × Oper 21,3% 25,2%
118 × Ballett 15,7% —
104 × Schauspiel 13,8% 16,4%
104 × Trauerspiel 13,8% 16,4%
6 × Melodram 0,8% 1,0%

Die 90er Jahre zeigen zu Beginn keine wesentlichen Veränderungen gegenüber der zweiten Hälfte der 80er Jahre. Nach wie vor hält sich das Lustspiel an der Spitze des Repertoires; Theater mit adligen und feudalen Trägern favorisieren die Oper.

Linz [44] Juni 1790 – Febr. 1798

442 × Lustspiel 33,9%
393 × Schauspiel 30,2%
372 × Oper 28,5%
72 × Trauerspiel 5,5%
24 × Melodram 1,9%

Graz [45] Apr. 1791 – Apr. 1797

363 × Oper 37,0%
291 × Lustspiel 29,6%
221 × Schauspiel 22,5%
92 × Trauerspiel 9,4%
12 × Ballett/Phantom. 1,2%
3 × Melodram 0,3%

Königsberg [46] Dez. 1790 – Jan. 1791

18 × Lustspiel 37,5%
13 × Oper 27,5%
11 × Schauspiel 22,9%
6 × Trauerspiel 12,5%

Bremen [47] 16. Okt. – 21. Dez. 1791

17 × Lustspiel 28,8%
13 × Schauspiel 22,0%
12 × Oper 20,3%
11 × Ballett 18,7%
6 × Trauerspiel 10,2%

In Leipzig und Dresden bleibt aus bereits angeführten Gründen die Oper nach wie vor unbedeutend:

Leipzig [48]
26. Apr. 1791 – 18. Okt. 1795

83 Lustspiele 48,5%
66 Schauspiele 38,6%

Dresden [49]
20. Okt. 1791 – 8. März 1796

100 Lustspiele 59,2%
57 Schauspiele 33,7%

19 Trauerspiele	11,1%	12 Trauerspiele	7,1%
1 griech. Dichtung			
1 Melodram	1,8%		
1 ländl. Hochzeitssp. m. Musik			

Leipzig [50]
26. März 1796 – 19. Okt. 1800

82 Schauspiele	40,8%
81 Lustspiele	40,3%
33 Trauerspiele	16,4%
3 Melodramen	1,5%
1 Kantate	0,5%
1 Singspiel	0,5%

Dresden [51]
20. Okt. 1796 – 19. März 1801

89 Lustspiele	55,6%
67 Schauspiele	41,9%
4 Trauerspiele	2,5%

Weimar [52] Mai 1791 – Dez. 1792

116 × Lustspiel	36,8%
74 × Oper	23,5%
68 × Schauspiel	21,6%
27 × Trauerspiel	8,6%
17 × Pantomime	5,4%
8 × Ballett	2,5%
3 × Märchen	1,0%
2 × Melodram	0,6%

Osnabrück [53] Apr. 1793

7 × Oper	53,8%
3 × Lustspiel	23,1%
2 × Trauerspiel	15,4%
1 × Schauspiel	7,7%

Naumburg [54] 21. Juni – 21. Juli 1794

19 × Oper	67,9%
7 × Lustspiel	25,0%
2 × Schauspiel	7,1%

Trauerspiele, die an den Höfen nicht goutiert werden, mag man auch in Naumburg den Messebesuchern nicht zumuten.

Kassel [55] Okt. 1794

6 × Oper	50,0%
4 × Schauspiel	33,3%
2 × Lustspiel	16,7%

Dessau [56] Juli bis Okt. 1794

15 × Oper	53,6%
10 × Lustspiel	35,7%
3 × Schauspiel	10,7%

Auch anderorts hat man inzwischen vor der Oper kapituliert:

Brünn [57] Mai – Okt. 1794

38 × Oper	37,3%
30 × Schauspiel	29,4%
25 × Lustspiel	24,5%
9 × Trauerspiel	8,8%

Mannheim [58] 1794 – 1795

125 × Oper	36,0%
119 × Lustspiel	34,3%
84 × Schauspiel	24,2%
12 × Trauerspiel	3,5%
5 × Mono-/Duodram	1,4%
2 × Pantomime	0,6%

In Mannheim verdankt die Oper ihre dominierende Position während zweier Jahre dem großen Erfolg von Mozarts *Zauberflöte*, die stets an zwei Abenden hintereinander gegeben werden mußte. Zur Premiere berichtet der Chronist Backhaus: *Drei Tage nacheinander wurde diese herrliche Oper gegeben, und immer drängten sich die Menschen ins Schauspielhaus.* Die Dominanz der Oper ist an materielle Bedingungen geknüpft, die nur größere Truppen und die inzwischen stehenden Theater in den größeren Städten erbringen können. Die auf die kleineren Städte angewiesenen Prinzipale können ihr musikalisches Personal nicht unbegrenzt und beliebig vergrößern, ohne an dramatischer Potenz zu verlieren. In der Regel verlangt das Lustspiel weniger Aufwand und hat deshalb bessere Einsatzmöglichkeiten. Zwar gehört inzwischen eine Gesangsausbildung zum Werdegang vieler Schauspieler, aber Doppelbegabungen sind trotzdem selten. Die ständig steigenden Ansprüche des Publikums leiten eine Arbeitsteilung zwischen Musik- und Sprechtheater ein, die infolge der wesentlich größeren finanziellen Belastung, die die Oper gegenüber dem Drama für eine Truppe bedeutet, das Zentrum des Musiktheaters in die größeren Städte verlegt, von denen aus dann auch kleinere Orte bespielt werden. Von großer Bedeutung sind diesbezüglich die Hoftheater, die von fürstlicher Unterstützung lebten, und die bürgerlich-aristokratischen Handelszentren.

Schleswig [59] Aug. 1794 – Mai 1795
- 58 × Lustspiel — 41,7%
- 40 × Oper — 28,8%
- 35 × Schauspiel — 25,2%
- 6 × Trauerspiel — 4,3%

Frankfurt/Main [60] Mai 1794–Juni 1795
- 133 × Oper — 46,7%
- 77 × Lustspiel — 27,0%
- 63 × Schauspiel — 22,1%
- 12 × Trauerspiel — 4,2%

Hamburg [61] April 1796 – Sept. 1797
- 194 × Lustspiel — 44,6%
- 134 × Oper — 30,8%
- 75 × Schauspiel — 17,2%
- 32 × Trauerspiel — 7,4%

Altona [62] Sept. 1796 – Sept. 1797
- 67 × Lustspiel — 25,6%
- 60 × Trauerspiel — 22,9%
- 53 × Oper — 20,2%
- 46 × Schauspiel — 17,6%
- 30 × Nachspiel — 11,4%
- 6 × Duodram — 2,4%

Der Altonaer Spielplan ist in den 90er Jahren einzigartig und Ausdruck der die Gründer und Träger des Theaters bewegenden Reformgedanken.

Weimar [63] 1795
- 69 Opern — 38,2%
- 67 Lustspiele — 37,3%
- 31 Schauspiele — 17,2%
- 13 Trauerspiele — 7,2%

Breslau [64] Mai – Nov. 1797
- 80 × Oper — 48,5%
- 35 × Lustspiel — 21,2%
- 34 × Schauspiel — 20,6%
- 16 × Trauerspiel — 9,7%

München [65] 23. Juni – 28. Dez. 1797
- 45 × Lustspiel — 39,8%
- 30 × Oper — 26,5%
- 18 × Ballett — 15,9%

Mannheim [66] 1798 – 1799
- 138 × Oper — 36,7%
- 111 × Lustspiel — 29,5%
- 92 × Schauspiel — 24,5%

3 × Trauerspiel	2,7%

Weimar [67] 1799

64 × Lustspiel	35,8%
50 × Schauspiel	27,9%
48 × Oper	26,8%
17 × Trauerspiel	9,5%
18 × Trauerspiel	4,8%
13 × Ballett	3,5%
3 × Duodram	0,8%
1 × Divertissement	0,2%

Wesentlich an diesen Statistiken ist neben dem Beleg für den rapiden Aufstieg der Oper und dem ebenso rapiden Abstieg des Trauerspiels bei konstanter Dominanz des Lustspiels und ansteigender Bedeutung des Schauspiels noch folgendes: Das Repertoire einer Truppe oder eines Theaters ist in der 2. Hälfte des 18. Jahrhunderts wesentlich umfangreicher, als wir es aus der Gegenwart gewohnt sind. An großen Bühnen werden pro Jahr zwischen 80 und 120 verschiedene Stücke aufgeführt. In den Großstädten und Residenzen fällt in den 80er Jahren der größte Aufführungsanteil noch auf das Lustspiel, das aber schon von der Oper dicht gefolgt und gelegentlich überholt wird. Mithin steigen auch die Anforderungen an die Komponisten und Musiker. Der Produktionszwang der Bühnen muß sich auf die Aufführungsqualität niederschlagen. Hieraus erklären sich die häufigen Klagen über miserable schauspielerische Leistungen mit schlecht gelernten Texten. Es ist nicht nur das Phlegma der Schauspieler, das den Souffleur zur wichtigsten Person einer Aufführung macht.

Aus dem enormen Verschleiß an Texten erklärt sich aber auch die permanente Klage über Mangel an Stücken – trotz der in den letzten Jahrzehnten sprunghaft angestiegenen Produktionsziffern (vgl. Reinhart Meyer, *Das deutsche Trauerspiel des 18. Jahrhunderts. Eine Bibliographie.* München 1977. Statistiken S. 16ff.). In dieser Situation bleibt den Schauspielern und Regisseuren gar nichts anderes übrig, als sich die Texte selbst zu schreiben.

Die handfesten Zwänge, denen das Theater unterliegt, stellen ebenso handfeste Forderungen an Autoren und Komponisten, denen sie mit ihrer Arbeit genügen müssen. Je größer die Bedeutung der Oper für das Repertoire wird, desto geringer kann die darauf gewendete Zeit sein. Die Vergrößerung der Truppe kann die steigenden Anforderungen nur teilweise auffangen; damit müssen Autoren und Komponisten rechnen; in der Regel kennen sie die beschränkten Möglichkeiten der Truppen, für die sie schreiben. Ihre Aufgabe liegt in der optimalen Nutzung der vorhandenen Kapazitäten, ihre Möglichkeiten vor allem in der Variation gegebener, bekannter bzw. vorhandener Elemente: sowohl was das Bühnenbild – also den Handlungsraum – betrifft, die Kostüme etc., als auch die handelnden Charaktere, die sie auf die Bühne bringen (Rollenfach) – ja sogar die Sprache. Verschiebungen der Rollenfächer würden ihre Stücke für viele Truppen unspielbar machen, oder sie müssen es sich gefallen lassen, auf die gewohnten und besetzbaren Rollen zurückgeführt zu werden. Je komplizierter und umfangreicher eine Handlung wird, desto mehr Proben erfordert das Werk – man muß es auf die gewohnten und gekonnten Plots reduzieren. Sprachliche Normabweichungen werden gnadenlos eliminiert, metrische Innovationen von den inzwischen das Verse-Rezitieren ungeübten Schauspielern in die gewohnte Sprache transponiert; ein Schicksal, das besonders Schiller traf.

Ähnlich ergeht es aber auch der Komposition und Harmonie. Was von den vorhandenen Musikern nicht gespielt werden kann, muß auf die Möglichkeiten des jeweiligen Orchesters reduziert werden. Und bevor Autoren und Komponisten diese Umgestaltung ihrer Werke in Kauf nehmen, schrauben sie ihre Intentionen von vornherein herunter und richten sich nach den gegebenen Möglichkeiten der Truppen. Die steigenden Belastungen der Schauspieler und Sänger und das zunehmend auf Verschleiß kurzfristig ausgerichtete Repertoire müssen sich – und nur darauf soll vorläufig hingewiesen werden – auch auf die artistische Qualität der Texte und Kompositionen auswirken. Die häufig beklagte Simplizität und Stereotypie der Dramentexte und Libretti sind nicht einfach aus der ‚Unfähigkeit' der Autoren zu ‚erklären', sondern sind die Produkte eines bestimmten Entwicklungsstadiums des deutschen Theaters. Wie gut gerade die Komponisten mit den beschränkten Möglichkeiten fertig geworden sind, beweist der enorme Erfolg der Opern, von dem die Verfasser von Tragödien nicht einmal zu träumen wagten.

3 Aufführungsfrequenzen

So aussagekräftig die Zahlen über den Anteil der verschiedenen dramatischen Gattungen am Gesamtrepertoire sind und so interessante Rückschlüsse sie zulassen, so geben sie doch noch kein ausreichend detailliertes Bild von den jeweiligen Schwerpunkten, dem Grad der Beliebtheit, sozusagen dem Gebrauchswert einer Gattung. Das ermöglicht erst eine Übersicht über die verschiedenen Aufführungsfrequenzen der Gattungen. Zu welchen Differenzen es zwischen dem prozentualen Anteil einer Gattung am Gesamtrepertoire und der Häufigkeit von Wiederholungen einzelner Werke kommen kann, zeigt besonders kraß der Berliner Spielplan [68]. In der preußischen Residenz wurden 1782 insgesamt 71 Stücke 387mal aufgeführt. Das ergibt eine durchschnittliche Aufführungsfrequenz von 5,5 pro Werk, die sich auf die Gattungen wie folgt verteilt:

Trauerspiel:	6,9 ×		12,7%
Oper:	6,5 ×	bei einem Anteil	33,8%
Lustspiel:	4,5 ×	am Gesamtrepertoire von	50,0%
Melodram:	3,5 ×		2,8%

Der relativ geringe Anteil von Trauerspielen am Gesamtrepertoire läßt also keineswegs den Schluß zu, daß diese Gattung unbeliebt sei: im Gegenteil erweist sie sich in Berlin als die ökonomischste:

```
 9 Trauerspiele werden   62 × aufgeführt (= 6,9)
24 Opern        werden  156 × aufgeführt (= 6,5)
36 Lustspiele   werden  162 × aufgeführt (= 4,5)
 2 Melodramen werden      7 × aufgeführt (= 3,5)
```

Ähnlich verschiebt sich auch in Großmanns Repertoire [69] (1778 – 1796) die Reihenfolge:

5 Melodramen werden	36 × aufgeführt (= 7,2)		0,9%
48 Trauerspiele werden	314 × aufgeführt (= 6,5)	bei einem	8,5%
141 Opern werden	860 × aufgeführt (= 6,1)	Anteil am	15,2%
97 Schauspiele werden	451 × aufgeführt (= 4,6)	Repertoire	17,2%
272 Lustspiele werden	1116 × aufgeführt (= 4,1)	von	48,3%

Allerdings handelt es sich hier um Ausnahmen. Nur selten fallen Gattungsanteile und Aufführungsfrequenzen so kraß auseinander, daß sich die Reihenfolge geradewegs umkehrt. Aus diesen Beispielen dürfte allerdings klar geworden sein, wie wichtig die Berücksichtigung der Aufführungsfrequenzen für die Gewinnung eines differenzierten Überblicks ist, den wir wieder mit dem Hamburger Nationaltheater beginnen wollen, aber kürzer halten können als die Übersicht über den Gattungsanteil.

Hamburg [70] vgl. [6] 1767 – 1769

    4 Schauspiele wurden 30 × aufgeführt (= 7,5)
    24 Trauerspiele wurden 107 × aufgeführt (= 4,5)
    87 Lustspiele wurden 363 × aufgeführt (= 4,2)
    2 Schäferspiele wurden 7 × aufgeführt (= 3,5)

Obwohl also das Schauspiel nur mit wenigen Titeln vertreten ist, wurden diese wesentlich häufiger als die Werke anderer Gattungen aufgeführt. Hier meldet sich frühzeitig ein Bedarf an, dem die Autoren erst in den 80er Jahren entgegenkommen werden. Allerdings scheint es sich hier auch noch um einen großstädtischen Sonderfall zu handeln, der vorerst noch keine Parallele hat.

Seyler in Thüringen und Sachsen [71] vgl. [11] 1772 – 1775

    25 Opern wurden 170 × aufgeführt (= 6,8)
    4 Monodramen wurden 23 × aufgeführt (= 5,8)
    9 Schauspiele wurden 50 × aufgeführt (= 5,6)
    13 Trauerspiele wurden 63 × aufgeführt (= 4,8)
    65 Lustspiele wurden 297 × aufgeführt (= 4,1)

Hier zeigt sich also bereits eine Beliebtheit der Oper zu Beginn der 70er Jahre, die sich aus den Gattungsanteilen nicht vermuten ließ. Allerdings handelt es sich auch hier um einen Sonderfall.

Salzburg [72] vgl. [14] 16. Nov. 1775 – 20. Febr. 1776

    20 Lustspiele wurden 22 × aufgeführt (= 1,1)
    19 Trauerspiele wurden 21 × aufgeführt (= 1,1)
    19 Schauspiele wurden 19 × aufgeführt (= 1,0)
    4 Opern wurden 4 × aufgeführt (= 1,0)

Das Spiel in einer kleinen Stadt kann generell nur mit geringen Wiederholungsfrequenzen rechnen. In Wien [73] liegt am Burgtheater die Aufführungsfrequenz

                    der Oper   bei 5,4
                    des Schauspiels bei 3,6
                    des Balletts   bei 3,2
                    des Lustspiels   bei 1,7   (Apr. – Dez. 1776)

Mannheim [74] vgl. [18] und [20] Okt. 1778 – Aug. 1779

    2 Duodramen wurden   5 × aufgeführt (= 2,5)
  15 Opern   wurden 24 × aufgeführt (= 1,6)
  36 Lustspiele   wurden 47 × aufgeführt (= 1,3)
  12 Trauerspiele wurden 15 × aufgeführt (= 1,3)
  13 Schauspiele wurden 13 × aufgeführt (= 1,0)

Wenngleich sich die Gattungsanteile nach Übernahme der Intendanz durch Dalberg gegenüber dem Vorgänger Marchand nicht wesentlich verändert haben, schnellen aber die Aufführungsfrequenzen in die Höhe. Das stehende Theater mit einer ortsansässigen Intendantur löst das vagierende Theater ab. Es kann über einen festen Stamm von Schauspielern verfügen, mit deren Verschreibung langfristige Pläne verfolgt werden können. Darüber hinaus ermöglicht eine feste Truppe eine wesentlich bessere Ausnutzung des Repertoires, als eine häufig ihr Personal und den Ort wechselnde Wandertruppe erreichen kann.

Mannheim (Dalberg) Okt. 1779 – Sept. 1780

  11 Opern   wurden 36 × aufgeführt (= 3,3)
   3 Duodramen wurden   9 × aufgeführt (= 3,0)
  56 Lustspiele wurden 132 × aufgeführt (= 2,4)
   7 Schauspiele wurden 14 × aufgeführt (= 2,0)
  12 Trauerspiele wurden 20 × aufgeführt (= 1,7)

In den 70er Jahren zeigt sich also auch hinsichtlich der Wiederholungsfrequenzen ein uneinheitliches Bild, das von Ort zu Ort schwankt und noch keine klare Tendenz aufweist. Das bleibt auch vorläufig in den **80er Jahren** noch so.

Königsberg [75] vgl. [26] 17. Dez. 1781 – 27. Mai 1782

   1 Duodram   wurde   3 × aufgeführt (= 3,0)
   9 Schauspiele wurden 21 × aufgeführt (= 2,3)
  16 Opern   wurden 35 × aufgeführt (= 2,2)
  34 Lustspiele wurden 54 × aufgeführt (= 1,6)
  10 Trauerspiele wurden 13 × aufgeführt (= 1,3)

Leipzig [76] vgl. [29] 24. Dez. 1784 – 31. Dez. 1785

  47 Schau- und
      Lustspiele wurden 287 × aufgeführt (= 6,1)
  21 Opern   wurden 105 × aufgeführt (= 5,0)

16 Trauerspiele wurden 74 × aufgeführt (= 4,6)
2 Melodramen wurden 2 × aufgeführt (= 1,0)

Königsberg [77] vgl. [34] 6. Dez. 1785 – 11. Mai 1786
16 Schauspiele wurden 33 × aufgeführt (= 2,1)
12 Opern wurden 25 × aufgeführt (= 2,1)
34 Lustspiele wurden 58 × aufgeführt (= 1,7)
10 Trauerspiele wurden 15 × aufgeführt (= 1,5)

Berlin [78] 5. Dez. 1786 – 31. Juli 1787
11 Opern wurden 57 × aufgeführt (= 5,2)
14 Ballettpant. wurden 55 × aufgeführt (= 3,9)
15 Trauerspiele
und ernste
Dramen wurden 45 × aufgeführt (= 3,0)
43 Lustspiele wurden 119 × aufgeführt (= 2,8)

Mitte der 80er Jahre fungiert das Lustspiel eindeutig in allen Theatern als Verschleißware; es kann nur in wenigen Fällen mit mehreren Aufführungen rechnen und wird mithin auch für den Tag geschrieben. In Bürgerstädten hat dagegen das Schauspiel die führende Position eingenommen, während in Residenzstädten die Oper eindeutig dominiert. Das Trauerspiel kann sich weder in Residenzen noch in bürgerlichen Städten großer Beliebtheit erfreuen. Die hohen Aufführungsquoten der Oper machen diese Gattung zum ökonomischen Stabilisationsfaktor der Bühnen und Truppen.

Berlin [79] vgl. [78] 1. Aug. 1787 – 31. Juli 1788
22 Opern wurden 125 × aufgeführt (= 5,7)
32 Dramen und Trauerspiele wurden 133 × aufgeführt (= 4,2)
48 Lustspiele wurden 164 × aufgeführt (= 3,4)
6 Ballette wurden 15 × aufgeführt (= 2,5)

Berlin [80] vgl. [78] 1. Aug. 1788 – 31. Juli 1789
18 Opern wurden 113 × aufgeführt (= 6,3)
31 Lustspiele wurden 161 × aufgeführt (= 5,2)
25 Dramen und Trauerspiele wurden 107 × aufgeführt (= 4,3)
4 Ballettpant. wurden 4 × aufgeführt (= 1,0)

Brünn [81] vgl. [38] Nov. 1786 – Jan. 1788
15 Opern wurden 28 × aufgeführt (= 1,7)
28 Schauspiele wurden 48 × aufgeführt (= 1,7)
34 Trauerspiele wurden 53 × aufgeführt (= 1,6)
73 Lustspiele wurden 103 × aufgeführt (= 1,4)
32 Nachspiele wurden 40 × aufgeführt (= 1,3)

Hamburg [82] vgl. [40] mit einigen Abstechern nach Altona Okt. 1789 – März 1790

    10 Schauspiele wurden 27 × aufgeführt (= 2,7)
    11 Opern wurden 22 × aufgeführt (= 2,0)
    24 Lustspiele wurden 36 × aufgeführt (= 1,5)
    4 Trauerspiele wurden 5 × aufgeführt (= 1,25)

Wien [83] vgl. [36] Aug. 1785 – Juni 1786

    21 Opern wurden 103 × aufgeführt (= 4,9)
    13 Lustspiele wurden 16 × aufgeführt (= 1,2)
    5 Trauerspiele wurden 5 × aufgeführt (= 1,0)
    3 Schauspiele wurden 3 × aufgeführt (= 1,0)

Am Kärntner Tor bestimmt die Oper so absolut das Repertoire wie an keiner anderen Bühne. Ein Jahrzehnt später wird auch das Nationaltheater der kaiserlich-königlichen Residenz ganz im Zeichen der Oper stehen.

    Das Ergebnis dieses Überblicks dürfte nun eindeutig sein: Während bei den Gattungsanteilen das Lustspiel mit weitem Vorsprung vor allen anderen Gattungen führte, zeigt es sich bei den Aufführungsfrequenzen als unbedeutend, während Oper und Schauspiel die höchsten Wiederholungsziffern aufweisen. Diese Entwicklung stabilisiert sich in den 90er Jahren.

Linz [84] vgl. [44] Juni 1790 – Febr. 1798

    3 Melodramen wurden 24 × aufgeführt (= 8,0)
    68 Opern wurden 372 × aufgeführt (= 5,5)
    122 Schauspiele wurden 393 × aufgeführt (= 3,2)
    30 Trauerspiele wurden 72 × aufgeführt (= 2,6)
    184 Lustspiele wurden 442 × aufgeführt (= 2,4)

Aus diesen Zahlen ist ersichtlich, daß sich jetzt auch in kleineren Städten Truppen langfristig und mit einer hohen Ausnutzung des Repertoires halten können.

Königsberg [85] vgl. [46] Dez. 1790 – Jan. 1791

    8 Opern wurden 13 × aufgeführt (= 1,6)
    14 Lustspiele wurden 18 × aufgeführt (= 1,3)
    9 Schauspiele wurden 11 × aufgeführt (= 1,2)
    6 Trauerspiele wurden 6 × aufgeführt (= 1,0)

In kleinen Städten erweist sich auch das Lustspielrepertoire als ergiebig und weniger dem Verschleiß ausgeliefert als in größeren Städten.

Weimar [86] vgl. [52] Mai – Dez. 1791

    10 Opern wurden 33 × aufgeführt (= 3,3)
    21 Lustspiele wurden 48 × aufgeführt (= 2,3)
    14 Schauspiele wurden 32 × aufgeführt (= 2,3)
    6 Trauerspiele wurden 9 × aufgeführt (= 1,5)

Aber die dominierende Rolle der Oper kann das Lustspiel auch hier nicht erschüttern. Wie stark immer noch regionale Bedingungen das Repertoire prägen, zeigt der Magdeburger Spielplan, der nicht auf ein besonderes dramaturgisches Programm zurückgeht, sondern Resultat des von den Bürgern der Stadt unternommenen Versuchs ist, nach vielerlei Ducheinander ihres Theaters neuerlich ein Unternehmen auf die Beine zu stellen (vgl. [134]).

Hamburg [87] vgl. [61] Apr. 1796 – Sept. 1797. Hier wird pro Monat durchschnittlich aufgeführt:

    10,8 × Lustspiel
    7,4 × Oper
    4,2 × Schauspiel
    1,8 × Trauerspiel

München [88] vgl. [65] 23. Juni – 28. Dez. 1797

    13 Schauspiele wurden 17 × aufgeführt (= 1,3)
    24 Opern wurden 30 × aufgeführt (= 1,25)
    38 Lustspiele wurden 45 × aufgeführt (= 1,2)
    17 Ballette wurden 18 × aufgeführt (= 1,1)
    3 Trauerspiele wurden 3 × aufgeführt (= 1,0)

Weimar [89] vgl. [67] 1799

    6 Trauerspiele wurden 17 × aufgeführt (= 2,8)
    19 Opern wurden 48 × aufgeführt (= 2,5)
    23 Schauspiele wurden 50 × aufgeführt (= 2,2)
    35 Lustspiele wurden 64 × aufgeführt (= 1,8)
    1 Duodram wurde 1 × aufgeführt (= 1,0)

Die hohe Frequenz der Trauerspiele ist Schillers „Wallenstein" zu verdanken, der 1799 allein 8 × aufgeführt wurde – und damit dem Gesamtrepertoire sogleich zu signifikanten Abweichungen gegenüber der geläufigen Norm verhilft, die ihre prägnanteste Ausformung in Wien [90] erhält. Dort zeigt 1798 auch das Burgtheater eine so eindeutige Überlegenheit des Musiktheaters über das Sprechtheater, daß letzteres sich nur noch durch eine massenweise Produktion auf dem Spielplan halten kann.

    3 Divertissem. wurden 16 × aufgeführt (= 5,3) ⎫
    22 Opern wurden 107 × aufgeführt (= 4,9) ⎬ Musiktheater
    11 Ballette wurden 51 × aufgeführt (= 4,7) ⎭

    29 Schauspiele wurden 71 × aufgeführt (= 2,4) ⎫
    47 Lustspiele wurden 101 × aufgeführt (= 2,1) ⎬ Sprechtheater
    6 Trauerspiele wurden 9 × aufgeführt (= 1,5) ⎭

    1 Duodram wurde 1 × aufgeführt (= 1,0)

Dasselbe gilt nach wie vor für das Kärntnertor-Theater, das wie das Burgtheater vom Hof betrieben wird [91].

7 Ballette	wurden	39 × aufgeführt (= 5,6)	⎫
23 Opern	wurden	108 × aufgeführt (= 4,7)	⎬ Musiktheater
3 Divertissem.	wurden	8 × aufgeführt (= 2,7)	⎭
4 Trauerspiele	wurden	7 × aufgeführt (= 1,8)	⎫
37 Lustspiele	wurden	61 × aufgeführt (= 1,6)	⎬ Sprechtheater
24 Schauspiele	wurden	37 × aufgeführt (= 1,5)	⎭

Die durchschnittliche Aufführungsfrequenz von 2,7 geht allein auf Rechnung der Ballette und Opern; die Werke des Sprechtheaters können im Laufe eines Jahres im Durchschnitt nur in jedem zweiten Fall einmal wiederholt werden! Ganz anders sieht das in Altona [92] vgl. [62] aus, wo es zwar gelingt, das Sprechtheater dominieren zu lassen, trotzdem aber die Oper wie an anderen Bühnen auch die höchste Wiederholungsfrequenz erreicht:

Opern	wurden durchschnittlich 4,4 × aufgeführt, aber	
Trauerspiele	wurden durchschnittlich 3,6 × aufgeführt	⎫
Lustspiele	wurden durchschnittlich 2,7 × aufgeführt	⎬ Sprechtheater
Schauspiele	wurden durchschnittlich 2,3 × aufgeführt	⎭
Nachspiele	wurden durchschnittlich 1,6 × aufgeführt	

Zusammenfassung: Bis zum Ende des 18. Jahrhunderts dominiert in den Spielplänen der deutschen Wandertruppen und Bühnen zahlenmäßig das Lustspiel. In den 70 Jahren seit 1730 dürften etwa 7 000 deutschsprachige Lustspiele geschrieben worden sein, von denen seit 1760 auch etwa 5 000 im Druck erschienen sind. Keine Gattung wird so häufig gespielt wie das Lustspiel.

> *Es ist [...] zum Erstaunen*, schreibt F. L. Schröder am 24. Oktober 1777 an Gotter, *wie sich der Geschmack des Publikums geändert hat; vor einigen Jahren durfte ich es nicht wagen, dergleichen Dinge* [wie die „Komödie aus dem Stegreif"] *aufführen zu lassen, und jetzt will man nichts als komische Sachen*. Im Mai 1778 heißt es nochmals: *Trauerspiele bleiben liegen, in welche so*(wieso) *kein Mensch kommt. – mehr Lust- und Possenspiele kommen daran, auf welche das Publicum rasend erpicht ist*. (Berthold Litzmann [Hrsg.], *Schröder und Gotter. Eine Episode aus der deutschen Theatergeschichte. Briefe F. L. Schröders an Friedr. Wilh. Gotter. 1777 und 1778*. Hamburg und Leipzig 1887; S. 84, vgl. S. 90 und 132).

Drama bzw. Schauspiel, Singspiel oder Operette sind in den 60er Jahren noch bedeutungslos, sorgen aber in den 70er Jahren für eine relativ schnelle Umgestaltung des Spielplans; doch vorerst bleibt ihr Erfolg noch an bestimmte Truppen gebunden und auf einige Städte beschränkt.

Deshalb ergibt ein Überblick über den gesamten Raum des deutschsprachigen Reichsgebiets in den 70er Jahren noch ein diffuses und uneinheitliches Bild. In den 80er Jahren gewinnen die neuen Gattungen vor allem auf Kosten des Trauerspiels an Bedeutung. Mitte der 80er Jahre ist in Wien die Oper bereits die am häufigsten aufgeführte Gattung geworden und setzt sich dank der Opern Dittersdorfs und Mozarts sowie italienischer und französischer Übersetzungen auch im Norden in den 90er Jahren auf vielen Bühnen durch – es kann allerdings das Lustspiel aus seiner führenden Stellung noch nicht ganz vertreiben.

Der Überblick über die Wiederholungsfrequenzen zeigt, daß die nocht nicht erreichte allgemeine Brechung der Herrschaft des Lustspiels durch die Oper und das Schauspiel weniger eine Frage der Beliebtheit, sondern zu geringer Produktion gewesen zu sein scheint. Denn bereits in den 70er Jahren weist die Oper gelegentlich derart hohe Wiederholungsquoten auf, daß sie auch hinsichtlich des Gattungsanteils die Führung des Repertoires übernehmen könnte, wenn mehr Singspiele und Operetten gechrieben würden. Offenbar aber bleibt die Produktion in den 80er Jahren noch hinter der Nachfrage zurück. Mit Balletten, Opern und Divertissements bestimmt das Musiktheater in den 90er Jahren das Repertoire der meisten deutschsprachigen Bühnen, während vom Sprechtheater höchstens das Schauspiel durch die Arbeiten Babos, Zschokkes, Möllers, Ifflands und Kotzebues noch Bedeutung hat und seine in den 80er Jahren gewonnene Position stabilisieren kann; und während zwar Lustspiele wie in der ersten Hälfte des Jahrhunderts noch am häufigsten gegeben werden, weisen die einzelnen Werke aber die niedrigsten Wiederholungsquoten auf. Im Gegensatz zur Oper, deren Aufwand sich meist erst durch mehrere Aufführungen amortisiert und die wegen ihres Erfolges in den 90er Jahren immer pompöser und aufwendiger wird, dient das Lustspiel dem Verschleiß einer täglich wechselnden Unterhaltung. Das Trauerspiel hat kaum Bedeutung, und nur gelegentliche, oft regional bedingte Aufführungserfolge sichern ihm noch einen Platz im Repertoire.

Hier deuten sich unterschiedliche Funktionen der verschiedenen Gattungen an, die wahrscheinlich eng mit der angeblich überwundenen Ständeklausel zusammenhängen; eine Frage, der nachzugehen für einen sozialgeschichtlichen Ansatz interessante Ergebnisse bringen könnte.

In den vorangehenden Untersuchungen der Anteile der Gattungen am Gesamtrepertoire und der Häufigkeit von Wiederholungen wurde zwar versucht, eine allgemeine Entwicklung für das ganze deutschsprachige Reichsgebiet zu skizzieren, trotzdem konnten regionale Besonderheiten nicht ganz eliminiert werden – die tatsächlich wesentlich gravierender waren, als in einem Überblick kenntlich gemacht werden kann. Es lassen sich nämlich tendenzielle Differenzen der Geschmacksbildung beim Publikum in verschiedenen Stadttypen feststellen, deren Darstellung der in Kapitel 2 und 3 skizzierten allgemeinen Entwicklung die für das 18. Jahrhundert unabdingbare sozio-geographische Differenzierung geben wird.

4 Sozio-geographische Differenzierung der Repertorien

4.1 Residenzen

Weltliche und geistliche Residenzen weisen nicht nur unterschiedliche Sozialstrukturen auf, sie tendieren auch zu verschiedenen Formen kulturellen Lebens und kultureller Tätigkeit. Da zudem geistliche Residenzen eine Eigentümlichkeit der katholischen Reichsgebiete darstellen, ist schon das Grund genug, sie gesondert von den weltlichen Residenzen zu behandeln.

In vielen Residenzen spielt sich im 18. Jahrhundert ein reges theatralisches Leben ab, das von verschiedenen gesellschaftlichen Gruppen getragen und gefördert wird und deshalb differenziert behandelt werden muß. Am Hof spielen Hofoper und Hoftheater, während in der Stadt die Wandertruppen für das bürgerliche Publikum agieren. Wenngleich beide Theaterformen eine tiefe soziale Kluft trennt, die in den unterschiedlichen Gagen und Spielplätzen der Schauspieler, ihrem sozialen Raum, Umgang und Ansehen manifest wird, arbeiten sie nicht hermetisch isoliert voneinander: Hoftruppen spielen auch vor bürgerlichem Publikum, gelegentlich werden Hofbühnen auch für den Besuch des zahlenden Publikums freigegeben; andererseits besuchen Adlige die Vorstellungen der Wandertruppen in der Stadt, oder der Hof engagiert Wandertruppen; und diese relative Offenheit ermöglicht einen Prozeß gegenseitiger Beeinflussung, von der allerdings vor allem das Wandertheater profitiert, das im letzten Drittel des 18. Jahrhunderts sich gelegentlich selbst als Hoftheater etablieren kann, aber dabei erhebliche Konzessionen an den höfischen Geschmack machen muß: die eben jene in den vorangehenden Untersuchungen festgestellten Veränderungen des Repertoires verursachen, die es nun genauer zu untersuchen gilt.

4.1.1 Weltliche Residenzen

Am Beispiel Dresdens, [13] [31] [33] wurde die Wirkung einer hochqualifizierten Hofoper, die auch für Bürgerliche spielte, deutlich: während Seyler noch versuchte, mit ihr zu konkurrieren, resignierte Bondini, da

> *die Beibehaltung eines Teutschen Singespiels, [...] ihm [... der] Gefahr eines beträchtlichen Schuldens und Einbuße um so mehr aussetzen würde, da er dieser Singespiele wegen, ein[ige] junge Personen mit vielen Kostüms salarieren müsse, welche außerdem weder zu dem Trauerspiel, Drama noch Lustspiel zu gebrauchen wären [...]. Da nun Ew. Churf. Durchl. dermalen von einer so guten Italienischen Gesellschaft zur Opera buffa bedient werden, welcher die zeitherigen deutschen Singespiele ohnehin nicht beigekommen, so wagt es Bondini [...] submissest zu bitten, daß er von Haltung eines deutschen Singespieles gnädigst dispensiert [...] werden möchte.* (Zit. n. Gersdorf [13] S. 64).

Da die italienische Truppe auch in Leipzig spielt, wird in der ehemaligen Hochburg des deutschen Singspiels ebenfalls kaum deutsches Musiktheater mehr gegeben. (Vgl. [7] [17] [29]–[32] [48] [50]).

Die Eliminierung der deutschen Oper(ette) im Einflußbereich italienischer Hofopern ist aber keineswegs die einzige Wirkung der Hofoper auf das Repertoire der Wanderbühnen. Verfolgt man den Dresdener Spielplan weiter, [49] [51], stellt man auch ein kontinuierliches Absinken des Anteils von Trauerspielen am Gesamtspielplan fest: zwischen 1796 und 1801 entfallen nur noch 2,5% aller Aufführungen auf Trauerspiele! Der Verfall des Trauerspiels scheint mir eine dem Aufstieg des Singspiels komplementäre Erscheinung zu sein und deshalb besonderer Aufmerksamkeit zu bedürfen. In Kassel [55] und Dessau [56] verzichtet man ganz auf Trauerspiele, in Wien sinkt sein Anteil unverhältnismäßig schnell, bis sich am Kärntner Tor ein fast reines (größtenteils italienisches) Opertheater etabliert [36], das in den 90er Jahren auch das Burgtheater in seinen Bann zieht [83] [90] [91]. Auch für die übrigen Wiener Theater wird die Oper zum Fundament des Repertoires (vgl. Egon Komorzynski, *Emanuel Schikaneder.* Wien 1951; S. 151ff.).

Die Herrschaft der deutschen Oper setzt sich in Wien aber erst später durch als in vielen anderen Residenzen, denn der erste Versuch, das deutsche Singspiel in der kaiserlichen Residenzstadt anzusiedeln, scheiterte bereits in den 70er Jahren. Seit dem 17. April 1776 versuchte Böhm, mit Noverre assoziiert, die von der italienischen Oper verwöhnten Ohren der Residenzstädter mit dem deutschen Musiktheater anzufreunden. Als er am 12. Juni schließen mußte, hatte er fast ausschließlich Opern gespielt: 12 Opern konnten 32 × gegeben werden; daneben wagte er nur zwei Lustspiele aufzuführen. Sein Mißerfolg lag aber wohl nicht nur am Programm, sondern auch an der Qualität und – so paradox das klingt – der Anziehungskraft der überaus kostspieligen Ballette Noverres. Diese seien es gewesen, berichtet der Chronist,

> *die das Publikum zu sehen nicht müde ward, diese waren es, um derentwillen es sich gern eine Stunde lang und darüber von den Opernsängern, Ohr und Auge beleidigen ließ, um sich alsdenn an ihnen voll auf zu weiden, diese waren es, die das Haus immer so voll Zuschauer füllten, daß jeden Tag mehr zurück mußten, als hinein konnten, diese waren es endlich, die eine Zeitlang das beste deutsche Publikum, gegen die beste deutsche Bühne kaltsinnig machten. (Taschenbuch des Wiener Theaters.* Wien 1777; S. 67).

Wie hoffnungslos es mit einem forcierten deutschen Opernprogramm und auch ohne Noverre war, das Scheitern des deutschen Singspiels in Wien verhindern zu wollen, erfuhr auch Böhms Nachfolger Wäser, der ebenfalls neben einigen Balletten fast ausschließlich Opern aufführte. In sechs Wochen gab er seit dem 18. Juni 1776 11 Opern, die er aber nur noch 18mal spielen konnte. Die außerdem noch aufgeführten 3 Trauer-, 2 Lustspiele und ein Schauspiel sowie eine Parodie kamen so erbärmlich an, daß keines der Stücke wiederholt werden konnte. Obwohl Böhm und Wäser das Theater kostenlos zur Verfügung stand, verließ letzterer die kaiserliche Residenz nach nur 1½ Monaten mit 4000 Talern Schulden.

In Wien wie in anderen Residenzen mit einem hochqualifizierten Opern- und Ballett-Theater setzt sich das deutsche Musiktheater erst durch, wenn es – was sich mit Dittersdorf vorbereitete und von Mozart in den 90er Jahren erfüllt wurde – eine den Italienern gleichwertige Musik vorzuweisen hat. In Residenzen dagegen, die keine italienische Oper zu unterhalten vermögen oder auf sporadische Besuche reisender Gruppen angewiesen sind, kann sich die deutsche Oper früher durchsetzen. Denn deutsche Schauspieler, Sänger, Komponisten und Musiker sind billiger als ihre italienischen Kollegen. Es ist kaum einzusehen, weshalb ein potenter Hof vor 1790 auf dem traditionsgemäß international orientierten Sektor des Musiktheaters eine deutsche Hofoper einrichten sollte. Für kleinere Höfe dagegen bietet sich die Aufnahme eines landessprachlichen Musiktheaters an, ohne daß man dafür ein großes patriotisches Interesse des Souveräns verantwortlich machen müßte; und die Wanderbühnen hatten an diesen Höfen vor allem Lustspiele und Opern zu geben. Die Aufgabe des Trauerspiels und Hebung des Musiktheaters scheint der Tribut zu sein, den bürgerliche Wandertruppen für ihren Aufstieg zur Hoftruppe zu leisten hatten.

Schwedt [92] 17. Dez. 1784 – 1. Dez. 1786

100 × Oper	56,5%	11 × Schauspiel	6,2%
47 × Lustspiel	26,6%	6 × Trauerspiel	3,4%
12 × Melodram	6,7%	1 × Pantomime	0,6%

Bayreuth [93] 28. Nov. 1785 – 31. März 1786 / 20. Nov. 1786 – 23. März 1787

82 × Lustspiel	67,2%	6 × Oper	4,9%
22 × Schauspiel	18,0%	2 × Ballett	1,7%
10 × Trauerspiel	8,2%		

Bei seinem nächsten Aufenthalt hat Prinzipal Meddox die höfischen Interessen besser erkannt und trägt ihnen Rechnung:

Bayreuth [94] 26. Dez. 1788 – 26. Mai 1789 / 28. Okt. 1789 – 8. Apr. 1790

67 × Lustspiel	51,1%	17 × Schauspiel	13,0%
38 × Oper	29,0%	8 × Trauerspiel	6,1%
		1 × Melodram	0,8%

Es wäre unsinnig, aus dieser Tendenz ein Gesetz machen zu wollen, das keine Ausnahme duldete. Wenngleich ich keine Hofbühne ausfindig machen konnte, wo in den 80er Jahren Anteil und Wiederholungsfrequenzen von Trauerspielen auch nur annähernd an die der Opern herangereicht hätten, so gibt es doch immerhin einige Bühnen mit höherem Anteil an Trauerspielen – was aber nichts daran ändert, daß die Oper in weltlichen Residenzen eher als in anderen vergleichbar großen Städten zur dominierenden Gattung wird. Schmieder liefert in seinen *Rheinischen Musen* umfangreiches Material zum Untergang des Trauerspiels in Residenzen:

Kassel [95] Okt. 1794 (Bd. III, 184–9)

9 Opern	kein Trauerspiel
4 Schauspiele	
2 Lustspiele	

In Hannover [96] (Bd. V, 129–132) spielt Großmann von Mai bis einschließlich Juli 1795 kein einziges Trauerspiel (vgl. dagegen [5] und [69]). In Dessau [97] (Bd. II, 182 f.; III, 55–7) kommt 1794 ebenfalls monatelang kein Trauerspiel auf die Bühne, während an Opern kein Mangel herrscht. Das Schleswiger Hoftheater [98] spielt in den sechs Monaten von Sept. 1795 bis Febr. 1796 (V, 240 ff.) gerade ein Trauerspiel pro Monat, in Stuttgart [99] wird von Okt. 1794 bis Febr. 1795 in fünf Monaten kein Trauerspiel aufgeführt, März bis Juni kommt *Hamlet* als einziges Trauerspiel gerade

2mal auf die Bühne, von Nov. 1795 bis Jan. 1796 gibt es überhaupt kein Trauerspiel mehr; d. h. während eines ganzen Jahres (1795) wird nur ein einziges Trauerspiel gegeben, das insgesamt gerade 2 Aufführungen erlebt! (V, 89ff.; VI, 56–70.)

Das geringe Interesse der deutschen Höfe an Trauerspielen ist nicht neu. Die von Michael Steltz und Gerhard Vorkamp (vgl. vor allem S. 219) [100] bis zur Mitte des 18. Jahrhunderts aufgearbeiteten Repertorien der französischen Hoftheater in deutschen Residenzen zeigen schon dieselbe Tendenz. So wurden etwa in Berlin [100] – um nur ein Beispiel anzuführen – zwischen 1743 und 1757 in den Jahren 1743, 1744, 1747, 1755 und 1757 an insgesamt 194 Spieltagen überhaupt nur Komödien gegeben. In den übrigen 10 Jahren wurden an 363 Abenden auch nur 20mal Tragödien, aber 343mal Komödien gespielt; d. h. 94,4% des Repertoires entfielen auf Komödien, nur 3,6% auf Tragödien. Während die erste Zahl mit den obigen statistischen Daten nicht vergleichbar ist, da das Musiktheater wegen der unabhängigen Organisation der Oper nicht berücksichtigt ist und das Drama noch keine Rolle spielte, weist die Tragödie bereits jenen geringen prozentualen Anteil am Repertoire auf, den das Trauerspiel in den 90er Jahren neuerlich einnimmt. Für Dresden verbot der König – der höfischen Tradition entsprechend – kurzerhand die Aufführung von Trauerspielen. In seiner Residenz wagte sich deshalb die tragische Muse erst hervor, wenn sich der Souverän auf der Jagd befand (vgl. Gersdorf [13] S. 164f.).

In diesem Zusammenhang müssen auch die sog. *Nationaltheater* berücksichtigt werden, da es sich bei ihnen in den meisten Fällen um Hoftheater handelt (Gotha, Weimar, Wien, Berlin, München), oder sie in aufgelassenen Residenzen errichtet wurden (Mannheim). Während das Nationaltheater in Wien, sobald es sich in den 90er Jahren dem deutschen bzw. dem ins Deutsche übersetzten Singspiel zuwandte, traditionsgemäß im Zeichen des Musiktheaters verblieb, machten die beiden anderen großen deutschen Residenzen Dresden (Residenz des polnischen Königs und sächs. Kurfürsten) und Hannover (Residenz des englischen Königs und deutschen Kurfürsten) diese Entwicklung zum deutschen Singspiel wesentlich vorsichtiger mit und richteten vor allem kein Nationaltheater ein. In München wurden abwechselnd deutsche und italienische Opern aufgeführt, in Berlin löste das Nationaltheater die italienische Hofoper ab, ohne daß der preußische König sich besonders um seinen patriotischen Sprößling kümmerte.

Diese Nationaltheater übernahmen von den Hoftheatern den wichtigsten Teil der Organisation: sie hatten einen ständigen Intendanten, der die Schauspieler, Sänger und Musiker und Komponisten engagierte, dem Hof gegenüber die finanzielle und künstlerische Verantwortung trug und den Prinzipal der Wandertruppe aus seiner Position entließ. Das angeblich bürgerliche Nationaltheater ist seiner Organisation nach durchaus ein Kind des Hofes und hat sich auch nirgends ohne Subventionen erhalten können.

In Gotha [101] standen in den 4 Jahren der Existenz des Hof- und Nationaltheaters (Okt. 1775 – Sept. 1779) 850 Stücke auf dem Spielplan, deren Aufführungen sich folgendermaßen auf die Gattungen verteilen:

554 × Lustspiel	65,2%		55 × Trauerspiel	6,5%
197 × Oper	23,2%		33 × Schauspiel	3,9%
11 × Melodram	1,2%			

Weist schon der enorm hohe Anteil an Lustspielen (in der 2. Hälfte der 70er Jahre ist an nicht-höfischen Bühnen mit einem durchschnittlichen Anteil von 40% bis maximal 50% zu rechnen) auf den höfischen Hintergrund des Gothaer Theaters hin, so wird dieser Eindruck durch den für diese Zeit auffällig niedrigen Anteil von Trauerspielen noch unterstützt. Eindeutig wird die höfische Orientierung bei der Bestimmung des monatlichen Durchschnitts der Aufführungen: An 13 Spieltagen pro Monat wurden

11,5 × Lustspiel		1,1 × Trauerspiel
4,1 × Oper		0,7 × Schauspiel

gegeben; d. h. rd. 1 Trauerspiel pro Monat. Das entspricht ziemlich genau der oben ermittelten Norm für Hoftheater. Welche Bedeutung dagegen die Oper für das Gothaer Institut hat, kann aus der Aufstellung über die Gattungsanteile in den 70er Jahren wegen der bisher noch zu geringen Produktion von Operetten (vgl. Kap. 3, Zusammenfassung) nicht ausreichend klar bestimmt werden. Hier sind die Wiederholungsfrequenzen aufschlußreicher:

28 Opern	wurden	197 × aufgeführt	(7,0)
11 Trauerspiele	wurden	55 × aufgeführt	(5,0)
125 Lustspiele	wurden	554 × aufgeführt	(4,4)
3 Melodramen	wurden	11 × aufgeführt	(3,7)
10 Schauspiele	wurden	33 × aufgeführt	(3,3)

Daraus ergibt sich zwar die eindeutige Dominanz der Oper, die für die 70er Jahre keineswegs allgemein zu veranschlagen, aber für den Hof typisch ist – aber auch eine durchaus untypisch hohe Wiederholungsfrequenz für Trauerspiele, die eine Erklärung braucht. Sie ergibt sich aus 15 Aufführungen von Gotters *Mariane*, der in Gotha geboren, 1772 dort Geheimer Sekretär und dann Förderer des Theaters wurde, so daß hier die lokalen Verhältnisse und die persönliche Werbung des Autors zu berücksichtigen sind. Auch die 10 Aufführungen von Goethes *Clavigo* dürften einerseits mit persönlichen Verbindungen Goethes (etwa zu Gotter) zusammenhängen, andererseits auf die relativ engen Verbindungen zwischen dem Gothaer und Weimarer Hof zurückgehen, die schon in der Aufnahme der Seylerschen Truppe in Gotha nach dem Brand des Weimarer Theaters zum Tragen kamen. Gelegentlich spielte Ekhof auch bei Liebhaber-Aufführungen des Weimarer Hofes mit. In beiden Fällen spielten also lokale Verhältnisse und höfische Verbindlichkeiten eine Rolle.

Das Weimarer Hof- und Nationaltheater [102] wird in den 90er Jahren ebenfalls eindeutig von der Oper (vor allem Mozarts) dominiert. 1795 wird dort gegeben:

69 × Oper	38,3%		31 × Schauspiel	17,2%
67 × Lustspiel	37,3%		13 × Trauerspiel	7,2%

Der für Hoftheater relativ hohe Anteil an Trauerspielen geht auf die Initiative Goethes zurück, die aber an der Dominanz der Oper nichts ändern kann – und will (vgl. Schlußthese 5.7). Aus den Wiederholungfrequenzen wird der Weimarer Vorbehalt gegen das Schauspiel deutlich, ohne daß aber wesentliche Abweichungen vom typischen Hofrepertoire vorliegen.

      17 Opern   wurden   69 × aufgeführt (4,1)
      33 Lustspiele   wurden   67 × aufgeführt (2,0)
       8 Trauerspiele wurden   13 × aufgeführt (1,6)
      21 Schauspiele wurden   31 × aufgeführt (1,5)

Vier- und mehrmals wurden allein Opern und Lustspiele aufgeführt:

15 × Mozart, *Zauberflöte*   5 × 3 Opern von Dittersdorf und Cima-
8 × Mozart, *Don Juan*   rosa und ein Lustspiel von Jünger
6 × Schröder, *Porträt der Mutter*, L.   4 × 4 Opern, 5 Lustspiele und ein
                                                         Schauspiel

Diese Verhältnisse bestanden auch schon 1791/92 (Mai 1791–1792):

116 × Lustspiel   36,8%   68 × Schauspiel   21,6%
 74 × Oper   23,5%   27 × Trauerspiel   8,6%
 17 × Pantomime   5,4%
  8 × Ballett   2,5%
  2 × Melodram   0,6%
  3 × Märchen   1,0%

Wiederholungsfrequenzen:

     10 Opern   wurden 33 × aufgeführt (3,3)
     21 Lustspiele   wurden 48 × aufgeführt (2,3)
     14 Schauspiele wurden 32 × aufgeführt (2,3)
      6 Trauerspiele wurden   9 × aufgeführt (1,5)
      1 Melodram   wurde   1 × aufgeführt (1,0)

Berlin hatte vor Etablierung des Hof- und Nationaltheaters einen für Residenzen fast typischen Spielplan (vgl. [27] [78] [79] [80]), allerdings 1782 mit einer erstaunlichen Effektivität des Trauerspiels (vgl. [68]).

Von Mai 1794 bis Mai 1796 [103], in 25 Monaten also, wird aber vom Nationaltheater nur noch 25mal Trauerspiel gegeben – über den Anteil der Opern kann ich keine genauen Angaben machen, da sich die Münchener (Bayerische) Staatsbibliothek und nach ihrem Vorbild zwei weitere Bibliotheken trotz mehrfacher Bitten nicht bewegen ließen, die vorhandenen gut erhaltenen Bände der *Rheinischen Musen* in den Fernleihverkehr zu geben.

Für das Wiener Nationaltheater dürften die bereits gelieferten Zahlen den Trend zum Singspiel ausreichend belegen, der sich ähnlich deutlich auch in München (vgl. [88]) zeigt. Vom 23. Juni bis 28. Dez. 1797 wurden hier gegeben:

45 × Lustspiel   39,8%   17 × Schauspiel   15,1%
30 × Oper   26,5%   3 × Trauerspiel   2,7%
18 × Ballett   19,5%

Die Aufführungsfrequenzen belegen eine bemerkenswerte Effizienz der Schauspiele:

    13 Schauspiele   wurden   17 × aufgeführt (1,3)
    24 Opern   wurden   30 × aufgeführt (1,25)
    38 Lustspiele   wurden   45 × aufgeführt (1,2)
    17 Ballette   wurden   18 × aufgeführt (1,1)
     3 Trauerspiele wurden   3 × aufgeführt (1,0)

Bei Berücksichtigung der gesamten Intendantur-Zeit des Grafen Seeau ergibt sich allerdings ein anderes Bild [104]:

275 Lustspiele   41,2%   48,2%   113 Opern   16,5%   19,8%
125 Schauspiele   18,3%   21,9%   113 Ballette   16,5%   —
 53 Trauerspiele   7,8%   9,3%   5 Melodramen   0,7%   0,8%

Die Bedeutung des Schauspiels für das Münchener Repertoire weist auf eine starke großbürgerlich-akademische Trägerschicht der Bühne hin, die mit einem der wichtigsten Autoren dieser Gattung, Jos. Marius Babo, auch den Zensor stellte (vgl. 4.2.1).

In Mannheim, gleichsam einem Hoftheater ohne Souverän, der bei seinem Abgang nach München den Einwohnern einen Teil des höfischen Kulturlebens zur Erhaltung des damit verbundenen Fremdenverkehrs hinterließ, wirkt sich die Unabhängigkeit des Theaters von höfischer Repräsentation auf das Repertoire aus. Da er auf die Beamten der Residenz nicht rechnen kann, entwickelt Dalberg einen Spielplan, der die Oper weniger berücksichtigt als in Residenzen üblich. Die Anteile der verschiedenen Gattungen am Gesamtrepertoire sind ausgeglichener (vgl. [20] [39] [58] [66] [74]).

Gar nicht mit den Repertorien der großen und mittleren Hofbühnen sind die der kleinen Residenzen zu vergleichen, wo meistens durchreisende Truppen und fürstliches oder adliges Gesellschaftstheater mit Liebhaberaufführungen auf derselben Bühne spielen. Sie sind meistens auch untereinander kaum komparabel, da sie gänzlich von den privaten Interessen der Verantwortlichen und den meist sehr beschränkten Möglichkeiten des Hofes bestimmt werden. An zwei Beispielen mag das demonstriert werden:

In Donaueschingen [105] spielt das Fürstlich Fürstenbergische Hof- und Gesellschaftstheater von 1777–1799:

192 Lustspiele   49,3%
 73 Schauspiele   18,8%   68 Opern   17,5%
 56 Trauerspiele   14,4%

Das fürstliche Gesellschaftstheater der Grafen von Leiningen in Dürckheim [106] weist folgende Frequenzen für die Jahre 1784–1792 auf:

    1 Melodram   wurde   3 × aufgeführt (3,0)
  65 Lustspiele   wurden 166 × aufgeführt (2,6)
  17 Schauspiele wurden 42 × aufgeführt (2,5)
    4 Opern   wurden 10 × aufgeführt (2,5)
    6 Trauerspiele wurden   9 × aufgeführt (1,5)
    2 Prologe   wurden   2 × aufgeführt (1,0)

166 × Lustspiel   72,2%
 42 × Schauspiel 18,3%
 10 × Oper   4,3%
  9 × Trauerspiel   3,9%
  3 × Melodram   1,3%

Nicht nur die italienische Oper, sondern auch das deutsche Singspiel und später die deutsche Oper erfordern einen Aufwand, der von kleinen Höfen nur in Ausnahmefällen erbracht werden kann. Sofern kein ausreichend großer Theaterraum zur Verfügung steht, in dem reisende Truppen Gastspiele für ein über den Hof hinausgehendes Publikum geben können, wie in Donaueschingen, lohnt der Aufwand für solche Aufführungen nicht. Ein Hof, der auf die eigenen Musikanten zurückgreifen muß und nicht über ausgebildete Sänger verfügen kann, wie in Dürckheim, setzt diese vor allem zu Aufführungen von Lustspielen und Schauspielen ein, die mit Gesängen versehen werden.

    Eine einzigartige Situation herrscht in Graz [107], wo das Theater zwar nicht von einem Hof, aber von den Ständen und damit weitgehend vom Adel getragen wird: ähnlich wie in Mannheim also eine Residenz ohne Souverän; im Unterschied zu diesem aber vom höfisch orientierten Adel abhängig. Bereits in der 1. Hälfte des Jahrhunderts fanden die Brüder Mingotti hier für ein Jahrzehnt mit italienischen Opern ein interessiertes Publikum und bespielten dann auf Reisen fast das ganze Reichsgebiet bis Lübeck hinauf und gastierten für längere Zeit am Kopenhagener Hof mit welschem Musiktheater. Neben Wien wird Graz damit zu einem Zentrum der italienischen Oper, das allerdings im Unterschied zur kaiserlichen Residenz keine feste Intendantur hat, sondern auf Wandertruppen angewiesen ist, die von Graz aus für die Verbreitung der Oper auch in den Bürgerstädten sorgen. An der überragenden Bedeutung der Oper für Graz ändert sich bis zum Ende des Jahrhunderts nichts, wenngleich jetzt deutsche Opern gegeben werden.

    Vom 25. Apr. 1791 – 6. Apr. 1797 gibt Bellomo hier folgendes, statistisch aufgeschlüsseltes Repertoire, an dem erkenntlich ist, daß es eine geraume Zeit dauert, bis er den feudalen Geschmack trifft.

	1791		1792		bish. Summe		1793		bish. Summe	
Oper	12	15,8%	30	29,2%	42	23,5%	48	46,2%	90	31,8%
Lustspiel	41	53,9%	27	26,2%	68	38,0%	21	20,2%	89	31,5%
Schauspiel	14	18,4%	33	32,0%	47	26,2%	27	26,0%	74	26,1%
Trauerspiel	7	9,3%	13	12,6%	20	11,2%	8	7,6%	28	9,9%
Pantomime	2	2,6%	–	–	2	1,1%	–	–	2	0,7%
Melodram	–	–	–	–	–	–	–	–	–	–
Ballett	–	–	–	–	–	–	–	–	–	–
	76		103		179		104		283	

	1794		bish. Summe		1795		bish. Summe	
Oper	52	35,1%	142	32,9%	79	33,9%	221	33,3 %
Lustspiel	36	24,3%	125	29,0%	69	29,6%	194	29,2 %
Schauspiel	50	33,8%	124	28,8%	71	30,5%	195	29,4 %
Trauerspiel	9	6,1%	37	8,6%	13	5,6%	50	7,5 %
Pantomime	1	0,7%	3	0,7%	–	–	3	0,5 %
Melodram	–	–	1	0,4%	1	0,4%	1	0,15%
Ballett	–	–	–	–	–	–	–	–
	148		431		233		664	

	1796		bish. Summe		1797		bish. Summe	
Oper	82	42,9%	303	35,4%	26	38,2%	329	35,6%
Lustspiel	47	24,6%	241	28,2%	18	26,5%	259	28,1%
Schauspiel	46	24,2%	241	28,2%	18	26,5%	259	28,1%
Trauerspiel	13	6,8%	63	7,4%	5	7,3%	68	7,4%
Pantomime	–	–	3	0,4%	–	–	3	0,3%
Melodram	1	0,5%	2	0,2%	–	–	2	0,2%
Ballett	2	1,0%	2	0,2%	1	1,5%	3	0,3%
	191		855		68		923	

1791 versucht Bellomo noch mit relativ vielen Schau- und Trauerspielen und wenigen Opernvorstellungen das Publikum für sein Theater zu interessieren: mit geringem Erfolg. Im folgenden Jahr steigt zwar schon die Anzahl der Opernaufführungen, aber nach wie vor hält er am Sprechtheater fest, mit dem er schon vorher in

Weimar kein Glück hatte. 1793 allerdings hat er sich eingerichtet, und die Oper führt das Repertoire an, verliert diese Spitzenstellung bis zum Ende seiner Intendantur nicht wieder und überflügelt sogar das Lustspiel bei weitem. Der relativ hohe Anteil von Schauspielaufführungen wird im nächsten Abschnitt zu erläutern sein.

Neben den Residenzen mit reinen Hoftheatern, Hof- und Nationalbühnen, fürstlichem Gesellschafts- und Liebhabertheater gibt es aber auch Residenzen, die ausgesprochen theaterfeindlich eingestellt sind und in denen das ganze Jahrhundert hindurch kaum eine Truppe Spielgenehmigung erhält. Bei der Vielzahl territorialer Kleinstaaten im Reich ist die Anzahl dieser Höfe relativ hoch zu veranschlagen und sollte bei einem Überblick über die Entwicklung des Theaters im Deutschen Reich nicht übersehen werden. Für unseren Zusammenhang spielt es keine Rolle, ob diese Abstinenz religiösen oder ökonomischen Gründen, bloßer Sparsamkeit oder totaler kultureller Barbarei entsprang. Allerdings nahm die Zahl dieser Höfe im Lauf des Jahrhunderts ab, da die Wandertruppen an Ansehen und Spielvermögen gewannen und die deutsche Oper bzw. das deutsche und verdeutschte Singspiel einen zunehmend anerkannten Ersatz des nach wie vor unerschwinglichen italienischen und französischen Musiktheaters boten.

4.1.2 Geistliche Residenzen

An einem Beispiel sei gezeigt, in welcher Weise Wandertruppen auf das unterschiedliche Interesse in verschiedenen Stadttypen reagierten. 1770/71 besuchte die Seylersche Truppe [108] (vgl. [3]) zwei bischöfliche Residenzen, nämlich Hildesheim und Osnabrück, eine weltliche Residenz: Hannover, und Wetzlar, wo vor allem Bedienstete des Reichskammergerichts ansässig waren. Dabei veränderte sich der Spielplan in folgender Weise:

	Hannover		Hildesheim		Osnabrück		Wetzlar	
Lustspiel	28 ×	56%	8 ×	66,7%	24 ×	46,7%	28 ×	51,6%
Oper	13 ×	26%	–	–	5 ×	9,6%	10 ×	18,5%
Ballett	4 ×	8%	–	–	7 ×	13,5%	4 ×	7,4%
Schauspiel	3 ×	6%	1 ×	8,3%	4 ×	7,7%	5 ×	9,3%
Trauerspiel	2 ×	4%	3 ×	25,0%	12 ×	23,1%	7 ×	13,0%

Während die Dominanz des Lustspiels in allen Stadttypen kaum mehr eines Kommentars bedarf, variieren die Zahlen einerseits für Oper und Ballett, andererseits für das Trauerspiel in auffälliger Weise: in der weltlichen Residenz hat Oper und Ballett einen Anteil von 34% am Gesamtrepertoire, das Trauerspiel dagegen – nach den vorangehenden Untersuchungen erwartungsgemäß – nur von 4%. In den geistlichen Residenzen kommen die musikalischen Gattungen aber entweder überhaupt nicht auf die Bühne (Hildesheim), oder sind mit einem Anteil von 23,1% vertreten, wovon aber der größte Teil auf das Ballett entfällt. Andererseits besteht rd. ¼ des Spielplans in den geistlichen Residenzen aus Trauerspielen! In den geistlichen Residenzen kehrt sich das von den weltlichen Residenzen bekannte und hier nochmals bestätigte Verhältnis von Oper und Trauerspiel, von Musik- und Sprechtheater geradewegs um. Im kirchlichen Einflußbereich hat das ernsthafte Sprechtheater (Hildesheim 33,3%, Osnabrück 30,8%) eine wesentlich größere Bedeutung als das Musiktheater (Hildesheim 0%, Osnabrück 24,2%). Die Beamtenstadt Wetzlar zeigt ihren sozialen Mischcharakter (Bürgerliche als kaiserliche Beamte) in der Mittellage des Repertoires: es werden weniger Opern als in der weltlichen Residenz Hannover, aber mehr als in Osnabrück und Hildesheim gespielt; zugleich kommen aber auch mehr Trauerspiele als in Hannover, aber weniger als im bischöflichen Einflußbereich Hildesheims und Osnabrücks auf die Bühne.

Wenn Seyler – und es ließen sich ähnliche Repertoireverschiebungen auch von anderen Truppen nachweisen – in dieser Form auf das unterschiedliche Publikum verschiedener Stadttypen reagiert, ist anzunehmen, daß es sich dabei um allgemeine Geschmacksdifferenzen handelt, denen das Geschäftsinteresse nachzukommen rät. Auch in Salzburg (vgl. [14] [72]) besteht 1775/6 mehr als ⅓ des Repertoires aus Trauerspielen, während in Bamberg [109] 1778 zwar mehr Schau- als Trauerspiele aufgeführt werden, aber das Singspiel gegenüber dem Sprechtheater ebenfalls bedeutungslos ist: Vom 7. Mai – 2. Okt. 1778 wurden dort gespielt:

31 × Lustspiel	67,4%	2 × Ballett	4,3%
9 × Schauspiel	19,6%	1 × Singspiel	2,2%
3 × Trauerspiel	6,5%		

Am 11. März 1800 schließt der *Fränkische Merkur* die Besprechungen der Aufführungen eines erst kürzlich gegründeten Gesellschaftstheaters mit folgendem Vorschlag:

> *Opern so sparsam als möglich aufführen zu lassen, um ja nicht den feinern Geschmack fürs Schauspiel bey dem hiesigen Publikum zu unterdrücken, um so mehr, da der Saal nicht über 400 Personen faßt, und dieser auch bey Schauspielen, wie bisher, immer voll seyn wird. Für das hiesige Publikum, welches seit* d[em] J[ahr] *1778 keine Schauspiele mehr* [gesehen] *hat, sind, da man das Jahr hindurch höchstens auf zwölf Vorstellungen rechnen darf, Schauspiele Lockspeise genug.* (Zit. n. Ertel [93] S. 21.)

Wie viele andere geistliche Residenzen hatte auch Bamberg kein Hoftheater. Damit fehlte die wichtigste Voraussetzung für die Aufnahme der italienischen Oper. Nur ein einziges Mal während des Jahrhunderts gastierte für kurze Zeit eine welsche Truppe in Bamberg. Aber auch die deutschen Wandertruppen erhielten kaum Spielgenehmigungen, so daß sie sich schon bald gar nicht mehr darum bemühten. Besonders rigoros ging es unter der Regierung des frommen Fürstbischofs von und zu Erthal (1779–1795) zu, der auch Bischof von Würzburg [110] war und für beide Städte den Aufenthalt von Wandertruppen untersagte.

In geistlichen Zentren, die im Einflußbereich weltlicher Herrschaft liegen, dominiert in der Regel letztere – auf theatralischem Gebiet und im Bereich weltlicher Musik, während daneben unter kirchlichem Protektorat an den Schulen ebenfalls Theater gespielt und in den Domen und Kirchen geistliche Musik gefördert wird. Das ist vor allem in Regensburg [111] der Fall, wo die (ab 1748) vom Kaiser zum Prinzipalkommissarius beim Reichstag ernannten Fürsten von Thurn und Taxis die Gesandten mit französischen Schauspielen und später italienischen Opern zu unterhalten bemüht waren. Daneben gelegentlich zugelassene deutsche Truppen, die im fürstlichen Ballhaus oder in Gasthöfen der Stadt spielen durften, konnten sich nur kurze Zeit halten. Das gilt auch für Schikaneders Versuch der Gründung eines Teutschen Nationalschauspiels (1787–89/1789–94). Daneben bestand in der Stadt aber ein reges musikalisches Leben, das von der katholischen und lutherischen Kirche getragen wurde.

In Österreich-Ungarn, Böhmen und Mähren [112] wurde besonders seit den zentralistischen Bemühungen Josephs II. das deutschsprachige Theater auch in kirchlichen Zentren wesentlich vom Adel bestimmt. Die Repertorien der großen Städte in diesen Gebieten – gleichgültig, ob kirchliche Residenz oder nicht – wurden deshalb schon früh von der Oper beherrscht, der kirchliche Einfluß tritt zurück.

Daß es sich bei der Dominanz des (ernsthaften) Sprechtheaters über das Musiktheater und vor allem die Oper in geistlichen Residenzen nur um eine Tendenz handelt, die keineswegs uneingeschränkt gilt, kann der Spielplan Koberweins in Köln [113] zeigen: vom Jan. – Mai 1791 spielte er:

14 × Lustspiel	70,0%	3 × Melodram	15,0%
2 × Schauspiel	10,0%	Oper	–
1 × Trauerspiel	5,0%		

Dagegen kommen 1793 zur Aufführung:

32 × Lustspiel	56,0%	16 × Oper	28,1%
4 × Schauspiel	7,0%	2 × Melodram	3,5%
3 × Trauerspiel	5,3%		

In dem oben angezogenen Zitat des *Fränkischen Merkur* wird die Oper verdächtigt, den guten Geschmack des Publikums zu verderben. Diese an Gottsched erinnernde und von den Germanisten noch heute durch die Vernachlässigung der Libretto-Literatur stillschweigend geteilte Auffassung hat aber neben den zweifellos vorhandenen literarisch-poetologischen Vorbehalten gegenüber der aufstrebenden Gattung auch die Erfahrungen kleinstädtischer geistlicher Residenzen auf ihrer Seite. Denn der Geschmack des Publikums wurde in diesen Orten entweder von der teilweise hochstehenden Kirchenmusik geprägt, mit der mittelmäßige oder schlechte Wandertruppen nur schwer konkurrieren konnten, oder er konzentrierte sich auf ganz andere kulturelle Bereiche. In vielen Bistümern entfaltete sich im Lauf des 18. Jahrhunderts eine rege Bautätigkeit, die nicht nur das Interesse der Schönbornschen Fürstbischöfe so fesselte, daß sie sich um literarische Künste nur noch nebenbei kümmerten, sondern auch in die Ökonomie des Bürgertums umstrukturierend eingriff (Förderung der Baumeister, Stukkateure, Maler, Schmiede, der kunstgewerblichen Berufe, Schreiner etc.). Die Pflege kirchlicher und weltlicher Musik lag meist ungeteilt in denselben Händen und fand im Schulspiel eine dramatische Ergänzung, die über eine alte Tradition verfügen konnte und die Kirche der Sorge um künstlerischen Nachwuchs weitgehend überhob. Die Entfaltung des musikalischen Lebens erreichte im 18. Jahrhundert im kirchlichen Bereich einen teilweise so bedeutenden Umfang und fand so weite Verbreitung, daß selbst in Städten, die zu klein waren, um besseren und größeren Wandertruppen lohnendes Quartier zu bieten, die Bevölkerung keineswegs auf musikalische und theatralische Darbietungen verzichten mußte. In den Klöstern, Residenzen der Fürstäbte und Fürstbischöfe sowie den Ordensschulen der Städte wurden in der 2. Hälfte des 18. Jahrhunderts nicht nur die seit dem 17. Jahrhundert überkommenen und inzwischen weiterentwickelten Ordensdramen aufgeführt, sondern zunehmend auch Stücke aus dem Repertoire der Wandertruppen in Szene gesetzt – und zwar vor allem seit der Auflösung des Jesuitenordens 1773, die die theatralischen Aktionen im kirchlichen und schulischen Bereich zwar vielerorts einschränkte und oft auch beendete, in anderen Städten aber deutliche Säkularisationswirkung hatte und die Programme dem neueren Stand der Wanderbühnenrepertoires annäherte – wie etwa in Eichstätt [114], Kaufbeuren [115] und Klöstern in Österreich [116].

Dabei spielte die Schultradition insofern eine förderliche Rolle, als das Ordensdrama – keineswegs nur das der Jesuiten – traditionsgemäß dem Singspiel nahestand, so daß die Schulen für die Aufführungen säkularer Operetten über ein rhetorisch und musikalisch geübtes Personal verfügen konnten. Und es kann keineswegs als selbstverständlich vorausgesetzt werden, daß diese Aufführungen schlechter als die der vielen mittelmäßigen und miserablen Wandertruppen und der kleinen Gesellschaftstheater an den Höfen waren, die u. U. die instrumentale Begleitung von Operetten für die allein zur Verfügung stehenden Bläser, die der Fürst für seine Jagden brauchte, umschreiben ließen.

4.2 Bürgerstädte

Die sehr unterschiedliche politische und soziale Organisation der Städte im Reichsgebiet verlangt eine differenzierende Untersuchung, die sich allerdings der Tatsache gegenüber sieht, daß viele Städte nicht nur einem Typus angehören, sondern mehrere Funktionen in sich vereinen. So ist etwa Leipzig nicht nur bedeutende Messe- und Handelsstadt, sondern auch Universitätsstadt. Doch berechtigt die dominierende Rolle einer Funktion in den meisten Fällen zur Zuordnung und ausschließlichen Behandlung im Rahmen nur eines Stadttypus.

4.2.1 Große Handels- und Messestädte

In der Messe- und Freien Reichsstadt Frankfurt am Main, der Krönungsstätte der Deutschen Kaiser, spielten im 18. Jahrhundert viele und teilweise sehr unterschiedliche Truppen. Aus den Repertorien läßt sich ein Geschmackswandel erkennen, der anhand einiger Beispiele skizziert werden soll.

Vom 12. Juni 1741 bis 23. Mai 1742 spielte eine französische Truppe [117]

 92 × Lustspiele   77,3% und 27 × Trauerspiele   22,7%.

Vom 4. Apr. 1741 bis 18. Mai 1742 spielte gleichzeitig aber auch eine deutsche Truppe, die nur an 5 Abenden nach gedruckten Texten das Publikum vergnügte, aber an den übrigen 169 Abenden mit Haupt- und Staatsaktionen oder reinen Harlekinaden aufwartete. Von Corneille kam 2mal der *Cid*, einmal der *Essex* auf die Bühne, letzterer vorsichtshalber begleitet vom Hanswurst als *im Hirn verruckter Kapitän*. Daneben wurde noch Destouches *Poetischer Dorfjunker* und eine biblische Tragödie *Davids Vatter-Thränen* aufgeführt. Insgesamt wurden an 174 nachweisbaren Abenden nur vier Tragödien gegeben. Der Vergleich des Repertoires der französischen und der deutschen Truppe zeigt, daß in Frankfurt die Reform des Theaters offenbar weniger von den deutschen als von den französischen Truppen ausging.

Die sich hier andeutende affirmative Tendenz der Messe- und Reichsstadt an das Repertorium weltlicher Residenzen wird durch den Spielplan einer vom 3. März bis 12. Apr. 1764 agierenden französischen Truppe[118] bestätigt, die an 29 Abenden ein einziges Trauerspiel, sonst nur Opern, Ballette, musikalische Zwischenspiele und Komödien aufführte: ein geradezu exemplarischer Spielplan einer weltlichen Residenz.

Als Ackermann vom 12. April bis 25. Mai und vom 12. Sept. bis 7. Okt 1757 [119] in Frankfurt weilte, hatte er mit seiner Reformtruppe zwar einige Trauerspiele mehr gegeben:

  18 × Lust-, Nach- oder Schäferspiel 52,9%
  10 × Ballett   29,4%
   6 × Trauerspiel   17,7%

aber 20 Jahre später verzichtete Marchand bei seinen Gastspielen während der Ostermessen 1771 bis 1777 [120] wie die französische Truppe unter Claude Barizon (vgl. [118]) überhaupt auf Trauerspiele und konzentrierte sich auf das Singspiel: 90 Opernaufführungen stehen 34 Aufführungen von Schau- und Lustspielen gegenüber. Diese für den höfischen Geschmack ermittelte charakteristische Vorliebe für Lust- und Singspiele bei gleichzeitiger Vernachlässigung des Trauerspiels zeigen auch die Spielpläne Großmanns und Böhms aus dem Jahr 1780 (vgl. [22] [23] [24]), wenngleich der mit 8,8%, 11,1% und 7,3% errechnete, für die Verhältnisse an Residenzen relativ hohe Anteil von Trauerspielen noch auf die bürgerlichen Verhältnisse der Reichsstadt verweist und an ehemalige Reforminteressen erinnert. Aber in voller Übereinstimmung mit den Spielplänen der fürstlichen Hofhaltungen steht die Oper bereits an 2. Stelle hinter den Lustspielen. In den 90er Jahren führt sie dann den Spielplan an, während das Trauerspiel mit weitem Abstand zu den übrigen Gattungen den Schluß bildet. Verfolgt man den Spielplan bis zum Febr. 1796 [121] weiter, ergibt sich, daß in den 23 Monaten vom Mai 1794 bis Febr. 1796 gerade an 23 Abenden Trauerspiele gegeben wurden. Der Durchschnitt von einem Trauerspiel pro Monat entspricht genau der für Residenzen ermittelten Norm (vgl. 4.1.1).

Leipzig war früh zur Hochburg des deutschen Singspiels geworden. Bereits 1771 (vgl. [7]) lag es in Kochs Spielplan an 2. Stelle hinter dem Lustspiel. Trotz seiner Beliebtheit scheiterte das deutsche Singspiel aber in den 80er Jahren an der italienischen Oper, mit der die Leipziger von der Dresdener Hofbühne beliefert wurden. In dieser Situation erhielt jedoch das Sprechtheater für das Repertoire der deutschen Truppen eine größere Bedeutung als an den Residenzen, wovon vor allem das Schauspiel profitierte: es steigt in den 90er Jahren bis zu einem Anteil von 40% (vgl. [48] [50]) aller aufgeführten Werke.

Eine ähnliche Entwicklung zeigt der Spielplan von Graz (vgl. [107]), ebenfalls eine wichtige Messestadt, deren Märkte neben den Ständen für das Theater Bedeutung hatten. Auch hier führte die Oper den Spielplan an, aber Schauspiele wurden ebenso häufig wie Lustspiele und wesentlich häufiger als Trauerspiele aufgeführt.

Das großstädtische Interesse an Schauspielen hatte bereits der Hamburger Spielplan 1767–1769 (vgl. [70]) gezeigt; es bleibt dort auch in den 80er Jahren bestehen (vgl. [82]): das Schauspiel erweist sich als die effektivste Gattung vor der Oper. Es scheint, als sei die Hebung des Schauspiels in den Großstädten gleichsam die bürgerliche Gegenleistung für die gleichzeitige Affirmation an den höfischen Geschmack, die in der Vorliebe für das Musiktheater zum Ausdruck kommt. Im Interesse an der Oper stimmen fürstliche Residenzen und bürgerlich-aristokratische Großstädte weitgehend überein. Auch das Desinteresse an Trauerspielen verbindet sie, wenngleich es in den Handelsmetropolen nicht so stark ausgeprägt ist wie in weltlichen Residenzen. Der bürgerliche Charakter der großstädtischen Bühnen prägt sich in signifikanter Weise gegenüber den Hofbühnen aber erst in den hohen Prozentzahlen der Schauspiele aus.

Hamburg [122] Apr. 1796 – Sept. 1797   Pro Monat wurden aufgeführt:

194 × Lustspiel	44,6%	10,8 Lustspiele
134 × Oper	30,8%	7,4 Opern
75 × Schauspiel	17,2%	4,2 Schauspiele
32 × Trauerspiel	7,4%	1,8 Trauerspiele

Hier, wie in verschiedenen anderen Repertorien (vgl. etwa Graz [107]), ist die – relativ – hohe Ziffer für Trauerspiele allein Kotzebue zu danken, dessen *Rollas Tod* im untersuchten Zeitraum in Hamburg 10mal aufgeführt wurde, während alle anderen Trauerspiele höchstens drei-, meistens nur zweimal gespielt wurden. Wie in den weltlichen Residenzen bestimmen Oper und Lustspiel das Repertoire auch der Hansestadt.

Die Geschichte des Hamburger Theaters liefert ein eindrucksvolles Beispiel für das zwischen nationalen und höfisch-aristokratischen Interessen schwankende großstädtische Publikum in Deutschland. Mit der deutschen Oper (1678–1736) konnte es relativ lange zwischen beiden vermitteln, wandte sich dann aber dem französischen höfischen Drama und der italienischen Oper zu, an denen die Neuberin scheiterte, die die Entreprise des Nationaltheaters beendeten und die noch F. L.

Schröder seine aufreibende Reformtätigkeit verleideten. Potent genug, mit den großen feudalen Höfen zu konkurrieren, und wie diese auf Repräsentation und Fremdenverkehr bedacht, konnte die ehemalige Hansestadt immer wieder Träger großer theatralischer Veranstaltungen und Reformen werden. Frei von dynastischen Verbindlichkeiten und den Konkurrenzen der Höfe und unvergleichlich stärker als die meisten Fürsten der eigenen einheimischen Region und Kultur verbunden, konnte die Hansestadt bereits frühzeitig eigenständige, mit internationalen Moden der Höfe nur locker verbundene dramatische Formen und Reformen ins Leben rufen und regionale Eigenheiten pflegen, die ein deutschsprachiges Theater mit einer deutschen Oper ermöglichten, die aber doch nicht so stark waren, daß sie sich für längere Zeit durchsetzen konnten und deshalb immer wieder Einbrüchen genuin höfischer Kultur weichen mußten – woraus auch resultiert, daß die nationalen bzw. regionalen Kräfte in an der höfischen Kultur orientierten aristokratischen Interessen eingebunden wurden.

In einer etwas anderen Weise als in Hamburg entwickelt sich der Spielplan in Nürnberg [123], kommt allerdings Ende des Jahrhunderts zu einem ähnlichen Repertoire wie die anderen reichsstädtischen, aristokratisch regierten Handelsmetropolen:

25. Jan. 1775 – 8. Sept. 1777

162 × Ballett	43,8%	–
102 × Lustspiel	27,6%	49,5%
56 × Trauerspiel	15,1%	27,2%
28 × Schauspiel	7,6%	13,6%
22 × Oper	5,9%	10,7%

27. Apr. 1789 – 6. Juli 1790

45 × Lustspiel	64,3%
10 × Trauerspiel	14,3%
10 × Schauspiel	14,3%
5 × Oper	7,1%

10. Nov. 1791 – 11. Sept. 1792

56 × Lustspiel	49,1%
35 × Oper	30,7%
15 × Schauspiel	13,2%
8 × Trauerspiel	7,0%

22. Apr. 1794 – 19. Jan. 1797

127 × Oper	33,6%
121 × Schauspiel	32,0%
91 × Lustspiel	24,1%
25 × Trauerspiel	6,6%
11 × Ballett	2,9%
3 × Melodram	0,8%

Dem Verfall des Trauerspiels korrespondiert auch hier der Aufstieg der Oper und des Schauspiels, die schließlich zusammen das Repertoire noch vor dem Lustspiel anführen.

4.2.2 Universitätsstädte

Ein ganz anderes Bild als die großen Handelsstädte bieten die Universitätsstädte, von denen die Landesherrn, vor allem aber die städtische Obrigkeit und die Universitätsleitung nach Möglichkeit das Theater fernhielten, um die sowieso schon demoralisierten Studenten vor weiteren Ausschweifungen zu bewahren. Nur Graz, Wien,

Prag, Leipzig und Königsberg boten ihnen zumindest in der 2. Hälfte des Jahrhunderts die Möglichkeit, mit einiger Regelmäßigkeit ein qualitativ hochstehendes Theater zu besuchen. Ansonsten mußten sie in die nächstgrößere Stadt ziehen, wenn sie eine Wandertruppe sehen wollten. Von Jena wanderten sie nach Weimar, von Halle nach Lauchstädt, von Helmstedt nach Braunschweig, von Altdorf nach Nürnberg; Tübingen erhielt gelegentlich Besuch aus der Stuttgarter Residenz, und auch Marburg lag abseits des Wegs der Wandertruppen. In Zürich, zwar keiner Universitätsstadt, aber Hochburg der reformierten Theologenausbildung, wurde von größeren Truppen nur Ackermann im 18. Jahrhundert vorübergehend der Aufenthalt genehmigt. Von desto größerem Interesse sind die Repertorien der seltenen Gastspiele in diesen und anderen ebenso sorgfältig wie vergeblich behüteten Universitätsstädten. Allerdings dauerten die Gastspiele in der Regel nur sehr kurze Zeit, so daß ein Vergleich mit den Repertorien der größeren Städte mit Vorbehalten versehen werden muß. Andererseits lag gerade in diesen Städten ein starker Anpassungszwang vor, so daß die Spielpläne eine gewisse Signifikanz für obrigkeitlich erlaubtes Theater erhalten. Doch leider sind verläßliche Nachrichten über die Repertorien rar.

In Halle [124], berüchtigt als Zentrum des Pietismus und von Kirche und Universität jahrzehntelang theaterfrei gehalten, spielten Ackermann (1754/55) und Döbbelin (1771) ein Repertoire, bei dem sich eine Signifikanz erst bei Vernachlässigung der Ballette ergibt (vgl. Kap. 1); dann steigt der Anteil des Trauerspiels wesentlich über die Durchschnittswerte dieser Gattung für weltliche Residenzstädte und Handelsmetropolen, während die Anteile der übrigen Gattungen kaum Auffälligkeiten zeigen.

10. Dez. 1754 – 21. Mai 1755

88 × Lustspiel	63,3%	
29 × Trauerspiel	20,9%	
20 × Ballett	14,4%	
1 × Singspiel	0,7%	
1 × Schäferspiel	0,7%	

13. Mai – 4. Juni 1771

11 × Ballett	34,4%	–
10 × Lustspiel	31,2%	47,6%
5 × Trauerspiel	15,6%	23,8%
4 × Singspiel	12,5%	19,0%
2 × Schauspiel	6,3%	9,6%

Ackermanns Repertoire in Göttingen (1764) weist einen etwas höheren Anteil an Trauerspielen als in Halle auf, ist ansonsten aber auch ohne Auffälligkeiten [125], während bei Großmann (1784) die Bedeutung des Trauerspiels sehr klar wird, das Singspiel aber nur mit einem verhältnismäßig kleinen Anteil vertreten ist [126]:

13. Juni – 11. Juli 1764

20 × Lustspiel	42,6%	66,7%
17 × Ballette	36,2%	–
8 × Trauerspiel	17,0%	26,7%
1 × Divertissem.	2,1%	3,3%
1 × Schauspiel	2,1%	3,3%

Sommer 1784

8 × Lustspiel	40%
6 × Trauerspiel	30%
3 × Schauspiel	15%
3 × Singspiel	15%

Doch sind das alles zu vage und verstreute Angaben, die derartig isoliert keine Verallgemeinerung zulassen. Möglicherweise lassen sich aber Rückschlüsse ziehen, wenn man die Universitätsstädte in dem größeren Verband beläßt, zu dem sie als kleine Orte ohne Residenz gehören: den Kleinstädten.

4.2.3 Mittlere und Kleinstädte

Der Widerstand, den Kirche, Universität und örtliche Obrigkeit dem Theater in Universitätsstädten entgegensetzten, unterscheidet sich nur geringfügig von dem, mit dem die Wandertruppen sich in vielen der kleineren Städte konfrontiert sahen. Ein gutes Beispiel für die Nähe von universitären und mittel- oder kleinstädtischen Publikumseinstellungen liefert das recht vollständig dokumentierte Repertoire von Königsberg [127]:

(a) 21. Okt. – 19. Dez. 1767
    40 × Lustspiel   74,1%
    12 × Trauerspiel   22,2%
    2 × Schauspiel   3,7%

(b) 10. Dez. 1768 – 11. Febr. 1769
    29 × Lustspiel   65,9%
    12 × Trauerspiel   27,3%
    2 × Ballett   4,5%
    1 × Schauspiel   2,3%

(c) 12. Dez. 1781 – 27. Mai 1782
    54 × Lustspiel   42,9%
    35 × Oper   27,8%
    21 × Schauspiel   16,7%
    13 × Trauerspiel   10,2%
    3 × Duodram   2,4%

(d) 6. Dez. 1785 – 11. Mai 1786
    58 × Lustspiel   44,3%
    33 × Schauspiel   25,2%
    25 × Oper   19,1%
    15 × Trauerspiel   11,4%

(e) 2. Dez. 1790 – 31. Jan. 1791
    18 × Lustspiel   37,5%
    13 × Oper   27,1%
    11 × Schauspiel   22,9%
    6 × Trauerspiel   12,5%

Der relativ hohe Anteil des Schauspiels am Gesamtrepertoire erinnert an die Entwicklung in den Großstädten, bei der Berechnung der Aufführungsfrequenzen deutet sich allerdings eine Differenz an, die möglicherweise typisch für mittlere und kleine Städte ist.

(a) 1 Schauspiel   2 × aufgef. (2)
    8 Trauerspiele   12 × aufgef. (1,5)
    30 Lustspiele   40 × aufgef. (1,3)

(b) 8 Trauerspiele   12 × aufgef. (1,5)
    20 Lustspiele   29 × aufgef. (1,4)
    1 Schauspiel   1 × aufgef. (1,0)

(c) 9 Schauspiele   21 × aufgef. (2,3)
    16 Opern   35 × aufgef. (2,2)
    29 Lustspiele   54 × aufgef. (1,9)
    10 Trauerspiele   13 × aufgef. (1,3)

(d) 12 Opern   25 × aufgef. (2,08)
    16 Schauspiele   33 × aufgef. (2,06)
    34 Lustspiele   58 × aufgef. (1,7)
    10 Trauerspiele   15 × aufgef. (1,5)

(e) 8 Opern   13 × aufgef. (1,6)
    14 Lustspiele   18 × aufgef. (1,3)
     9 Schauspiele 11 × aufgef. (1,2)
     6 Trauerspiele 6 × aufgef. (1,0)

In den 80er Jahren werden prozentual weniger Opern als in Residenz- und Großstädten, aber mehr Trauer- und Schauspiele aufgeführt; dabei erweist sich aber das Schauspiel als die effektivste Gattung, die sogar häufiger als Lustspiele und Opern aufgeführt wird. Das ändert sich zwar in den 90er Jahren, und die Oper tritt auch hier in ihre dominierende Position ein, insgesamt aber bleibt das Sprechtheater dem Musiktheater gegenüber von größerem Gewicht, und das Lustspiel ist weniger als in den vorher behandelten Stadttypen dem Verschleiß preisgegeben. Mit einigem Recht lassen sich diese Tendenzen verallgemeinern; der relativ schlechte Stand der Überlieferung und häufige Abweichungen mahnen jedoch zur Vorsicht, wenn es darum geht, aus diesen Zahlen Folgerungen zu ziehen.

Luzern [128] 26. Juli – 27. Sept. 1784
  22 × Lustspiel   36,7%   44,0%
  10 × Ballett   16,7%   –
  10 × Schauspiel   16,7%   20,0%
   9 × Oper   15,0%   18,0%
   8 × Trauerspiel   13,3%   16,0%
   1 × Melodram   1,6%   2,0%

Riga [129] 1. Jan. – 31. Dez. 1786
  72 × Lustspiel   38,9%
  51 × Oper   27,6%
  39 × Trauerspiel   21,1%
  23 × Schauspiel   12,4%

Brünn [130] Nov. 1786 – Jan. 1788
105 Lustspiele   48,2%   56,8%   wurden 143 × aufgeführt   (1,4)
 36 Trauerspiele   16,5%   19,5%   wurden 53 × aufgeführt   (1,5)
 33 Ballette   15,1%   –   –   –
 29 Schauspiele   13,3%   15,7%   wurden 48 × aufgeführt   (1,7)
 15 Opern   6,9%   8,1%   wurden 28 × aufgeführt   (1,7)

Bremen [131] 16. Okt. – 21. Dez. 1792
  17 × Lustspiel   28,8%   35,4%
  13 × Schauspiel   22,0%   27,1%
  12 × Oper   20,3%   25,0%
   6 × Trauerspiel   10,4%   12,5%
  11 × Ballett etc. 18,6%   –

[132] 27. Sept. 1794 – 3. Jan. 1795
  28 Lustspiele   38,4%
  20 Opern   27,4%
  14 Trauerspiele   19,2%
  11 Schauspiele   15,1%

Brünn [133] Mai – Okt. 1794
  38 × Oper   37,3%
  30 × Schauspiel   29,4%
  25 × Lustspiel   24,5%
   9 × Trauerspiel   8,8%

Magdeburg [134] Mitte Sept. – Ende Dez. 1795
  22 × Schauspiel   46,8%
  20 × Lustspiel   42,6%
   4 × Trauerspiel   8,5%
   1 × Oper   2,1%

Breslau [135]
Mai – Nov. 1797

80 × Oper	48,5%
35 × Lustspiel	21,2%
34 × Schauspiel	20,6%
16 × Trauerspiel	9,7%

Altona [136]
1. Sept. 1796 – 19. Sept. 1797

99 × Lustspiel	37,0%
62 × Oper	23,1%
51 × Schauspiel	19,0%
50 × Trauerspiel	18,7%
6 × Duodram	2,2%

Auf eine ins Detail gehende Interpretation der voneinander abweichenden Daten in den 11 vorangehenden Statistiken muß aus Raumgründen verzichtet werden. Allen Spielplänen gemeinsam ist die Dominanz des Sprech- vor dem Musiktheater, die selbst bei Ausschließung des Lustspiels noch bestehen bleibt. Dieser Sachverhalt hat zuerst einmal ökonomische Gründe, weil sich bei den niedrigen Wiederholungsfrequenzen in kleineren Städten der für die Oper nötige Aufwand nicht rentiert. Da aber auch Truppen, denen ein volles Opernensemble zur Verfügung steht, in Universitäts- und anderen Kleinstädten weniger Opern als in Großstädten spielen und sich auch bei stehenden Bühnen derselbe Sachverhalt zeigt, müssen noch andere Gründe eine Rolle spielen. Erschöpfend kann diese Frage hier unmöglich geklärt werden, generell aber entsteht der Eindruck, als ob seit Mitte der 80er Jahre an den kleineren bürgerlichen Bühnen sich eine mit ‚antihöfisch' wohl schon zu eindeutig und zu programmatisch bezeichnete Tendenz zu einem ausgeglicheneren Repertoire als an Residenz- und Großstadttheatern durchzusetzen beginne. Die Oper und das Lustspiel werden zwar aus ihrer Führungsposition nicht verdrängt, aber das an den Hofbühnen zu beobachtende krasse Mißverhältnis von Sprech- und Musiktheater bzw. von Unterhaltung (Repräsentation) und ernstem Drama wird zu beseitigen versucht: einerseits – in Übereinstimmung mit den Repertorien in geistlichen Residenzen und vor allem in den großen Handelszentren – durch Förderung des Schauspiels, dessen Anteil am Repertoire bis auf über 40% steigt, andererseits durch Hebung des Trauerspiels, das durchschnittlich auf über 10% ansteigt und damit weit über den entsprechenden Zahlen der Hof- und Nationaltheater sowie der großen Messezentren liegt. Dadurch sinkt der Anteil der Oper und/oder des Lustspiels beträchtlich, teilweise um über 20% im Vergleich mit den beiden anderen Bühnentypen.

Dieser Sachverhalt sei abschließend noch einmal anhand der Wiederholungsfrequenzen des Altonaer Theaters (eines der wenigen kleinstädtisch-bürgerlichen Nationaltheater) im Vergleich mit dem Hamburger Spielplan 1796/7 [122] demonstriert:

14 Opern	wurden 62 × aufgeführt (4,4)	23,1%	Hbg.: 30,8%
14 Trauerspiele	wurden 50 × aufgeführt (3,6)	18,7%	7,4%
2 Duodramen	wurden 6 × aufgeführt (3,0)	2,2%	–
20 Schauspiele	wurden 51 × aufgeführt (2,6)	19,0%	17,2%
40 Lustspiele	wurden 99 × aufgeführt (2,5)	36,9%	44,6%

Nach der einjährigen Konsolidierungsphase des Theaters veränderte sich das Repertoire von Nov. bis Dez. 1797 weiter zugunsten des Sprechtheaters und des ernsten Dramas:

12 × Trauerspiel	37,5%	3 × Schauspiel	9,4%
5 × Lustspiel	15,6%	12 × Oper	37,5%

In den 4 Monaten von Sept. bis Dez. 1797 wurden 17 Novitäten gegeben, die sich wie folgt auf die Gattungen verteilen:

6 Trauerspiele	4 Opern
7 Schau- und Lustspiele	

Die Bedeutung des bisher ausgebreiteten Zahlenmaterials und der sich in ihm niederschlagenden Entwicklung des deutschen Theaters und Dramas sei kurz skizziert. Es hat den Anschein, als habe die von Gottsched angeregte Übersetzungstätigkeit französischer Trauerspiele, die die ältere, national eingestellte Germanistik ihm immer wieder zum Vorwurf gemacht hat, ohne eine historisch sinnvolle Gegenvorstellung entwickeln zu können, nicht nur eine wichtige Anregungsfunktion für die deutsche Dramenproduktion gehabt, sondern als enthalte sie unterschwellig auch eine kritische Potenz den deutschen Höfen und ihren kulturellen Aktivitäten gegenüber. Zwar wurden Corneille und Racine oder später Voltaire auch an den Hoftheatern der deutschen Territorialfürsten gespielt, aber diese Aufführungen waren gegenüber der massenweisen Inszenierung von Komödien und den kostspieligen Repräsentationen von Opern bedeutungslos. Indem Gottsched auf diese von den deutschen Höfen vernachlässigte Gattung zurückgriff und sie in die Hände der Wanderbühne legte, deckte er das defizitäre literarische Bewußtsein der Höfe auf. Zudem glaubte er mit dem Trauerspiel diejenige literarische Gattung gefunden zu haben, die dem Bürgertum am besten als Medium der Selbstverständigung dienen konnte, da sie allein im Rahmen der traditionellen Poetik in der Lage ist, die für das Bürgertum wichtigen Gegebenheiten und Räume darzustellen: die Herrschaft und den Hof. Gottsched überantwortete dem Bürgertum das von den deutschen Höfen vernachlässigte Erbe von Versailles – sorgte damit zugleich aber dafür, daß seine Reform von den Höfen nur bedingte Unterstützung fand.

Diese fand sich erst, als die in der Forderung nach texttreuer Aufführung enthaltenen zensuralen Disziplinierungsmöglichkeiten von den Fürsten erkannt wurden und als die Wandertruppen durch Aufnahme des Singspiels den höfischen und adligen Geschmacksnormen näher kamen. Es ist kaum zufällig, daß damit neuerlich französischer Einfluß von Bedeutung wird, dem gegenüber die wohl ziemlich überschätzte Shakespeare-Rezeption und der Paradigmenwechsel des Trauerspiels von französischem zu englischem Einfluß an Gewicht verlieren. Die geringen Aufführungsfrequenzen und der ständig sinkende Anteil von Trauerspielaufführungen lassen nichts von einem begeisterten Aufschwung der tragischen Muse erkennen – und für das Lustspiel hat Shakespeare kaum eine Rolle gespielt, hier ist nach wie vor die französische Komödie vorbildlich.

Das Trauerspiel verliert auf dem Theater im selben Maß an Bedeutung, in dem die Oper(ette) an Bedeutung gewinnt. Der Verlust des Interesses am Tragischen scheint mithin in direktem Bezug zur Musikalisierung des Sprechtheaters zu stehen. Dem Verlust an sozialer Objektivität, die die ständisch orientierte Gattungspoetik kennzeichnet, korrespondiert eine zunehmende poetische Subjektivierung, die die Musik offenbar unterstützt. Das Bühnenpersonal bzw. die Rollenfächer hören auf, ideales und modellhaftes Abbild realer gesellschaftlicher Verhältnisse zu sein; sie werden zu Masken bürgerlicher Charaktere. Wahrscheinlich war der bloß durch einen Stoffumhang und eine Pappkrone markierte König der frühen Wanderbühne für seine Zuschauer realitätshaltiger – und deshalb auch an Höfen akzeptabel – als der historisch-getreu verkleidete Schauspieler am Ende des 18. Jahrhunderts, der der Historizität seines Aufzugs zum Opfer fiel und von der Zensur erfaßbar wurde.

Die Musik verhilft dem Theater zu jener Befreiung der Phantasie von der Disziplinierung der Frühaufklärung, die der Oper erlaubt, an die Traditionen des 17. Jahrhunderts und der Maschinenkomödie anzuknüpfen. Aber gerade der große Erfolg der Feenopern in den 90er Jahren einerseits, der im kleinbürgerlich-idyllischen Raum spielenden Opern Dittersdorfs u. a. andererseits zeigt, wie systematisch sich das Musiktheater von den realen Zentren gesellschaftlicher und politischer Prozesse fernhält. Die aus Frankreich herüberkommenden Texte müssen für die deutschen kleinterritorialen Verhältnisse gereinigt werden, was deshalb ihrer Wirkung keinen Abbruch tut, weil diese in Deutschland fast ausschließlich von der Ausstattung und der Musik ausgeht. In einer Zeit zunehmenden Drucks auf alle Medien sprachlicher Kommunikation, dem das Sprechtheater teilweise bis zur Verunstaltung zum Opfer fällt, bietet das Musiktheater unzensierbare Möglichkeiten verinnerlichter bürgerlicher Empfindlichkeit und veräußerlichten feudalen Pomps.

5 Zusammenfassung und weiterführende Thesen

5.1 Voraussetzungen

Ein Werk wird nicht dadurch zu einem bürgerlichen, daß es einen Bürger zum Autor hat – eine Veranstaltung wird nicht dadurch zu einer bürgerlichen, daß ihr ein bourgeoises Publikum beiwohnt: mithin wird auch ein Hoftheater nicht dadurch, daß es zahlende Bürger hereinläßt, zu einem bürgerlichen Institut. Genauso wenig wird ein Hof verbürgerlicht, wenn er bürgerliche Bedienstete in seinen Sold nimmt, seien das nun Beamte, Musiker oder Poeten. Das wesentliche Moment für eine historische Bestimmung des sozialen Orts einer Institution und ihrer Produkte ist deren Zweck und Bestimmung, ihre Trägerschaft und ihre Organisation.

Für ein antagonistisches, gegen Fürsten und feudale Aristokratie gerichtetes Bewußtsein war das deutsche Bürgertum das ganze 18. Jahrhundert hindurch zu schwach; es konnte zwar Reformvorstellungen entwickeln, war für deren Durchführung aber weitgehend auf die Reformwilligkeit der Fürsten angewiesen. In breiteren Bevölkerungsschichten haben sich keine über die Reform der Höfe und Verwaltungen hinausgehenden politischen Vorstellungen durchsetzen können. Das der Fürstenherrschaft gegenüber grundsätzlich positiv eingestellte Bewußtsein des Bürgertums ist Voraussetzung für die Nähe großstädtischer und fürstlicher Kulturentfaltung während des ganzen Säculums, die in den letzten drei Dezennien gelegentlich sogar zu Übereinstimmungen kommen, weil durch tiefgreifende Reformen der fürstlichen Verwaltungen und Finanzen die seit Anfang des Jahrhunderts aufgebrochene und in monumentaler Prachtentfaltung der Hofhaltungen sich dokumentierende Kluft zwischen fürstlicher und bürgerlicher Ökonomie wenigstens teilweise beseitigt wurde. Die Höfe stellten ihre auf- und augenfälligsten exklusiven kulturellen Tätigkeiten ein und setzten an deren Stelle billigere Institutionen.

Sparsamkeit ist eine bürgerliche Tugend, aber die Hebung des Wohlstands der Bürger zum Zwecke der Herrschaftserweiterung und Kriegführung gehört im 18. Jahrhundert der feudaladligen Ökonomie an. Ihrem Einfluß ist die Bereitschaft der Fürsten zu verdanken, auf die sinnfällige aber ruinöse Repräsentation ihrer Herrlichkeit zugunsten einer von der Obrigkeit kontrollierten Volkserziehung zu verzichten, die dem Handels- und Manufakturbürgertum entgegenkommt, die partielle Übereinstimmung des kulturellen Lebens in Handelszentren und Residenzen ermöglicht und die Fürsten wie die ihnen nacheifernden Aristokraten zu energischen Verfechtern einer im Sinne Gottscheds betriebenen Theaterreform macht. Die Bindung des Theaters an Texte macht es der Zensur – und es wird eigens eine Theaterzensur eingerichtet – verfügbar. Es ist wohl keine sophistische Frage, wem die in den Dramen ab 1770 behandelten Inhalte mehr entgegenkommen: der fürstlichen Politik oder der bürgerlichen Emanzipation.

Den erzwungenen Reformen der Hofhaltungen in der 2. Hälfte des Jahrhunderts verdankt das deutschsprachige Theater seine Förderung durch die Fürsten und die adlige und bürgerliche Aristokratie. Und da sich auch der höfische Geschmack inzwischen gewandelt hat, an die Stelle der opera seria als fürstlicher Huldigungsoper die unprätentiösere opera buffa getreten ist, kann von den Hoftheatern, die man nun gelegentlich auch Nationaltheater zu nennen beliebt, den im kulturellen (und ökonomischen) Einflußbereich der Höfe stehenden Residenztheatern und den sich an ihnen orientierenden Bühnen der großen bürgerlich-aristokratischen Handelsstädte jene Entwicklung ausgehen, die in den vorangehenden Abschnitten dargestellt wurde und die noch einmal kurz zusammengefaßt werden soll.

5.2 Zusammenfassung

Die deutschsprachige Oper macht innerhalb von 25 Jahren eine einzigartige Entwicklung auf den Theatern des ganzen Reichsgebiets durch. Ihr korrespondiert ein fast ebenso schneller, aber nicht so auffälliger Aufstieg des Schauspiels. Die Förderung beider Gattungen führt ab etwa der Mitte der 70er Jahre zu einer gravierenden Veränderung des Spielplans der Wandertruppen und Bühnen, die vor allem das Trauerspiel betrifft, das in den 90er Jahren kaum mehr Bedeutung hat, aber auch den Anteil des Lustspiels am Gesamtrepertoire merkbar reduziert. Hätte sich nicht neben der Oper auch das Schauspiel entwickelt, würde das Repertoire in den 90er

Jahren kaum (statistisch) von dem der französisch-italienischen Hofbühnen der 1. Hälfte des Jahrhunderts zu unterscheiden sein.

Eine soziogeographische Differenzierung der Repertorien nach verschiedenen Stadttypen ergibt, daß vor allem in Residenzstädten, an Hoftheatern oder auf unmittelbar vom Hof abhängigen Bühnen sowie in den bürgerlich-aristokratischen Handels- und Messestädten eine ausgesprochene Vorliebe für Singspiele und Opern bestand, während in kleineren Städten und geistlichen Residenzen das Interesse am ernsten Sprechtheater das an der Oper überwog, wovon vor allem das Schauspiel profitierte. Daß die Bedeutung der Oper (und des Schauspiels) teilweise erst anhand der Wiederholungsfrequenzen erkennbar wurde, ist einerseits auf die unterschiedlichen Funktionen der verschiedenen dramatischen Gattungen, andererseits auf die zahlenmäßig zu geringe Produktion deutscher Opern und Schauspiele zurückzuführen. Das trotz des Mangels an deutschen Opern und Schauspielen bestehende Interesse des Publikums an diesen Gattungen führte zu Übersetzungen ausländischer, vor allem französischer und italienischer Libretti, häufig auch der Übernahme der originalen Musik – und französischer Schauspiele. Auf diese Weise blieb das deutsche Theater das ganze Jahrhundert unter dem maßgeblichen Einfluß des Auslands, und zwar vor allem Frankreichs. Gelegentliche Paradigmenwechsel – wie etwa der vom französischen zum englischen Trauerspiel – führten höchstens zum Wechsel der einflußausübenden Nation und fanden darüber hinaus nur in untergeordneten Gattungen oder zu einer Zeit offensichtlichen Bedeutungsschwundes einer Gattung statt, wurden durch den ausländischen Einfluß auf die neuen Gattungen wettgemacht und dürfen nicht für den Gesamtbereich des Dramas und Theaters verallgemeinert werden. Zudem wurden – um beim Trauerspiel zu bleiben – Shakespeares Tragödien in Deutschland kaum je auch nur einigermaßen authentisch aufgeführt. Gewisse vorübergehende Erfolge etwa der Hamlet-Bearbeitungen (nicht ‚des' Hamlet) fallen in die Verfallsphase des deutschen Trauerspiels und halten diese Entwicklung auch nicht auf.

5.3 Terminologische Implikationen

Mithin ist die sich in der 2. Hälfte des 18. Jahrhunderts allmählich durchsetzende Deutschsprachigkeit des Theaters kein uneindeutiges Indiz für eine allgemeine Nationalisierung der Bühnen. Eine Literargeschichte, die sich aus nationalen Beweggründen an einigen ausgewählten Exemplaren deutscher Dramatik orientiert, wird zu anderen Ergebnissen kommen als eine sozialgeschichtliche Untersuchung, die von der Praxis des theatralischen Betriebs und des im Theater herrschenden Geschmacks ausgeht. Oder anders: Die Geschichte des literarischen, gelesenen Dramas ist eine andere als die des aufgeführten Schau-spiels.

Genauso wenig kann aus der Aufnahme des deutschsprachigen Theaters an Hofbühnen und Residenztheatern auf eine allgemeine „Verbürgerlichung" der Höfe oder auf die „Emanzipation des Bürgertums" geschlossen werden. In der Regel wird die italienische Hofoper oder die opéra comique von den Fürsten nur widerstrebend aufgegeben und das u. U. an deren Stelle gesetzte deutschsprachige (Musik-)Theater als Notlösung empfunden, während in den großen Handels- und Messestädten das aristokratische und/oder höfisch orientierte Publikum ohne Bedauern den deutschen Bühnen den Rücken kehrt, um der italienischen Oper zu huldigen. Die in den weltlichen Residenzen an die Stelle der fremdsprachigen Theater gesetzten „Nationaltheater" sind weniger ein „Sieg" des Bürgertums als das Resultat verfehlten fürstlichen Finanzgebarens. Daß sich einige bürgerliche Theoretiker über die Beweggründe dieser Reformen täuschten und in echt bürgerlicher Untertänigkeit dem vermeintlichen fürstlichen Patriotismus huldigten, ändert nichts an den tatsächlichen Verhältnissen.

5.4

Zudem hatte das deutschsprachige Theater der höfischen Integration mit der Anpassung an den fürstlich-aristokratischen Geschmack Tribut zu leisten: durch die Pflege der Oper, des Musiktheaters, und die Vernachlässigung des Trauerspiels. Nur unter dieser Voraussetzung war es den großen Truppen möglich, relativ komplikationslos in Residenzstädten Fuß zu fassen.

Der in kleineren Bürgerstädten und geistlichen Residenzen auffallende Trend zum ernsten Sprechtheater dürfte vor allem aus der Hofferne bzw. den kirchlichen Vorbehalten gegen weltliche Kunst entsprungen sein. Aber den harmonistischen Neigungen mittelständischen Bürgertums entsprechend, wird auch hier ein glücklicher Ausgang dem tragischen Scheitern eines Helden vorgezogen, so daß das Trauerspiel auch in diesen Städten nur ausnahmsweise eine bedeutendere Rolle spielen konnte. Doch selbst in dieser Form wird noch ein wesentliches Element der Gottschedschen Reform fortgesetzt und führt zu einem ausgeglicheneren Spielplan als in anderen Städten.

5.5 Kulturgefälle

Auf statistischem Weg und bei Berücksichtigung des Musiktheaters lassen sich für das letzte Drittel des 18. Jahrhunderts keine wesentlichen Unterschiede zwischen dem protestantischen Norden und dem übrigen katholischen Reichsgebiet im theatralischen Bereich feststellen. Das immer wieder zitierte ‚Kulturelle Gefälle' vom Norden nach Süden ist Resultat einerseits der in den Vorbemerkungen skizzierten Vernachlässigung des Musiktheaters und andererseits der damit verbundenen Verabsolutierung der norddeutsch-protestantischen und preußischen Entwicklung im Zuge der kleindeutschen Lösung im 19. Jahrhundert, die dazu neigt, die im Süden und Osten des Reichs ungemein breite volkstümliche dramatische und musikalische Betätigung pauschal als minderwertig außer Betracht zu lassen.

5.6

Die Entwicklung des Theaters und Dramas in den letzten 30 Jahren des 18. Jahrhunderts stellt sich als ein recht kompliziertes Geflecht und differenziertes Ineinanderwirken höfischer und bürgerlicher Einflüsse dar, deren wesentliche Kennzeichen weniger eine ‚Verbürgerlichung' oder ‚Emanzipation' als eine neuerliche Zentrierung des in den letzten Jahrzehnten veränderten kulturellen Lebens in den Residenzen ist. Die Unfähigkeit oder Unwilligkeit selbst größerer Bürgerstädte, der literarischen und künstlerischen Intelligenz eine wenigstens einigermaßen gesicherte Existenz zu verschaffen, zwingt diese in die Residenzen. Die schnelle Entwicklung der Oper seit den 70er Jahren ist ein markantes, aber keineswegs das einzige Beispiel für die Energie und Effektivität der fürstlichen Bemühungen um die Beibehaltung oder Rückgewinnung der kulturellen Vorbildlichkeit ihrer Höfe und Residenzen. Bis zur Mitte des 19. Jahrhunderts gehen von ihnen die wichtigsten Impulse auf dramatischem, theatralischem aber auch allgemein kulturellem Gebiet aus: Dresden, Berlin, Weimar, Bayreuth, München und Wien haben Hamburg, Frankfurt oder andere aufstrebende bürgerliche Wirtschaftszentren seit den 80er Jahren des 18. Jahrhunderts bis weit ins 19. Jahrhundert hinein keine vergleichbaren Initiativen entgegenzusetzen.

Wer nicht vom Hof angestellt wird, hat von den Bürgern keine Hilfe zu erwarten; kaum je sind einem Librettisten solche Ehrungen zuteil geworden wie Metastasio in Wien – keine schmählichere Beerdigung läßt sich denken als die von Dittersdorf und Mozart.

5.7 Bedeutung des Musiktheaters

Es dürfte kaum zufällig sein, daß die Stabilisierung kultureller Kompetenz der Höfe und Residenzen gerade in jener Zeit durchgesetzt werden kann, in der die politischen Hoffnungen des Bürgertums scheitern oder bereits gescheitert sind. Wenn somit die Oper zu den wenigen von den politischen Ereignissen profitierenden Institutionen gehört, ist es nur folgerichtig, daß die Autoren der übrigen Gattungen aus ihr lernen, um dem Verfall des Sprechtheaters entgegenzuarbeiten. Nachdem das Schauspiel schon seit einiger Zeit in immer stärkerem Maß musikalische Elemente einbezogen hat, denen nicht zuletzt es seine relativ hohe Beteiligung am Repertoire verdankt, und das Lustspiel seine musikalischen Neigungen nie ganz aufgegeben hat, beginnen auch die Trauerspielautoren, Elemente und Strukturen der Oper zu übernehmen und zu verarbeiten, um der weitgehend ins Abseits geratenen Gattung aufzuhelfen. Bereits Metastasios Opern hatten die Verbreitung des regelmäßigen Dramas mächtig unterstützt. In bedeutendem – und bis heute überhaupt nicht gewürdigtem Ausmaß lieferten seine Opern nicht nur Anregungen für das Sprechtheater, sondern wurden bis in die 60er Jahre des 18. Jahrhunderts immer wieder direkt zu Schau- und Trauerspielen umgearbeitet, die noch in den 80er Jahren gespielt wurden. In den 90er Jahren setzt neuerlich eine Adaptionswelle ein – nun allerdings nicht mehr an Metastasio, sondern an der neueren französischen und italienischen Oper orientiert. Mögen deshalb die vorgelegten statistischen Daten über den gattungsmäßigen Anteil der Oper am Gesamtrepertoire der Truppen und Bühnen stimmen, so haben sie die Bedeutung dieser Gattung für die dramatische Produktion insgesamt sicher noch nicht ausreichend erfaßt. Erwägungen, wie sie Gert Sautermeister in seinem kürzlich erschienenen Aufsatz über Schillers *Maria Stuart* anstellt (in:

Schillers Dramen. Neue Interpretationen. Stuttgart 1979; S. 174–216; vgl. S. 208f.), können zeigen, welch ausgedehntes Arbeitsfeld der Germanist noch vor sich hat, wenn er die disziplinären Grenzen zu überschreiten bereit ist – und damit jenes statistisch nicht mehr bestimmbare Feld der Wirkungen der Oper auf die anderen dramatischen Gattungen abzustecken beginnt.

REPERTORIEN-NACHWEIS

[1] Hans Devrient, *Johann Friedrich Schönemann und seine Schauspielergesellschaft. Ein Beitrag zur Theatergeschichte des 18. Jahrhunderts.* Hamburg und Leipzig 1895. (= *Theatergesch. Forschungen,* Bd. 11). [Anhang].
In der Regel werden die Aufführungsquoten einer Gattung (363 × Lustspiel) angegeben, gefolgt vom prozentualen Anteil am Gesamtrepertoire; gelegentlich ließen sich jedoch nur die aufgeführten Titel ohne Berücksichtigung ihrer Aufführungsquoten (145 Lustspiele) ermitteln.

[2] Herbert Eichhorn, *Konrad Ernst Ackermann. Ein deutscher Theaterprinzipal. Ein Beitrag zur Theatergeschichte im deutschen Sprachraum.* Emsdetten 1965. (= *Die Schaubühne,* Bd. 64).

[3] Hedwig Moser, *Die Geschichte der Seylerschen Theatergesellschaft und ihre künstlerische Entwicklung.* Phil. Diss. Frankfurt/Main 1921. [Masch.]. [Anhang].

[4] Hans Georg Fellmann, *Die Böhmsche Theatergruppe und ihre Zeit. Ein Beitrag zur deutschen Theatergeschichte des 18. Jahrhunderts.* Leipzig 1928. (= *Theatergesch. Forschungen,* Bd. 38).

[5] Joseph Wolter, *Gustav Friedrich Wilhelm Grossmann, ein Beitrag zur deutschen Litteratur- und Theatergeschichte des 18. Jahrhunderts.* Phil. Diss. Bonn 1901. (Druck: Köln 1901). [Anhang].

[6] Rudolf Schlösser, *Vom Hamburger Nationaltheater zur Gothaer Hofbühne. 1767–1779. Dreizehn Jahre aus der Entwicklung eines deutschen Theaterspielplans.* Hamburg und Leipzig 1895. (= *Theatergesch. Forschungen,* Bd. 13).

[7] [Christian Heinrich Schmid,] *Chronologie des deutschen Theaters* [O.O.] 1775. S. 66–75. Vgl. auch Herbert Graf, *Das Repertoire der öffentlichen Opern- und Singspielbühnen in Berlin seit dem Jahre 1771.* Bd. I: *Kochische Gesellschaft deutscher Schauspieler (1771–1775) und Döbbelinsches Theater in der Behrenstraße (1775–1786).* Berlin 1934; nach dessen Repertorium sich noch wesentlich höhere Aufführungsfrequenzen bei Opern (durchschn. 13,5mal!) ergeben.

[8] Unter Ekhofs Leitung, nach Johann Jost Anton von Hagen, *Magazin zur Geschichte des Deutschen Theaters.* Halle 1773; S. 5–68.

[9] Richard Hodermann, *Geschichte des Gothaischen Hoftheaters 1775–1779.* Hamburg und Leipzig 1894. (= *Theatergesch. Forschungen,* Bd. 9).

[10] Karl Ludwig Reuling und Ludwig Wenzig, nach Krista Fleischmann, *Das Steirische Berufstheater im 18. Jahrhundert.* Wien 1974. (= *Theatergeschichte Österreichs,* Bd. V, H. 1). [Anhang]. S. 155–57.

[11] Schlösser [6] S. 71–4.

[12] Carl Stiehl, *Geschichte des Theaters in Lübeck.* Lübeck 1902; S. 78–80.

[13] Hans Gersdorf, *Die Wandlungen des Theatergeschmacks im letzten Viertel des 18. Jahrhunderts, dargelegt an den Dresden-Leipziger Bühnenzuständen.* Phil. Diss. Leipzig 1923; [Masch.]; S. 2.

[14] Wahrische Truppe, nach [Christoph Ludwig Seipp (Hrsg.),] *Theaterwochenblatt für Salzburg.* Salzburg 1776; S. 38–42.

[15] Peter Franz Ilgener, nach Wilhelm Schacht, *Zur Geschichte des Rostocker Theaters.* (In: *Beiträge zur Gesch. der Stadt Rostock.* Hg. v. Verein für Rostocks Altertümer. Rostock 1909. Bd. 5, Heft 2; S. 205–82); S. 257f.

[16] Johann Joseph Brunian, nach *Taschenbuch von der Prager Schaubühne auf das Jahr 1778.* Prag 1778; S. 41–53.

[17] Gersdorf [13] S. 49.

[18] Friedrich Walter, *Archiv und Bibliothek des Grossh*[erzoglichen] *Hof- und Nationaltheaters in Mannheim 1779–1839.* (2 Bde.). Bd. II: *Die Theater-Bibliothek.* Leipzig 1899. [Anhang].

[19] Theobald Marchand, nach *Journal von auswärtigen und deutschen Theatern.* III. Theil. Wien 1779; S. 36–8.

[20] Walter [18] S. 260ff.
[21] Burgtheater 8. April – 31. Dez. 1776, nach Franz Hadamowsky, *Die Wiener Hoftheater 1776–1966. Verzeichnis der aufgeführten Stücke mit Bestandsnachweis und täglichem Spielplan.* Teil I: 1776–1810. Wien 1966.
[22] Großmann/Hellmuth, nach Elisabeth Mentzel, *Geschichte der Schauspielkunst in Frankfurt a. M. von ihren Anfängen bis zur Eröffnung des städtischen Komödienhauses. Ein Beitrag zur deutschen Kultur- und Theatergeschichte.* Frankfurt 1882. (= Archiv f. Frankfurts Gesch. und Kunst, N. F., Bd. 9). [Anhang]. S. 532-5.
[23] Dies., nach Mentzel [22].
[24] Böhm, nach [Heinrich Wilh. Seyfried (Hrsg.),] *Frankfurter Dramaturgie.* Frankfurt/Main 1781; S. XIII–XIV.
[25] *Wiener Theaterjournal vom Jahr 1781.* Wien 1781; S. 108–112.
[26] *Königsbergisches Theaterjournal fürs Jahr 1782.* Königsberg 1782.
[27] [Christian Friedr. Ferd. Anselm von Bonin (Hrsg.),] *Berliner Schaubühne.* Berlin 1782.
[28] Joh. Joseph Nouseul mit Schink als Dramaturg, nach Fleischmann [10] S. 162-4.
[29] *Ephemeriden der Litteratur und des Theaters.* Berlin 1785–87; Bd. II, 420–24.
[30] Gersdorf [13] S. 49.
[31] Ders. S. 46.
[32] Ders. S. 49.
[33] Ders. S. 46.
[34] Karoline Schuch, nach Ida Peper, *Das Theater in Königsberg Pr. von 1750 bis 1811 mit besonderer Berücksichtigung der Königsberger Theaterkritik dieser Zeit.* Phil. Diss. Königsberg 1928; S. 153–58.
[35] Burgtheater, nach Hadamowsky [21].
[36] Kärntnertor-Theater, nach Hadamowsky [21].
[37] Joh. Baptist Lasser und David Borchers, nach Fritz Fuhrich, *Theatergeschichte Oberösterreichs im 18. Jahrhundert.* Wien 1968. (= Theatergeschichte Österreichs, Bd. I, Heft 2); S. 199–204.
[38] *Theaterspiegel aller Trauer- Schau- Lust- Sing- und Nachspielen, Balleten und Nebenvorstellungen welche auf dem kön[iglichen] Brünner städtischen Theater vom 2ten November 1786 bis Ende Karneval den 5ten Hornung 1788 aufgeführt worden sind. [. . .].* Brünn 1788.
[39] Walter [18] S. 307–17.
[40] Johann Friedr. Schink, *Dramaturgische Monate.* (4 Bde.). Schwerin 1790. Bd. I–III.
[41] Hadamowsky [21].
[42] Bergopzoom-Kumpfsche Gesellschaft, nach Jolantha Pukanszky-Kádár, *Geschichte des deutschen Theaters in Ungarn.* Bd. I: Von den Anfängen bis 1812. München 1933; S. 77.
[43] Roman Waizhofer, nach Fleischmann [10] S. 165–85.
[44] Franz Xaver Glöggl, nach Fuhrich [37] S. 207–38.
[45] Josef Bellomo, nach Fleischmann [10] S. 185–213.
[46] Geschwister Schuch, nach Peper [34] S. 159–60.
[47] Wolter [5] S. XLVIf.
[48] Gersdorf [13] S. 49.
[49] Ders. S. 46.
[50] Ders. S. 49.
[51] Ders. S. 46.
[52] C. A. H. Burkhardt, *Das Repertoire des Weimarer Theaters unter Goethes Leitung 1791–1817.* Hamburg und Leipzig 1891. (Ndr. Nendeln 1977). (= Theatergesch. Forschungen, Bd. 1). [Anhang].
[53] Großmann, nach *Rheinische Musen*, hg. v. Heinr. Gottlieb Schmieder. Mannheim 1794–97. Bd. I, 156–67.
[54] *Rhein. Musen* [53] II, 181–83.
[55] Dass. III, 184–89.
[56] Dass. II, 182–3; III, 55–57; vgl. *Journal* [61] IV, 244–55.
[57] *Rhein. Musen* [53] I, 189–91; II, 258–60, 43–45; III, 21–3.
[58] Walter [18] S. 335–44; Zitat S. 336.
[59] *Rhein. Musen* [53] IV, 240–44.
[60] Dass. IV, 281–88; V, 42–50.
[61] *Journal für Theater und andere schöne Künste.* Hg. v. Heinrich Gottlieb Schmieder. Hamburg 1797–98. I, 257–68; II, 75–8; I, 163–67; II, 185–88, 266–71; III, 73–82, 264–74.
[62] *Journal* [61] III, 279–82.

[63] Burkhardt [52].
[64] *Journal* [61] III, 64–7, 258–63; IV, 166–70.
[65] *Dramatischer Briefwechsel*. München 1797. 4. Schreiben, von einem Freunde der Schaubühne; S. 27ff.
[66] Walter [18] S. 352–61.
[67] Burkhardt [52].
[68] Vgl. [27].
[69] Vgl. [5]; von nun an finden sich die Querverweise im Text; Literaturangaben sind unter der Verweisungsnummer zu finden.
[78] Gerhard Born, *Die Gründung des Berliner Nationaltheaters und die Geschichte seines Personals, seines Spielplans und seiner Verwaltung bis zu Doebbelins Abgang (1786–1789)*. Phil. Diss. Erlangen 1934; S. 56f., 70, 80. Born führt Dramen und Trauerspiele leider nicht getrennt auf, deshalb ist der gemeinsame Repertoire-Anteil beider Gattungen zusammen relativ hoch; getrennt gezählt, würde das Schauspiel seine Position zwar nicht verbessern können, aber eine höhere Wiederholungsquote zeigen, während sich für das Trauerspiel wohl eine niedrigere Quote als das Lustspiel ergäbe.
[90] Hadamowsky [21].
[91] Ders.
[92] Arnold Koeppen, *Die Geschichte des Schwedter Hoftheaters (1771–1788)*. Schwedt 1936; S. 201–6.
[93] Meddox, nach Arno Ertel, *Die Wandertruppen in der zweiten Hälfte des 18. Jahrhunderts im östlichen Franken*. Phil. Diss. Wien 1962. [Masch.]. [Anhang] S. 142ff.
[94] Ders. S. 246ff.
[100] Michael Steltz, *Geschichte und Spielplan der französischen Theater an deutschen Fürstenhöfen im 17. und 18. Jahrhundert*. Phil. Diss. München 1965. Gerhard Vorkamp, *Das französische Hoftheater in Hannover, ein Beitrag zur Geschichte des französischen Theaters in Deutschland*. Phil. Diss. Göttingen 1956. [Masch.].
[101] Herbert Hirschberg, *Geschichte der Herzoglichen Hoftheater zu Coburg und Gotha*. Berlin [1910]; S. 44–69. Vgl. Richard Hodermann [9] und Schlösser [6].
[102] Burkhardt [52].
[103] *Rhein. Musen* [53] I, 284–87 (Mai 1794 – Jan. 1795); VI, 2, 50–67 (Aug. 1795 – März 1796).
[104] Franz Grandaur, *Chronik des königlichen Hof- und Nationaltheaters in München*. München 1878; S. 213–38.
[105] *Das Fürstlich Fürstenbergische Hoftheater zu Donaueschingen 1775–1850. Ein Beitrag zur Theatergeschichte*. Bearbeitet von der Fürstlichen Archivverwaltung. Donaueschingen 1914; S. 110–28.
[106] Barbara Valentin, *Theater und Musik am Leiningischen Hofe. Dürckheim 1780–1792; Amorbach 1803–1814*. Würzburg 1921. (= *Gesellschaft für Fränkische Geschichte*, Neujahrsblätter XV. Heft). Korrekturen nach dem handschriftlichen Repertorium.
[107] Hilde Orthofer, *Josef Bellomo und das Grazer Theater*. Phil. Diss. Graz 1931. [Masch.]. [Anhang]. Ergänzt und vervollständigt durch Kr. Fleischmann [10] S. 187–213.
[108] Schmid, *Chronologie* [7] S. 10–45. Zu H a n n o v e r, Mai–Juli 1795 (Großmann) vgl. *Rhein. Musen* [53] V, 129–32: 1 Trauerspiel in drei Monaten. Zu O s n a b r ü c k vgl. *Rhein. Musen* I, 156–67: 7 Opern, 3 Lust-, 2 Trauerspiele, 1 Schauspiel.
[109] Ertel [93] S. 137f.
[110] Ders. S. 19 und F. Friedrich Leist, *Geschichte des Theaters in Bamberg bis zum Jahre 1862.* (= *3. Beilage zum 26. Bericht über das Wirken und den Stand des histor. Vereins zu Bamberg im Jahre 1862/63*. Bamberg 1863; S. 175–222); S. 182f.
[111] Vgl. Helmut Pigge, *Geschichte und Entwicklung des Regensburger Theaters (1786–1859)*. Phil. Diss. München 1954. [Masch.].
[112] Im letzten Viertel des Jahrhunderts hatte jede bedeutendere Stadt in Ungarn mehr als halbjährig ihr Schauspiel. Vgl. Pukanszky-Kádár [42] S. 40f. Vgl. Franz Probst, *Beiträge zur Geschichte des deutschsprachigen Theaterwesens in Eisenstadt. Das Wirken der Wandertruppen von 1716 bis 1837*. Eisenstadt 1952. (= *Burgenländische Forschungen*, Bd. 18). Oscar Teuber, *Geschichte des Prager Theaters. Von den Anfängen des Schauspielwesens bis auf die neueste Zeit*. (3 Bde.) Prag 1883–1888.
[113] Martin Jacob, *Kölner Theater im 18. Jahrhundert bis zum Ende der reichsstädtischen Zeit (1700–1794)*. Emsdetten 1938. (= *Die Schaubühne*, Bd. 21).
[114] Ertel [93].
[115] Heinz Vasterling, *Das Theater in der freien Reichsstadt Kaufbeuren*. Braunschweig 1934.

[116] Zu Kremsmünster und Lambach vgl. Fuhrich [37] S. 203ff.
[117] Vgl. Mentzel [22] S. 429ff.; Zitat S. 449.
[118] Dies. S. 500–507.
[119] Eichhorn [2].
[120] Vgl. Mentzel [22] S. 517–21.
[121] *Rhein. Musen* [53] IV, 281–88; V, 42–50; VI, 70–78.
[122] *Journal* [61] I, 257–68; II, 75–8; I, 163–67; II, 185—88, 266–71; III, 73–82, 264–74.
[123] Ertel [93] S. 173–180 (Keil 1775–77); S. 195–97 (Faller 1789–90); S. 198–200 (Weber 1791–92); S. 204–12 (Mihule 1794–97).
[124] Vgl. Günter Meyer, *Hallisches Theater im 18. Jahrhundert*. Emsdetten 1950. (= *Die Schaubühne*, Bd. 37). – Ackermann 1754/55 nach Eichhorn [2]; Döbbelin nach G. Meyer [s. o.] S. 164.
[125] Eichhorn [2].
[126] Wolter [5] S. XXIIf.
[127] Peper [34]: Okt./Dez. 1767: Franz Schuch d. J. (S. 148–50)
        1768/69: Karl Theophil Döbbelin (S. 151–53)
        1781/82: *Königsberg. Theaterjournal* [26]
        1785/86: Karoline Schuch (Peper S. 153–58)
        1790/91: Geschwister Schuch (S. 159f.).
[128] Josef Koberwein, nach Max Fehr, *Die wandernden Theatertruppen in der Schweiz. Verzeichnis der Truppen, Aufführungen und Spieldaten für das XVII. und XVIII. Jahrhundert.* In: *18. Jahrbuch 1948 der Schweizerischen Gesellschaft für Theaterkultur. Einsiedeln 1949*; S. 9–91; S. 179–84.
[129] Dagmar Reimers, *Geschichte des Rigaer deutschen Theaters von 1782–1822*. Phil. Diss. Freiburg/Brsg. 1942; S. 98–104.
[130] *Theaterspiegel* [38].
[131] Wolter [5] S. XLVIf.
[132] *Rheinische Musen* [53] III, 28–48; IV, 67–72, 125–139.
[133] Dass. I, 189–91; II, 43–45, 258–60; III, 21–3.
[134] *Journal* [61] I, 149—52.
[135] Dass. III, 64–7, 258–63; IV, 166–70.
[136] Dass. III, 279–82; vgl. Paul Th. Hoffmann, *Die Entwicklung des Altonaer Stadttheaters. Ein Beitrag zu seiner Geschichte. Festschrift zum 50jährigen Bestehen des jetzigen Hauses*. Altona 1926.

Bürgerliches Theater und Singspiel:
eine Einflußnahme auf das Theaterrepertoire
im ausgehenden 18. Jahrhundert
dargestellt am Beispiel der Frankfurter Bühne

von

JOACHIM SCHLICHTE (Kassel)

I Vorbemerkung

Sich mit einem Thema aus dem Bereich „Singspiel" zu beschäftigen, bedeutet für den Musikwissenschaftler zunächst einmal Glatteis; vergeblich wird er unter dem Stichwort Singspiel einen Abschnitt in dem auch heute noch wichtigsten musikologischen Nachschlagewerk, der MGG, suchen: Das Singspiel wurde eingearbeitet in den Artikel Oper.[1] Unsicherheit? Desinteresse an einer musikalisch scheinbar unergiebigen Gattung (so wie es auch den Germanisten schwerfiel – fällt –, sich mit dieser literarisch scheinbar unergiebigen Gattung ernsthafter auseinanderzusetzen)?

Für die Operette lehren die Lexica, daß diese Gattung mit dem 19. Jahrhundert beginnt; selbstverständlich mit Hinweisen auf die Vorläufer der eigentlichen Operetten: „L. Allacci verwendete in seiner ‚Drammaturgia' (1666, Neubearbeitung 1755) die Bezeichnung operetta für Bühnenwerke kleineren Umfangs (operetta spirituale, – morale, – drammatica usw.)", „Walther[2] definiert O. als ‚kurtzes musicalisches Schauspiel', während Mattheson Capellm.[3] schreibt: ‚O.n sind kleine Opern, weiter nichts'." oder „Um die Mitte des 18. Jh. wurde der Name O[perette] auch auf Übersetzungen französischer Bühnenstücke der Gattungen Vaudeville und Opéra-comique und von daher (vor allem im süd- und mitteldeutschen Sprachraum) auch auf das deutsche Singspiel übertragen [. . .] In diesen Bezeichnungen spiegelt sich der Sprachgebrauch; die mit O[peretten] bezeichneten Werke zeigen zwar schon einzelne Charakteristika der O[perette], sind aber bestenfalls als Vorläufer der

---

[1] MGG – *Die Musik in Geschichte und Gegenwart. Allgemeine Enzyklopädie der Musik* . . . Hrsg. von Friedrich Blume, Kassel usw.: Bärenreiter 1949 bis 1979.
SINGSPIEL: nach dem Stichwort Singer folgt Sinigaglia (Band 12, Spalte 729, 730);
OPER: Band 10, Spalte 1ff.; darin SINGSPIEL: Spalte 1ff.

[2] Walther, Johann Gottfried, *Musikalisches Lexicon oder Musikalische Bibliothek.* Leipzig 1732 (Faksimile Nachdruck hrsg. von Richard Schaal, Kassel usw.: Bärenreiter 1953), S. 451.

[3] Mattheson, Johann, *Der Vollkommene Capellmeister, Das ist gründliche Anzeige aller derjenigen Sachen, die einer wissen . . . muß, der einer Capelle . . . vorstehen will.* Hamburg: Herold 1739, S. 219, § 57.

Gattung O[perette] anzusehen".[4] Gattungsgeschichtlich gerechtfertigt – aber warum verschweigen, daß als unmittelbare Folgeerscheinung der Wandertruppenzeit in Frankfurt in der zweiten Hälfte des 18. Jahrhunderts[5] noch bis in die Mitte des 19. Jahrhunderts Mozarts *Zauberflöte, Hochzeit des Figaro* als O p e r e t t e und sein *Don Juan* als K o m i s c h e   O p e r e t t e gegeben worden sind?

Sicher, D e u t s c h e   O p e r (für die *Zauberflöte*),[6] O p e r a   B u f f a (für *Le Nozze di Figaro*) und D r a m m a   G i o c o s o (für *Don Giovanni*) implizieren höheren Gehalt, oder sind schlicht pietätvoller.

Aber gehen wir in dem Bestreben nach ‚Werktreue', ‚Authentizität', ‚historischer Treue' usw. nicht gerade haarscharf an historischer W a h r h e i t – in unserem Fall an der tatsächlichen, historisch belegbaren O p e r n - / S i n g s p i e l - / O p e r e t t e n - P r a x i s (auch hier bürgerte [sic!] sich eine vorgeblich gehaltvollere Ausdrucksweise ein: O p e r n - usw.   R e z e p t i o n) zum Beispiel des ausgehenden 18. Jahrhunderts, um 1800 – vorbei?

[4] Riemann, Hugo, *Musik Lexikon.* 12. völlig neu bearbeitete Auflage in drei Bänden. Sachteil. Begonnen von Wilibald Gurlitt fortgeführt und hrsg. von Hans Heinrich Eggebrecht. Mainz usw.: Schott 1967, S. 663, 664.

[5] Es ist hier nicht der Raum, auch nur auszugsweise die Entwicklung der Frankfurter Bühnengeschichte im 18. Jahrhundert zu referieren, geschweige zu reflektieren. Verwiesen sei darum auf die Spezialliteratur:

Bacher, Otto, *Die Geschichte der Frankfurter Oper im achtzehnten Jahrhundert.* (*Veröffentlichungen der Deutschen Musikgesellschaft,* Ortsgruppe Frankfurt a. M.; Bd. 1). Frankfurt a. M.: Englert und Schlosser 1926.

Frank, Bernhard, *Die erste Frankfurter Theater AG (1792–1842) in ihrer Entwicklung von der „Nationalbühne" zur „Frankfurter Volksbühne". Ein Beitrag zur Erforschung von Schauspiel-Stil und -Regie des 19. Jahrhunderts.* (*Studien zur Frankfurter Geschichte,* Heft 2, hrsg. vom Frankfurter Verein für Geschichte und Landeskunde). Frankfurt am Main: Waldemar Kramer 1967.

Mentzel, Erich, *Geschichte der Schauspielkunst in Frankfurt am Main von ihren ersten Anfängen bis zur Eröffnung des städtischen Komödienhauses. Ein Beitrag zur deutschen Kultur- und Theatergeschichte.* Frankfurt a. M.: K. Th. Völcker 1882.

ders.: *Das alte Frankfurter Schauspielhaus und seine Vorgeschichte.* Frankfurt a. M.: Rütten & Loening 1902.

Mohr, Albert Richard, *Frankfurter Theaterleben im 18. Jahrhundert.* Frankfurt a. M.: Waldemar Kramer 1940.

ders.: *Frankfurter Theater von der Wandertruppe zum Komödienhaus. Ein Beitrag zur Theatergeschichte des 18. Jahrhunderts.* Frankfurt a. M.: Waldemar Kramer 1967.

ders.: *Das Frankfurter Mozart-Buch. Ein Beitrag zur Mozartforschung.* Frankfurt am Main: Waldemar Kramer 1968.

ders.: *Musikleben in Frankfurt am Main. Ein Beitrag zur Musikgeschichte vom 11. bis zum 20. Jahrhundert.* Frankfurt a. M.: Waldemar Kramer 1976.

Oven, A. H. E. von, *Das erste städtische Theater zu Frankfurt a. M. Ein Beitrag zur äußeren Geschichte des Frankfurter Theaters. 1751–1872.* (*Neujahrsblatt des Vereins für Geschichte und Altertumskunde zu Frankfurt am Main für das Jahr 1872*), Frankfurt a. M.: Selbstverlag des Vereins 1872.

Saure, Wolfgang, *Die Geschichte der Frankfurter Oper von 1792–1880.* Phil.-Diss. Köln 1958.

[Seyfried, Heinrich Wilhelm], *Frankfurter Dramaturgie nebst einer Aufgabe dem Frankfurter Publikum beantwortet.* Frankfurt a. M.: Kämpfe 1781 (Neudruck hrsg. von Wilhelm Pfeiffer-Belli im Auftrag des Freien Deutschen Hochstifts usw., 1927).

[6] So zum Beispiel Rudolf Kloiber in seinem *Handbuch der Oper.* Kassel usw. – München: Bärenreiter – Deutscher Taschenbuch Verlag, 9. Auflage 1978, Band 1, S. 356.

II Statistik des Theaterrepertoires der Frankfurter Bühne von 1793 bis 1801.[7]

1793

			Anzahl der Titel	Anzahl der Aufführungen
Opte	DAL	Die beiden kleinen Savoyarden		3
	MARS	Der Baum der Diana		2
	MOZ	Entführung		4
		Zauber-Flöte		16
	PAI	König Theodor in Venedig		7
	SAR	Im Trüben ist gut Fischen		6
	SCHUS	Alchemist		3
	WAL	Spiegel = Ritter		3
	WRA	Oberon, König der Elfen		9
			9	53
kom Opte		Apotheker und der Doktor		4
		Betrug durch Aberglauben		4
		Hieronimus Kniker		3
		Hockus Pockus		5
		Liebe im Narrenhause		4
		Das rothe Käppchen		6
	PAI	Die Müllerin		6
		Die verstellte Liebhaberin		1
	SAL	Kästchen mit der Chiffer		4
	SCHUB	Dorfdeputierten		3
			10	40
hero kom Opte	HAY	Ritter Roland		5
			1	5
länd kom Opte	KUN	Weinlese		4
	SAR	Weinlese		2
			2	6
			22	104

[7] Der Untersuchungszeitraum entspringt der Tatsache, daß ab Oktober 1792 das Komödienhaus unter direkte städtische Aufsicht gestellt wurde; so mußten zum Beispiel die verschiedenen ‚Theateractiengesellschaften' Verträge mit dem Geldgeber STADT schließen; die Wahl eines ‚Intendanten' wurde von der STADT beeinflußt, womit diese mehr oder weniger unmittelbar die künstlerische Seite eines solchen Unternehmens beeinflussen konnte (vgl. hierzu die Äußerungen des Senatoren J. J. von Willemer gegen die ungeheuren Produktionskosten von 10 000 rheinischen Gulden für Mozarts Titus. Anmerkung 33). Das Nationaltheater wurde städtische, bürgerliche Institution (die ersten 10 Jahre seit der Einweihung 1782 war das Haus an einen Unternehmer [!], den Hofrat Joh. Aug. Tabor verpachtet, der seinerseits das Haus verschiedenen Theatergesellschaften überließ).
Schlüssel zu den in der Statistik benutzten Abkürzungen.
a) Gattungsbezeichnungen (geordnet in der Reihenfolge ihrer Nennung):

Opte	Operette
kom Opte	komische Operette
hero kom Opte	heroisch komische Operette
länd kom Opte	ländlich komische Operette
Sgsp	Singspiel
mus hero Sgsp	musikalisch heroisches Singspiel

			Anzahl der Titel	Anzahl der Aufführungen
Sgsp	SCHW	Dorfgala		1
			1	1
mus hero Sgsp	WIN	Helena und Paris		1
			1	1
			2	2

Op   Oper
kom Op   komische Oper
gr kom Op   große komische Oper
hero kom Op   heroisch komische Oper
gr hero Op   große heroische Oper

b) **Komponisten** (alphabetisch geordnet):

CHE	M. Luigi Z. Cherubini
CIM	Domenico Cimarosa
DAL	Nicolas Dalayrac
DAN	Franz Danzi
DEM	Pierre-Antoine-Dominique Della Maria
DIT	Karl Ditters von Dittersdorf
GAV	Pierre Gaveaux
GRE	André Ernest Modeste Grétry
HAY	Franz Joseph Haydn
KUN	Friedrich Ludwig Aemilius Kunzen
MARS	Vicente Martin y Soler
MART = MARS	(Martin y Soler, genannt auch Martini)
MON	Pierre Alexandre Monsigny
MOZ	Wolfgang Amadeus Mozart
MOZ-S	Schüler des Wolfgang Amadeus Mozart
MÜL	Wenzel Müller
PAE	Ferdinando Paer
PAI	Giovanni Paisiello
SAL	Antonio Salieri
SAR	Giuseppe Sarti
SCHE	Johann B. Schenk
SCHUB	Johann Lukas Schubaur
SCHUS	Joseph Schuster
SCHW	Anton Schweitzer
SÜS	Franz Xaver Süßmayr
WAL	Ignaz Walter
WEI	Joseph Weigl
WIN	Peter von Winter
WIT	Friedrich Witt
WRA	Paul Wranizky

c) Genannt sind hier die Titel der tatsächlich gespielten Stücke, eine Verweisung auf Originaltitel wurde für verfälschend erachtet und fortgelassen: es wurde *Der kleine Matrose* und nicht *Le Petit Matelot ou Le Mariage impromptu*, *Richard Löwenherz* und nicht *Richard Coeur-de-Lion* oder *Don Juan* und nicht *Il Dissoluto Punito ossia Il Don Giovanni* gegeben.

d) Die vorletzte Spalte enthält die Anzahl der gespielten Titel (1793: 9 Operetten, 10 kom. Operetten, 1 hero. kom. Operette, 2 ländl. kom. Operetten = in der Rubrik Operette 22 gespielte Stücke).

e) die letzte Spalte zeigt die Anzahl der Aufführungen: pro einzelnem Titel, pro auf den Theaterzetteln angekündigter Gattung, pro Gesamtrubrik in einem Jahr (1793: *Die beiden kleinen Savoyarden* von Dalayrac wurde als Operette 3× auf die Bühne gebracht usw., 53× gingen Operetten über die Bretter, 40× komische Operetten usw. = in der Rubrik Operette 104 Aufführungen).

			Anzahl der Titel	Anzahl der Aufführungen
Op		./.		
kom Op		./.		
gr kom Op		./.		
hero kom Op		./.		
gr hero Op		./.		

1795

			Anzahl der Titel	Anzahl der Aufführungen
Opte	DAL	Die beiden kleinen Savoyarden		4
		Die Wilden		9
	MARS	Baum der Diana		8
		Lilla o.: Schönheit und Tugend		5
	MOZ	Entführung		5
		Hochzeit des Figaro		5
		Zauber-Flöte		12
	PAI	König Theodor in Venedig		3
		Die Müllerin		5
	SAL	Axur, König von Ormus		4
	SAR	Im Trüben ist gut Fischen		4
	WRA	Das Fest der Lazaroni		2
		Oberon, König der Elfen		2
			13	68
kom Opte	DIT	Apotheker und der Doktor		3
		Betrug durch Aberglauben		3
		Hieronimus Kniker		1
		Liebe im Narrenhause		1
		Das rothe Käppchen		8
	CIM	Die heimliche Ehe		6
	MOZ	Don Juan		6
	MOZ-S	Der wohlthätige Derwisch		2
	PAI	Die Müllerin		4
	SAL	Kästchen mit der Chiffer		2
	WIN	Bettelstudent o.: Das Donnerwetter		1
			11	37
hero kom Opte	HAY	Ritter Roland		2
			1	2
länd kom Opte		./.		
			25	107
Sgsp	DAL	Sargines o.: Zöglinge der Liebe		3
		Rudolph von Creky		2
	SAL	Talisman o.: Die Zigeuner		4
			3	9
mus hero Sgsp	WIN	Helena und Paris		3
			1	3
			4	12
Op	WAL	Spiegelritter		1
			1	1
kom Op		./.		
gr kom op	SÜS	Der Spiegel von Arkadien		5
			1	5

			Anzahl der Titel	Anzahl der Aufführungen
hero kom Op		./.		
gr hero Op		./.		
			2	6

1797

			Anzahl der Titel	Anzahl der Aufführungen
Opte	DAL	Die beiden kleinen Savoyarden		2
	DIT	Das rothe Käppchen		2
	MARS	Baum der Diana		2
	[MART]	Lilla o.: Schönheit und Tugend		5
	MOZ	Entführung		3
		Zauber-Flöte		7
	PAI	Die eingebildeten Philosophen		1
		König Theodor in Venedig		1
	SAL	Axur, König von Ormus		6
	SAR	Im Trüben ist gut Fischen		7
	WRA	Oberon, König der Elfen		6
			11	42
kom Opte	CIM	Die heimliche Ehe		1
	DIT	Apotheker und der Doktor		5
		Betrug durch Aberglauben		3
		Hieronimus Kniker		5
	MOZ	Don Juan		6
	PAI	Die Müllerin		3
	SAL	Kästchen mit der Chiffer		2
			7	25
hero kom Opte		./.		
länd kom Opte		./.		
			18	67
Sgsp	GRE	Richard Löwenherz		9
	MÜL	Das neue Sonntagskind		2
			2	11
mus hero Sgsp		./.		
			2	11
Op	CHE	Lodowiska		3
	MON	Der Deserteur		6
	PAI	Die eingebildeten Philosophen		1
			3	10
kom Op		./.		
gr kom Op	SÜS	Der Spiegel von Arkadien		6
			1	6
hero kom Op	SAL	Palmira, Prinzessin von Persien		10
			1	10
gr hero Op		./.		
			5	26

			Anzahl der Titel	Anzahl der Aufführungen
		1799		
Opte	DAL	Die Wilden		5
	MARS	Baum der Diana		2
	MOZ	Zauber-Flöte		4
	SAL[SAR]	Im Trüben ist gut Fischen		1
	SAL	Axur, König von Ormus		2
	WRA	Oberon, König der Elfen		4
			6	18
kom Opte	CIM	Die heimliche Ehe		4
	DIT	Apotheker und der Doktor		1
		Hieronimus Kniker		2
		Liebe im Narrenhause		3
	MOZ	Don Juan		3
	PAI	Die Müllerin		3
			6	16
hero kom Opte		./.		
länd kom Opte		./.		
			12	34
Sgsp	GAV	Der kleine Matrose		6
	MÜL	Das neue Sonntagskind		3
			2	9
mus hero Sgsp		./.		
			2	9
Op	PAI	Barbier von Sevilla		3
	WAL	Der Spiegelritter		2
	WIN	Die Brüder als Nebenbuhler		3
			3	8
kom Op	DAN	Die Mitternachtsstunde		4
	MARS	Die gebesserte Eigensinnige		5
	WEI	Der Corsar		6
			3	15
gr kom Op	SÜS	Der Spiegel von Arkadien		5
			1	5
hero kom Op	PAE	Camilla		6
	SAL	Palmira, Prinzessin von Persien		3
	WIN	Das unterbrochene Opferfest		7
			3	16
gr hero Op	MOZ	Titus		5
			1	5
			11	49

			Anzahl der Titel	Anzahl der Aufführungen
		1801		
Opte	DAL	Die beyden kleinen Savoyarden		1
		Die Wilden		2
	DIT	Das rothe Käppchen		1
	[MART]	Lilla o.: Schönheit und Tugend		2
	MOZ	Hochzeit des Figaro		3
		Zauber-Flöte		2
	GAV	Kindliche Liebe		1
	SAL	Axur, König von Ormus		5
	SÜS	Soliman der Zweite o.: Die drei Sultaninnen		1
	WRA	Oberon, König der Elfen		3
			10	21
kom Opte	MOZ	Don Juan		2
			1	2
hero kom Opte	./.			
länd kom Opte	./.			
			11	23
Sgsp	CHE	Graf Armand o.: Die zwei gefahrvollen Tage		6
	DAL	Leon o.: Das Schloß Montenero		2
	DEM	Die komische Oper		4
	GRE	Zemire und Azor		4
		Richard Löwenherz		2
	SCHE	Der Dorfbarbier		2
	WIT	Palma		1
			7	21
mus hero Sgsp	./.			
			7	21
Op	DEM	Der Arrestant		1
	SÜS	Soliman der Zweite o.: Die drei Sultaninnen		4
			2	5
kom Op	MARS	Die gebesserte Eigensinnige		1
	PAE	Der Scheintodte		1
	WEI	Der Corsar		4
			3	6
gr kom Op	SÜS	Der Spiegel von Arkadien		2
	WIN	Der Sturm		2
			2	4
hero kom Op	PAE	Camilla		1
	SAL	Cäsar in Farmacusa		2
		Palmira, Prinzessin von Persien		1
	WIN	Das unterbrochene Opferfest		8
			4	12
gr hero Op	MOZ	Titus		5
	WIN	Maria von Mantalban		3
			2	8
			13	35

Ein Blick auf diese Statistik des Spielplanes der Frankfurter Oper, des Frankfurter Nationaltheaters, von 1793 bis 1801 bestätigt die Berechtigung der in der Vorbemerkung gestellten Fragen.

Der Spielplan brachte 1793 komische, heroisch komische, ländlich komische und „normale" Operetten in 104 Aufführungen, 2 Singspiele in 2 Aufführungen, dagegen aber kein mit dem Attribut Oper bezeichnetes Werk. Da es sich um aus den zeitgenössischen Theaterzetteln entnommene Werkbezeichnungen handelt, besitzen die aufgeführten Titel vorerst keine Aussagekraft über die tatsächlich aufgeführten Werke: zum Beispiel wurde *Der Spiegel-Ritter* von Ignaz Walter in diesem Jahr als Operette angekündigt, Stieger bezeichnet es als Singspiel,[8] während die Enciclopedia dello Spettacolo dieses Opus als Oper[9] klassifiziert; meines Erachtens wäre die Bezeichnung Zauberoper wesentlich zutreffender: bereits die Rollennamen fordern diese Einordnung:

Milmi – Königin der schwarzen Inseln,
Burruduhushushus – Zauberer,
Kroxbox – ein Riese usw.

1795 sieht das Repertoire, bezogen auf die gespielten Opera des Musikbereiches,[10] so aus, daß 25 verschiedene Operetten, Komische Operetten usw. in 107 Aufführungen und 4 Singspiele in 12 Aufführungen einer Oper und einer Großen Komischen Oper mit zusammen sechs Aufführungen gegenüberstehen: aber ausgerechnet die eine gespielte Oper ist die oben erwähnte Operette *Der Spiegel-Ritter* von Ignaz Walter. Ohne an dieser Stelle auf musikalisch-inhaltliche Fragen einzelner Stücke eingehen zu wollen sei angemerkt, daß die Tatsache, 1793 den *Spiegelritter* als Operette, 1795 dagegen als Oper anzukündigen [aufzuführen?], ein Streiflicht auf sogenanntes Werkverständnis [jener Zeit?] wirft.

Ein weiteres Beispiel. Warum wird *Die Müllerin* von Paisiello 1793 als Ko-

---

[8] Stieger, Franz, *Opernlexikon*. Tutzing: Hans Schneider 1975 ff., Teil I, 3. Bd., S. 1151 und Teil II, 3. Bd., S. 1155.
[9] *Enciclopedia dello Spettacolo*. Fondata da Silvio D'Amico. Roma: Casa Editrice le Maschere; Roma: Unione Editoriale 1954–1968; Indice-Repertorio, S. 864.
[10] Berücksichtigt wurde hier nur das Musiktheater. Das reine Sprechtheater wechselte fast allabendlich mit jenem ab. Außerdem gingen an vielen Abenden sowohl Sprechstücke, als auch Werke aus dem Musikbereich über die Bühne; z. B. [...] *wird heute [...] den 11ten Februar 1797 aufgeführt: Die Uebereilung: Ein Lustspiel [...] Hierauf: Die beyden kleinen Savoyarden. Eine Operette [...]* (Theaterzettel vom 1. 2. 1797). Vernachlässigt wurden außerdem die Melo-, Mono- oder Duodramen, da sie nur eine untergeordnete Funktion innehaben.
Für 1793, als Beispiel, sieht der Gesamtspielplan 24 (zuzüglich 1 Monodrama) Stücke des Musiktheaters an 106 (110) Abenden, 71 Stücke des Sprechtheaters (Lustspiel, Schauspiel, Original-Lustspiel, heroisches Schauspiel, Trauerspiel, bürgerl. Trauerspiel, Ritter Schauspiel, Familiengemälde, bürgerl. Familiengemälde, ländliches Sittengemälde, ländliche Familien Scene, Posse [wahrscheinlich teilweise mit Gesang] und Sprüchwort) an 164 Abenden vor. Die Relation 24:71 Stücke täuscht zunächst; es muß berücksichtigt werden, daß Werke des Musiktheaters in der Regel wesentlich umfangreicher sind und jeweils einen ganzen Abend beanspruchen, während viele einaktige Possen usw. nur einen Teil eines Theaterabends ausmachten.

mische Operette, 1795 zu vier Vorstellungen ebenso, zu fünf Vorstellungen dagegen einfach als Operette angekündigt? (Druckfehler auf den Theaterzetteln? Wandel eines Werkbewußtseins? ‚Genialität' der im täglichen Theatergeschäft stehenden Verantwortlichen?). Erwähnt sei, daß *Die Müllerin* in beiden Textbüchern des Aufführungsmaterials der Frankfurter Bühne als Komische Oper, in Stiegers Lexikon Oper, in der MGG nach dem italienischen Original dagegen ‚richtig' als Commedia per Musica bezeichnet wird.

1797 verschiebt sich das Bild weiter; (scheinbar) zugunsten der Oper: achtzehn Operettentitel (nur noch Operetten und Komische Operetten, dagegen keine Heroisch Komischen oder Ländlich Komischen Operetten) wurden für 67 Aufführungen angekündigt, zwei Singspiele für 11 Aufführungen – aber bereits fünf Opern für zusammen 26 Vorstellungen. Opern? Darf vernachlässigt werden, daß 3 Operntiteln mit 10 Vorstellungen 2 „leichtere" Titel (eine Große Komische und eine Heroisch Komische Oper) mit immerhin 16 Vorstellungen gegenüberstehen?

Auch macht in diesem Jahr ein weiterer Umstand stutzig: *Die eingebildeten Philosophen* von Paisiello wurden sowohl als Operette, als auch als Oper angekündigt!

Leider wurde in diesem Jahr Haydns *Ritter Roland* nicht mehr gespielt (oder: ein Theaterzettel ist nicht mehr vorhanden): 1795 wurde dieses Werk als Heroisch Komische Operette aufgeführt, jener „Gattung", die 1797 nicht mehr auf den Theaterzetteln erscheint – oder wäre *Orlando Paladino* – der *Ritter Roland* –, laut Original[11] ein Dramma Eroicomico/Heroisch-Komische Oper, laut Textbuch des Frankfurter Opernmaterials ebenfalls eine Heroisch-Komische Oper in diesem Jahr als eine solche angekündigt worden? Eine zugegeben vage Spekulation; dennoch eine wie ich meine zulässige: wie wurde zum Beispiel der *Spiegel-Ritter* von Ignaz Walter bezeichnet?

1799 findet wieder eine weitere (scheinbare) Verlagerung zu der sogenannten Großen Oper statt. „Das Theaterjahrzehnt bis zur Jahrhundertwende gehörte überhaupt vorzüglich der Oper und zwar der heroischen, pathetischen, oder auch halbernsten, die zusehends an Boden gewann. Die Glanzzeit der komischen leichtbeschwingten Genres war vorüber [. . .] Die Comique erlebte [. . .] ihre Umschmelzung zur großen Oper [. . .] Die Buffa ward von der Seria und Semiseria beträchtlich in den Hintergrund gedrängt, den Platz des kleinen deutschen Singspiels aber nahmen jetzt die ‚Zauberflöte', ihre Nachfolge und ähnliche Erzeugnisse ein".[12]

Die Statistik bestätigt zunächst diese Aussage: 12 Operetten und Komische Operetten werden in nur noch 34 Vorstellungen gezeigt (bezogen auf die Anzahl der Vorstellungen ist das gegenüber 1793 ein Rückgang von knapp 70%), neunmal werden 2 Singspiele gezeigt, während elf Opern neunundvierzigmal über die Bretter gehen (1793 keinmal).

---

[11] Siehe: *Joseph Haydn. Thematisch – bibliographisches Werkverzeichnis* zusammengestellt von Anthony van Hoboken. Band 2. Mainz: Schott 1971, S. 405 ff.
[12] Bacher, Otto, *Die Geschichte der Frankfurter Oper . . .*, S. 94, 95.

Aber bereits eine statistische Detaillierung läßt oben zitierten Satz fragwürdig erscheinen: von den 11 O p e r n mit 49 Aufführungen sind 36 Aufführungen für sieben K o m i s c h e , G r o ß e K o m i s c h e und H e r o i s c h K o m i s c h e O p e r n vorbehalten. Weiter ist zu fragen, ob die Kompositionen *Die Mitternachtsstunde* von Franz Danzi oder *Die gebesserte Eigensinnige* von Martin y Soler, in dem Jahr 1799 als K o m i s c h e O p e r angezeigt, nicht genauso gut in der Rubrik [als G a t t u n g[13]] O p e r e t t e , oder wie sich weiter unten herausstellen wird als S i n g s p i e l geführt werden könnte – inhaltlich sind die Unterschiede zu Martin y Solers *Der Baum der Diana* oder Wranitzkys *Oberon, König der Elfen* unerheblich; Giovanni Paisiellos *Der Barbier von Sevilla:* eine O p e r ? Auf der anderen Seite Mozarts *Don Juan* eine K o m i s c h e O p e r e t t e wie schon in den vorangegangenen Jahren?

Wenn, wie Wolfgang Saure schreibt, „[...] angenommen werden [darf], daß Kunzen[14] im wesentlichen die Partitur der ‚Zauberflöte' ungekürzt dirigierte",[15] dürfte dieses Werk 1793 nicht, und 1799 schon gar nicht, wo doch der G r o ß e n O p e r das Theaterjahrzehnt bis zur Jahrhundertwende gehört, als O p e r e t t e aufgeführt werden (abgesehen davon, daß angesichts der sich in dem Aufführungsmaterial der Frankfurter Oper[16] spiegelnden zeitgenössischen Theater p r a x i s obige Behauptung Saures sehr anzuzweifeln ist).

Obwohl Statistik allein nicht weiterhilft ein kurzer, abschließender Blick auf das Repertoire des beginnenden 19. Jahrhunderts, auf das Theaterjahr 1801.

Die O p e r e t t e nimmt prozentual mit 11 Werken in 23 Vorstellungen weiter ab (der einsame *Don Juan* wird als einzige K o m i s c h e O p e r e t t e in diesem Jahr gegeben). Das S i n g s p i e l erfährt bei 21 Aufführungen mit 7 verschiedenen Werken einen Zuwachs von über 50%, die O p e r, K o m i s c h e O p e r usw. verzeichnet einen Rückgang auf 35 Vorstellungen von dreizehn Werken, wobei auch hier zu beachten ist, daß ein Werk wie *Soliman der Zweite, oder: Die drei Sultaninnen* von Süßmayer sowohl als O p e r e t t e , als auch als O p e r angekündigt worden ist.

---

[13] G a t t u n g nicht begriffen als Möglichkeit der „objektiven" Kategorisierung, sondern als subjektive momentan-historische Sicht; d. h. Gradmesser einer Beurteilung bildet die tatsächlich geleistete Darbietung, Vorstellung, nicht das Werk an sich.

[14] Friedrich Ludwig Aemilius Kunzen war Frankfurter Musikdirektor von 1792 bis 1795.

[15] Saure, Wolfgang, *Die Geschichte der Frankfurter Oper* . . ., S. 43.

[16] Die Frankfurter Opernsammlung umfaßt auf ca. 200 laufenden Metern 693 Einheiten (O p e r n - S i n s p i e l e – O p e r e t t e n [!]) von über 200 Komponisten des 18. und 19. Jahrhunderts. Das überwiegend handschriftliche A u f f ü h r u n g s m a t e r i a l des Frankfurter Stadttheaters seit seinem Bestehen (1782 wurde das Schauspielhaus eröffnet: gemietet zunächst von dem Bankier Johann August Tabor, wurde es 1792 von der ‚Ersten Frankfurter Theater-Actiengesellschaft' übernommen) bis zur Eröffnung des neuen Opernhauses 1880. Eine Einheit kann – wenn vollständig vorhanden – bis ca. 2000 Manuskriptblätter umfassen: Partitur(en), Solostimmen-, Chorstimmen- und Instrumentalstimmensatz, Musiksoufflierbuch (in der späteren Zeit Klavierauszug), Textbücher (Regie-, Souffliier- und Inspizientenbücher) sowie Rollenhefte.
Diese Sammlung spiegelt den historisch gewachsenen Bestand des Aufführungsmaterials eines b ü r g e r l i c h e n Opernhauses wider; in dichter Überlieferung wird die S p i e l p r a x i s einer bedeutenden Bühne belegt.
Auch wenn, wie bei Mozarts *Zauberflöte* das Aufführungsmaterial nicht vollständig (in diesem Fall äußerst lückenhaft) überliefert ist, lassen sich aufgrund der Beurteilung dieses Gesamtbestandes Aussagen über die wahrscheinliche Präsentation dieser einzelnen „O p e r" machen.

Bezüglich der Frage ‚Komische Oper – Operette' gelten die gleichen Beobachtungen wie für das vorangegangene Jahr 1799.[17]

Zusammenfassung

1. Der Anteil der Operetten nimmt bei einer Reduzierung der gespielten Titel um 50% von 1793 mit 104 Aufführungen zu 1801 mit 23 Aufführungen erheblich ab.
2. Die Singspiele verzeichnen eine Zunahme von fünf Titeln (1801: 7 Werke, 1793: 2 Werke) und eine Steigerung der Aufführungen: 1801 21 Vorstellungen, 1793 lediglich zwei.
3. Die Opern können den ‚Zunahmerekord' für sich verbuchen: kein Titel 1793, dreizehn dagegen 1801; keine Vorstellung 1793, fünfunddreißig dagegen 1801. Wenn auch gegenüber 1799 eine Abnahme der Anzahl der Aufführungen zu verzeichnen ist, nimmt die Zahl der gespielten Werke zu (13:11).[18]
4. Die Statistik ist nicht aussagekräftig, da
   a) einzelne Werke in einem Theaterjahr teilweise als Operette, teilweise als Oper bezeichnet werden,
   b) bei einer Nichtbeachtung der Komischen Opern innerhalb der ‚Gattung' der Opern zum Beispiel 1801 von dreizehn gespielten Titeln nur noch vier Titel, von 35 Darbietungen nur noch dreizehn übrigbleiben,
   c) sehr die Frage, also zu untersuchen ist, ob sich in der zeitgenössischen Frankfurter bürgerlichen Theaterpraxis ein Werk wie Paers *Der Scheintodte*, 1801 eine Komische Oper, Süßmayers *Der Spiegel von Arkadien*, in diesem Jahr eine Große Komische Oper oder *Der Arrestant*, eine Oper von Della Maria nun tatsächlich fundamental von den Singspielen (des Jahres 1801) *Leon oder: Das Schloß Montenero* (Dalayrac), *Richard Löwenherz* (Grétry) oder *Graf Armand oder: Die zwei gefahrvollen Tage* (Cherubini) unterscheidet;
   von einer Komposition aber heben sich alle oben genannten Werke deutlich ab: von Mozarts Komischer Oper *Don Juan*.

---

[17] Nachzutragen bleibt, daß die Einteilung in Jahrgänge 1793, 1795 usw. (nicht 1792/93, 1793/94 usw.) begründet ist in a) Theaterferien im heutigen Sinne waren unbekannt und b) die in der Stadt- und Universitätsbibliothek Frankfurt aufbewahrten zeitgenössischen Theaterzetteljahrgänge umfassen jeweils die „Spielzeit" 1. Januar bis 31. Dezember.

[18] Siehe auch Klaus Hortschansky, *Die Anfänge des Opern-Repertoires und der Repertoire-Oper*. In: *Monatshefte Musiktheater Frankfurt*. Hrsg. von der Direktion der Oper Frankfurt, Spielzeit 1977/78, Heft 3, S. 5–12.

III Bürgerliches Theater und Singspiel: Das Beispiel *Don Giovanni*

Christof Bitter untersucht und beschreibt präzise die Folgen der geistigen Auseinandersetzung des Bürgertums mit dem vom Ursprung her ‚adeligen Genre' Musiktheater: „Hinter [...] [der] Wandlung des Opernideals steht [...] die Eroberung des Musiktheaters durch das Bürgertum. Während das Bürgertum seit der ersten Hälfte des 18. Jahrhunderts in fast alle Kunstformen Eingang gefunden hatte – am stärksten im Roman und Drama – war das Musiktheater bis zuletzt eine ausschließlich höfische Kunst geblieben, sowohl was den dargestellten Gegenstand betraf, wie auch von der Seite der Theaterunternehmungen her. Die Form, in der sich der Bürger Eingang in diese Welt verschaffte, war das Singspiel, das seinen Ursprung im Drama hatte. Im Drama eroberte sich das Bürgertum zuerst die Bühne, ihm blieb es immer verhaftet. So wurden die zwei Prinzipien, die den Konflikt eines Dramas begründen, mit hinübergenommen in das Singspiel, die neue Form wird an der alten gemessen und gestaltet. Der neue Stand schafft sich so ein eigenes Theater, das wesentlich nicht an der höfischen Tradition orientiert ist, sondern am bürgerlichen Drama."[19]

Innhalb dieses Umschmelzungsprozesses eines höfischen Genres zu einer bürgerlichen Kunstform gebührt dem *Don Giovanni* Mozarts eine herausragende, weil deutliche Rolle. Bitter: „Don Giovanni wurde von Mozart als ‚Dissoluto Punito' geschaffen, als ein aus der menschlichen und göttlichen Ordnung Ausschweifender, der es nicht versteht, eine ihm gegebene Frist zu nutzen, sondern starr bleibt und darum aus der Gesellschaft ausgestoßen werden muß und zu Grunde geht. Der Geist der Vernunft, der Aufklärung beherrschte das Werk und seine Darstellung, die Unterscheidung von Gut und Böse war noch nicht relevant. Das änderte sich bereits mit den ersten deutschen Aufführungen in Mainz, Frankfurt und Mannheim 1789.[20] Es ist nicht mehr die Starrheit, die Maßlosigkeit, die ihn untergehen läßt, vielmehr die Zahl seiner ‚Untaten'. Die frevelnde Tat fordert den Rächer heraus, als der die Gestalt des Komturs jetzt erscheint. Don Juan wird zum Verbrecher gestempelt."[21] Bitter weiter im Detail: „Mozart schrieb sein Werk als Oper. In der Oper erschienen die Bereiche von Aktion und Passion deutlich getrennt, die Aktion (das Recitativ) wurde zur Ursache der Passion (Arie, Ensemble). Dementsprechend zielte der dramaturgische Bau des Textbuches auf die Entfesselung von Passionen, wie es sich am deutlichsten in den beiden Finali zeigte. Damit im engen Zusammenhang stand das Aufbrechen der objektiven Zeit, die in der Aktion faßbar wird, durch die subjektive Zeit des Erlebens, der Passion, durch die eigentlich musikalische Zeit.

---

[19] Bitter, Christof, *Wandlungen in den Inszenierungsformen des „Don Giovanni" von 1787 bis 1928. Zur Problematik des musikalischen Theaters in Deutschland*. Regensburg: Gustav Bosse 1961 (*Forschungsbeiträge zur Musikwissenschaft*. Hrsg. vom Gustav Bosse Verlag, Bd. X), S. 82.

[20] Ein Verzeichnis der deutschen Erstaufführungen des *Don Giovanni* zwischen 1788 und 1798 ebenfalls bei Bitter, S. 145.

[21] Bitter, S. 138.

Bereits die ersten deutschen Aufführungen verfälschten diese Idee der Oper, indem sie statt der Recitative Dialoge einlegten und die so notwendige Verbindung zwischen den beiden Bestandteilen zerbrachen. Die Musiknummern wurden mehr und mehr als liedmäßige Einlagen empfunden. Die Handlung wurde gestrafft und

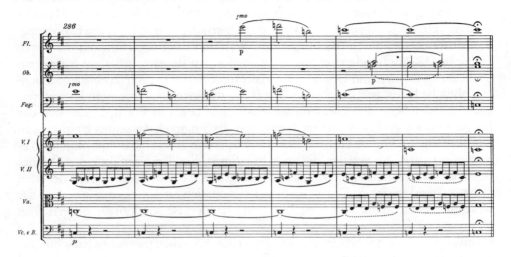

ATTO PRIMO

[Giardino.]   Notte.

Scena I

LEPORELLO con ferraiuolo, che passeggia davanti la casa di Donna Anna; poi DON GIOVANNI, DONNA ANNA; indi il COMMENDATORE.

N.° 1 Introduzione
Molto Allegro

im Sinne einer dramatischen Aktion neu gegliedert. So gewann auch in der Darstellung das Schauspielmäßige immer stärkeren Einfluß. Es entstand das Singspiel „Don Juan'".[22]

[22] Bitter, S. 139.

Es handelt sich um den Übergang von der Ouvertüre zur Introduzione des Giovanni. Die Ouvertüre bewegt sich in dem Tonartenbereich d-moll, D-dur und moduliert gegen Ende nach C-dur; aber nicht ein gefestigtes, endgültiges C-dur, sondern eines mit Dominantfunktion zum folgenden F-dur, in welchem die Introduzione beginnt. Wäre der Ouvertürenschluß o h n e nachfolgende Introduktion denkbar? Nein, denn nicht nur unser heutiges, immer noch in Traditionen und Hörgewohnheiten des 18. und 19. Jahrhunderts verharrendes Ohr drängt weiter (selbstverständlich mit hier nicht zu behandelnden Ausmaßen), sondern ein Verharren auf dominantischem Schlußakkord innerhalb eines klassisch-harmonischen Rahmens entbehrte der historisch, zeitgenössischen Grundlage. Analog obigem – drastischem – Beispiel ist das folgende:

Der Schlußteil der Introduzione (Mord Don Giovannis an dem Commendatore) und sich anschließendes Secco-Recitativ *Leporello, ove sei?* (Scena Seconda) sind musikalisch eng miteinander verbunden: chromatisch fallende Linie (c''' bzw. c' nach g'' bzw. g) unterstützt von Nervosität signalisierender Triolenfiguration, findet nach tonartlich nicht eindeutig fixierbarem Suchen (Modulationen über b-moll, F-dur, f-moll, C-dur mit Quartvorhalt usw.) ihre Lösung im eindeutigen G-dur – in der Flucht. Aber auch dieses G-dur – g l e i c h z e i t i g letzter Akkord der Introduzione und erster Akkord des Secco – besitzt keine Endgültigkeit. Drängt über die Modulationen dieses Recitativs über die des folgenden Accompagnato *Ma qual mai s'offre* zu dem verzweifelten d-moll des *Fuggi, crudele, fuggi!* des sich anschließenden Duettes Donna Anna/Don Ottavio:

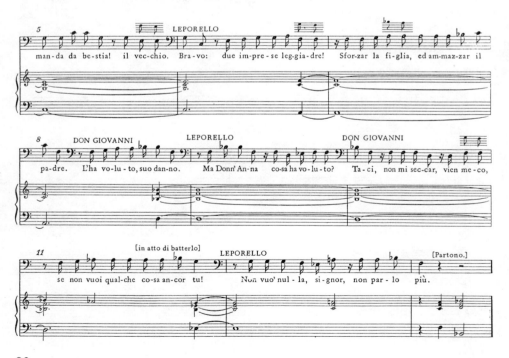

Wenn aber das Secco-Recitativ durch einen gesprochenen Dialog ersetzt wird, sind vom Komponisten bewußt gestaltete Zusammenhänge zerstört; der Eingriff in die musikalische Substanz geht sehr tief: fällt das in G-dur beginnende Secco fort, kann der Schlußakkord der Introduzione nicht G-dur heißen! Andererseits kann sie aber auch nicht nach drei Schlußtakten auf einem vagen c-moll verharren. Kurzerhand werden drei Takte zu sieben Takten mit eindeutiger Kadenz nach f-moll erweitert:

Die Notenbeispiele 1 bis 5 und 7 sind entnommen der Ausgabe: Wolfgang Amadeus Mozart, *Neue Ausgabe sämtlicher Werke . . .*, Serie II, Werkgruppe 5, Band 17: *Il Dissoluto Punito ossia Il Don Giovanni*, vorgelegt von Wolfgang Plath und Wolfgang Rehm, Kassel usw.: Bärenreiter 1968.
Die Notenbeispiele 6 sowie 8 bis 12 und 14 stammen aus dem Aufführungsmaterial des Frankfurter Nationaltheaters (siehe Anmerkung 16), Beispiel 13 aus der Theaterzettelsammlung (vgl. Anmerkung 17).

Noch enger ist die Verklammerung der Arie *Ah chi mi dice mai* (fünfte Szene; Donna Elvira; Don Giovanni, Leporello) mit dem Secco-Recitativ *Chi è là? / stelle! che vedo!* (Elvira-Giovanni-Leporello):

Enger a) durch Elviras Frage *Chi à là?* und b) durch das Übergreifen des Gespräches aus der Aria in das Recitativ. Nicht nur, daß hier an dieser Stelle wieder musikalischer Zusammenhang durch eingefügten Dialog zerstört wird; genannte Arie Donna Elviras ist in Es-dur komponiert, die dann – ohne tonartlich-musikalische Entwicklung! – nach einem eingelegten Dialog folgende Leporello-Arie *Madamina! Il catalogo è questo delle belle, che amò il padron mio* (die sogenannte Register-Arie) dagegen in D-dur. Es-dur – D-dur: eine in vorliegendem Zusammenhang undenkbare unmittelbare Aufeinanderfolge.

Da Mozarts D r a m m a G i o c o s o *Don Giovanni* ein in jeder Beziehung – Tonarten, Taktarten, Tempi, Taktanzahl – völlig durchkonstruiertes Werk[23] repräsen-

[23] Vgl. die umfangreiche Literatur. Verzeichnis dieser in: Mozart-Jahrbuch 1975 des Zentralinstitutes für Mozartforschung der Internationalen Stiftung Mozarteum Salzburg (Mozart-Bibliographie bis 1970 zusammengestellt von Rudolph Angermüller und Otto Schneider, Kassel usw.: Bärenreiter 1976; Nachträge 1971–1975 im Mozart-Jahrbuch 1976/77, Kassel usw.: Bärenreiter 1978); vgl. ferner Michael Gielen: *Über die Tempi in Mozarts ‚Don Giovanni'*. In: Programmhefte der Spielzeit 1977/78, ‚Don Giovanni' von Wolfgang Amadeus Mozart, Premiere: 17. 9. 1977. Hrsg. von der Direktion der Oper Frankfurt; siehe auch die anderen Beiträge in diesem Programmheft, das Vorwort zu Mozart: *Neue Ausgabe sämtlicher Werke*, II, 5, 17 und, bezogen auf *Cosi fan tutte*, Ludwig Finscher, *Mozarts ‚Musikalische Regie' – eine musikdramatische Analyse*. In: *Cosi fan tutte. Beiträge zur Wirkungsgeschichte von Mozarts Oper*. Hrsg. vom Forschungsinstitut für Musiktheater der Universität Bayreuth, Bayreuth: Mühl'scher Universitätsverlag Werner Fehr, 1978, S. 9–23.

tiert, läßt sich jeder, durch das Herausbrechen der Secco-Recitative bei gleichzeitiger Hereinnahme von Dialogen fehlende Übergang von Arie/Duett/Ensemble usw. zu einem Recitativ und von Recitativ zu Arie usw. als Beleg für die nachhaltige Zerstörung des komplexen musikalischen Gebäudes anführen. „Aus der Oper wurde das Singspiel, zunächst noch zaghaft, in dem einfach die Recitative in Dialoge umgewandelt wurden, aber schon drängten sich die Elemente des Schauspiels in den eingeschobenen Szenen mit hinein. Das Schauspielmäßige gewann dann vor allem in der Darstellung durch Schauspieler stark an Bedeutung, und zwar in gleichem Maß, wie das Musikalische zurückgedrängt wurde. Die Musiknummern sind nicht mehr die Bausteine des Werkes, sondern eine straffe Führung und Gliederung der Handlung fügt jetzt das Werk, in das die Musik nur noch als Ornament Einlaß findet."[24]

Die Eingriffe in die musikalische Substanz dieses Werkes gehen aber noch weiter. Noch stehen insgesamt 24 (ursprüngliche Prager Fassung), zum Teil recht umfangreiche Musiknummern relativ kurzen Dialogen gegenüber. An dieser Stelle wird ein weiterer „Bearbeitungskomplex" sichtbar: laut der handschriftlich überlieferten „Frankfurter Partitur" fallen zum Beispiel aus dem immerhin 277 Takte umfassenden Sextett des 2. Aktes *(Sola in buio loco palpitar il cor mi sento)* die Takte 1 bis 27, 49 bis 69, 98 bis 130 und 229 bis 258 dem Strich zum Opfer (genannte Takt-

[24] Bitter, S. 81.

zahlen sind vorerst mit Vorsicht zu behandeln, bedürfen einer eingehenderen Untersuchung, da aus der „Frankfurter Partitur" der Beginn sowie das Ende eines Striches nicht eindeutig hervorgeht). Dieses Sextett wurde demnach um fast 50% gekürzt.[25]

In dem Rondo *Non mi dir bell' idol mio* der Donna Anna im Atto secondo sind die Takte 20 bis 47 in dem Frankfurter Aufführungsmaterial gestrichen; die sich ergebende musikalische Konsequenz ist, daß dieses Rondo kein Rondo mehr ist.

Neben der teilweise erheblichen Kürzung einzelner Musiknummern, der Reduktion des Anteiles Musik an dem Gesamtwerk, läßt sich – dritter Bearbeitungskomplex [26] – die Erweiterung des Anteils des gesprochenen Dialogs festhalten.

---

[25] Nicht in allen Fällen ist zweifelsfrei zu klären, welche Striche der selben Spielperiode zuzuordnen sind; aufführungspraktische Einträge in dem Material stehen – bis zur Widersprüchlichkeit verschiedener Striche untereinander – nebeneinander.

[26] Die eingeschlagene Reihenfolge der Beschreibung der ‚Bearbeitungskomplexe' beinhaltet keine etwaige Priorität des einen oder anderen.

Die Übersetzung des italienischen Librettos für die Frankfurter Erstaufführung besorgte der Mainzer Theaterdichter Heinrich Gottlieb Schmieder mit der bekannten Hinzufügung der Figuren *Ein Juwelier, Ein Gerichtsdiener*. „Dabei fallen zunächst zwei Dinge auf: erstens die Umwandlung der Namen des Komturs und Don Ottavios in Don Pedro und Don Gusmann, zweitens die Hinzufügung von zwei neuen Personen. In beiden Änderungen ist die starke Wirksamkeit des Schauspiels spürbar, denn beide sind aus Molières *Don Juan* übernommen. Handelt es sich im ersten Fall nur um eine Änderung der Namen, ohne daß an den Figuren Entscheidendes geändert wird, so zeigt die zweite Änderung deutlich einen Eingriff in die Struktur des Werkes. Schmieder hat hier zwei Szenen aus Molière in das Mozartsche Werk eingefügt, und zwar im ersten Akt die Szene mit einem Gerichtsdiener, im zweiten die Auseinandersetzung Don Juans mit einem Juwelier".[27] Ein Vergleich des gedruckten Frankfurter Textbuches der Schmiederschen Übersetzung mit zwei, eindeutig für Frankfurter Aufführungen benutzten handschriftlichen Textbüchern des Juan zeigt, daß die gesprochene Szene Juan – Martes (= Juwelier) gegenüber der gedruckten Fassung noch wesentlich erweitert worden ist.[28]

Es kann sich hier nicht um eine Beurteilung der Textqualität,[29] weder der übersetzten Musiknummern, der übersetzten Recitative, der frei nachgedichteten Recitative oder neu hinzugefügten Dialoge handeln; sondern nur darum, festzuhalten, daß nach erfolgten Änderungen:

Ersetzen der Secco-Recitative durch gesprochene Dialoge,
Kürzung der Musik-Nummern und
Erweiterung der gesprochenen Teile

das Singspiel (die Komische Operette)[30] entstanden ist.

Umrissene Ergebnisse der Untersuchung des Frankfurter Aufführungsmaterials von Mozarts *Don Giovanni* stehen exemplarisch für die Theatersituation an Frankfurts bürgerlichem Theater im letzten Jahrzehnt des ausgehenden 18. Jahrhunderts. Gleichgültig, ob die Werke in dem Aufführungsmaterial selbst oder auf den Tageszetteln des Theaters Oper, Operette, Singspiel bzw. Komische, Heroisch Komische Oper usw. bezeichnet sind, das gesamte Repertoire dieser Zeit ist dem skizzierten Prozeß unterworfen, wie die Untersuchung verschiedenster Partituren, Solo-, Chor-, Instrumentalstimmensätze sowie Textbücher, Rollenhefte usw. zeigen.

---

[27] Bitter, S. 71.
[28] Die Wiedergabe des ganzen erweiterten „Frankfurter" Textes wäre lediglich illustrativ, ergäbe aber keine neuen Gesichtspunkte. Vgl. auch die verschiedenen Übersetzungen; zitiert in: Bitter, S. 146 ff.
[29] Zu dem Problem der Übersetzung: Monatshefte Musiktheater Frankfurt, Spielzeit 1977/78, Heft 1 (*Originalsprache und Übersetzung*). Hrsg. von der Direktion der Oper Frankfurt; hier auch eine *Unvollständige Liste der ‚Don Giovanni'-Übersetzungen* (S. 30).
[30] Bei jetzigem Stand der Diskussion scheint mir die Beantwortung der Frage Singspiel oder Operette nicht möglich; zwei synonyme Begriffe für eine Gattung?

Helena und Paris, bezeichnet in der handschriftlichen Partitur als O p e r, auf den Frankfurter Theaterzetteln als M u s i k a l i s c h - H e r o i s c h e s S i n g s p i e l, von Peter von Winter:

Der erste Chor des 2. Aktes *Kom von dem verklärten Thron* wurde völlig g e g e n die Musik gekürzt; er umfaßt (ungekürzt)

    11 Takte instrumentale Einleitung A-dur nach A-dur,
    47 Takte Chorsatz A-dur nach cis-moll,
    31 Takte Chorschlußteil A-dur nach A-dur.

Die 47 Takte Chorsatz, in denen die musikalische Entwicklung stattfindet sind gestrichen (der Text des 31 Takte umfassenden Schlußteiles ist identisch mit dem des ersten Teiles der nicht ausgeführten Takte):

Ritter Roland von Joseph Haydn (handschriftliche Partitur: O p e r e t t e ; Frankfurter Theaterzettel: H e r o i s c h K o m i s c h e O p e r e t t e ; Original: D r a m m a E r o i c o m i c o – H e r o i s c h K o m i s c h e O p e r): Die Arie des Medoro *[Ich] gehe! aber Götter ich kann nicht* zeigt die musikalische Form
    a – b – b'.
Für verschiedene Aufführungen ganz gestrichen (Anmerkung am Beginn der Arie mit Rötel: „bleibt aus"), ist für andere Aufführungen der b-Teil gestrichen worden (am Beginn des Teiles mit Blei das Zeichen ♯, die folgenden Blätter in der Partitur eingeknickt, am Schluß des Teiles wieder das Zeichen ♯); ein Strich, welcher den b'-Teil seiner musikalischen Logik beraubt:

Paul Wranitzkys *Oberon, König der Elfen*, in Stiegers Opernlexikon eine R o m a n - t i s c h e O p e r,[31] laut handschriftlichem Partiturtitelblatt ein S i n g s p i e l ist so stark bearbeitet worden, daß die Hälfte aller Musiknummern aufgrund ihrer Länge (d. h. in der Praxis dann Dauer, die dem gesprochenen Dialog fehlen würde) gekürzt gesungen wurde.

[31] Stieger, I, 3., S. 883 (O p e r) und II, 3., S. 1179 (R o m a n t i s c h e O p e r).

Die Dorfdeputierten von Lukas Schubaur enthalten 33 Musiknummern von einfachen kleinen Liedern über bescheidene Ensemblesätze bis zu Chorstücken. Von diesen Nummern wurden in das Musik-Soufflier-Buch, einem für damalige Aufführungen unentbehrlichen Hilfsmittel,[32] nur elf [!] Musiknummern übernommen.

Die Da-capo-Arien Nr. 11 *Hast du mich je geliebet* (2. Akt), No. 17 *Grüu [...] Grim [...] Grimmiger [...] Verflucht wer erfand diese Teufeleyen*, Nr. 18 *Mir wärs ein süßer Trost* und No. 19 *Der König kommt durchs Lager tönt die Trommel laut* (je im 3. Akt) der O p e r (Theaterzettel), O p e r e t t e (gedrucktes Textbuch Mannheim 1772) oder D r a m e e n t r o i s A c t e s (gedruckte Partitur Paris 1769) aus *Der Deserteur* von Pierre Alexandre Monsigny wurden jeweils so gekürzt, daß einfache Lieder übrigblieben: Die Teile von ‚Fine' bis zum ‚Da Capo' fallen dem Strich zum Opfer.

[32] Eine der heutigen klavierauszuggewohnten Zeit kaum vorstellbare Tatsache: der damalige Souffleur benötigte a) das Text-Souffleurbuch (ohne Text der Musiknummern) und b) das Musik-Soufflierbuch (ohne Dialogtext).

Ein letztes Beispiel soll aus der Oper (Bezeichnung auf Rollenheften des Frankfurter Aufführungsmaterials), aus dem Singspiel, der Operette

Mit gnädigster Erlaubniß
wird heute Donnerstags den 3. April 1788.
zum Erstenmahl
aufgeführet werden:
Richard Löwenherz.
Eine Operette, in drey Aufzügen, aus dem Franz. des Herrn Sedaine, übersetzt von J. Andree.
Die Musik ist von Herrn Gretry.

Mit gnädigster Erlaubniß
wird heute Montags den 23ten Januar 1797.
(zum Vortheil der Gesellschaft)
aufgeführt:
Richard Löwenherz.
Ein Singspiel in drey Aufzügen nach dem Französischen.
Die Musik ist von Gretry.

gegeben werden. Die Folge des Rundgesanges: 6/8 Danse d-moll, 2/4 Tanz D-dur, 3/8 Tanz D-dur, Trommelwirbel und der sich anschließenden Nr. 17: 6/8 Ensemble A-dur, 4/4 *Musick zum Sturm* D-dur, Alla-breve Marsch D-dur (Nr. 18) und des Finale (23 Takte Duett Gräfin – Richard Alla-breve D-dur, 47 Takte Chor Alla-breve D-dur, 15 Takte Chor 3/4-Takt D-dur, 36 Takte Schlußteil Chor 4/4-Takt D-dur) wird musikalisch nachhaltig zerstört durch das Herausbrechen einzelner Teile (vgl. Abb. S. 103).

IV Schlußbemerkung

Das gesamte Aufführungsmaterial des Frankfurter Nationaltheaters bestätigt so die von Bitter (s. o.) und anderen gemachte Aussage der starken Betonung des Genres Singspiel auf einer bürgerlichen Bühne im ausgehenden 18. Jahrhundert; zeigt die Erfüllung der Forderungen Senator von Willemers: „Ihre Kapelle ist unverbesserlich. Jede Stimme doppelt und dreifach besetzt. Wo ist eine Stadt außer Frankfurt im Stand, [. . .] ein so vollständiges Orchester zu besolden? Wo nahmen Sie diese Leute her? Wer wies sie Ihnen zu? [. . .] Nicht der Geschmack, die Liebhaberei einzelner, die Einnahme bei der Kasse [!], die Stimme des Publikums ist der Maßstab [. . .] Neuheit und Abwechslung, gefällige Musikanten, sind es, was die Menge anzieht [. . .] Man rechne den Schaden, der während diesen 6 Monaten [gemeint ist die Einstudierungsdauer von Mozarts *Titus* 1799], wo das Publikum alte Stücke zu sehen bekam, und mithin die Kasse keine Einnahme machte, vier andere Opern [!] hätten einstudiert werden können; welche 16 gute Einnahmen gemacht haben würden und man wird finden, daß der Beifall und die Befriedigung einzelner Kenner, die Aktionairs teuer zu stehen kommt [. . .]".[33]

---

[33] Bacher, S. 100, 101.

Der Weg zur Ausstattungspraxis des 18. Jahrhunderts

von

Wolfgang Greisenegger (Wien)

Die Konzeption der Verwandlungsbühne, wie sie in der 2. Hälfte des 16. Jahrhunderts experimentell gefunden wurde, erwies sich als so überzeugend, daß sie bis tief ins 19. Jahrhundert fast unwiedersprochen blieb. Deshalb ließen sich 300 Jahre Geschichte theatraler Ausstattung auch als eine Folge technischer Neuerungen und als Versuche der Perfektionierung beschreiben. Denn die Grundzüge der technischen Komponente des theatralen Konzepts bleiben über alle epochalen und stilistischen Barrieren hinweg gleich, modifiziert wurde nur im Detail. Am Anfang steht die Aufhebung der strikten Trennung von Spiel- und Bildbühne, also jene so typisch renaissancehafte Scheidung in horizontal hintereinander gestaffelte Zonen mit verschieden starkem Illusionsgehalt. Vorne, den Zuschauern zunächst, eine neutrale Spielfläche, dahinter ein Kunst-Raum, eine hermetische, vom Darsteller nicht zu betretende, durch ihn nicht gestörte, schönere Welt. Dem Publikum zugewandt befindet sich also ein Bezirk mit größerem Realitätsgehalt: er wird gerahmt durch die Seitenwände des Saales; er bleibt – architektonisch – ein Teil des Zuschauerraumes, in den bloß ein Podium hineingerückt wurde. Dahinter – trotz seiner plastischen Ausgestaltung – ein schönes Bild, eine Sphäre des Traumes, durch zumindest eine Stufe vom flachen Bretterpodium getrennt, mit der Handlung nur über das Typische verbunden.

„Die in der Aufführung nicht aktivierte Tiefendimension wird als Bildraum hinter den Bewegungsvorgängen in der Breitendimension dargestellt,"[1] stellt Hans Tintelnot zutreffend fest und weist auf das Vorbild der bildenden Kunst für die Gliederung in verschiedene Tiefenzonen hin. Er beobachtet, daß auch in der Malerei die ‚Handlung' in der vorderen oder vordersten Bildzone angesiedelt ist, daß der Hintergrund in vielen Fällen kaum mehr als Staffagefunktion zu erfüllen hat.

Der theatrale Bildraum ist für das Spiel nicht notwendig, sondern bleibt ein, den Festcharakter der Aufführung verstärkender, Annex. Dieses kostbare Mehr wird seit Bramante und Peruzzi als (schein-)plastisches Bild gestaltet, das der Zentralperspektive streng verpflichtet ist. (In das Spiel wird das leidenschaftliche Bemühen der bildenden Künste um die Perspektive eingebracht, oder, besser gesagt, es wird ihm appliziert.)

---

[1] Hans Tintelnot, *Barocktheater und barocke Kunst. Die Entwicklungsgeschichte der Fest- und Theaterdekoration in ihrem Verhältnis zur barocken Kunst.* Berlin 1939, S. 17.

Die Abtragung der Schwelle zwischen Spiel- und Bildbühne wird meist als ein Akt der Besitznahme des Bildes durch das vitale Spiel gedeutet.[2] Zu Unrecht! Denn letztlich erweist sich das Bild als expansiv, rückt bis zur Rampe vor, umstellt das Spiel mit realitätsdistanzierenden Elementen und entzieht ihm damit jene Freiheit, die es sich als stolzes, aus der Antike hergeleitetes Erbe zu bewahren verstanden hatte. Es verliert den bislang selbstverständlichen, unmittelbaren Kontakt zum Publikum. Tatsächlich büßt ab der Mitte des 16. Jahrhunderts der Dichter an Einfluß ein. Die Ausstatter und Techniker beginnen ihre manchmal absolutistisch anmutende Herrschaft aufzurichten. Sie sind es, die die ganze Bühne bespielbar machen. Sie öffnen auf den Prospekten, gleichsam als Ersatz für die alte Bild-Bühne, neue Weiten, die sich in unendlichen Fernen verlieren.

Der immer größer werdende Spiel-Raum bringt dem Darsteller und seinem Spiel nur scheinbar größeren Entfaltungsraum. Denn in Wahrheit verliert er einen guten Teil seiner Eigenständigkeit, wird immer mehr zum ornamentalen Detail eines – großartigen – Environments.

Die ursprüngliche Statik des (Hintergrund-)Bildes – es blieb die ganze Aufführung über gleich – wird nun abgelöst von geradezu hektischer Bewegung. Während der Aufführung wird der Schauplatz immer wieder gewechselt, werden immer neue Perspektiven einer übersteigerten, die Transzendenz miteinbeziehenden Realität sichtbar gemacht. Vor den Augen der Zuschauer verwandelt sich nicht nur die Szene, sondern auch Menschen in Tiere und Pflanzen, öffnen sich himmlische Sphären und bedrohliche Unterwelten. Als typisches Beispiel für die Übergangssituation von der Bild- zur Verwandlungsbühne kann die Inszenierung der Komödie *La Cofonaria* von Francesco d'Ambra gelten. Sie war einer unter vielen kostbaren Programmpunkten, die den Rahmen für die florentinische Fürstenhochzeit des Jahres 1565 abzugeben hatten. Niemand geringerer als Vasari war der Schöpfer der Ausstattung, von der sich zwar keine – sicheren – Bilddokumente, aber einige vorzügliche Beschreibungen erhalten haben.[3] Das Bühnenbild – es zeigt das florentiner Stadtviertel Santa Trinità –, das durch einen Rundhorizont perspektivisch wirkungsvoll abgeschlossen wurde, änderte sich im Lauf der Aufführung nicht. In den 6 Intermezzi wurde jedoch eine Vielzahl raffinierter Maschinen eingesetzt, die der ursprünglichen Dekoration für eine gewisse Zeit eine andere Funktion

---

[2] Tintelnot, S. 19.
[3] Die Berichte nennen auch andere Maler und Architekten. Vasari hatte wohl die Gesamtleitung inne. Von seiner Hand stammten wohl die Entwürfe, die Bernardo Timante und Prospero Fontana auszuführen hatten. Die ausführlichen Berichte stammen von Domenico Mellini und Anton Francesco Grazzini: *DESCRIZIONE / DELLA ENTRATA / DELLA SERENISSIMA / REGINA GIOVANNA / D'AUSTRIA / Et dell'Apparato, fatto in Firenze nella venuta, / et per le felicissime nozze di Sua / ALTEZZA / Et dell'Illustrissimo, & Eccelentissimo S. Don / FRANCESCO DE MEDICI, PRINCIPE / di Fiorenza, & di Siena. / SCRITTA DA DOMENICO MELLINI / In Fiorenza Appresso i Giunti. / MDLXVI. /; (Domenico Mellini) DESCRIZIONE / DELL'APPARATO / DELLA COMMEDIA / ET INTERMEDII / D'ESSA; / Recitata in Firenze il giorno di S. Stefano l'anno 1565. / nella gran Sala del palazzo di sua Ecc. Illust. / NELLE REALI NOZZE . . . In Fiorenza appresso i Giunti MDLXVI . . .; (Anton Francesco Grazzini, detto il Lasca) DESCIZIONE / DEGL'INTERMEDII / RAPPRESENTATI / COLLA COMMEDIA / NELLE NOZZE / Dell'Illustrissimo, ed Eccellentissimo Signor / Prinzipe di Firenze. / e di Siena / IN FIRENZE / MDLXVI.*

gaben und sie z. T. auch fast gänzlich verdeckten (es öffnete sich der Himmel über der Vedute und ließ einen zweiten sichtbar werden, aus der Versenkung wuchsen sieben Hügel, dann brachen sieben Schlünde ein, aus denen Rauch emporquoll. Später dann erschien aus der Unterwelt die riesenhafte Figur des Cerberus und schließlich konnte man beobachten, wie der blütenstaudenumrankte Berg Helikon aus der Versenkung emporstieg.)

Eine große Zahl von leistungsfähigen Flug- und Versenkungsmaschinen machten also bei gleichbleibendem Rahmen eine Reihe von Teil-Verwandlungen möglich. Amor und Psyche und all das, was ihre Liebe bewirkt, wird in die unmittelbare Nachbarschaft des Brautpaares projiziert, es wird aktuell. Die Distanz zum Publikum hat sich vergrößert, ist aber überbrückbar geblieben. Nicht nur, weil der Schauplatz der Komödie der gleiche, mit künstlerischen Mitteln wiederholte, wie der des politisch bedeutsamen Festes war, sondern auch weil der Theatersaal in seiner Funktion noch nicht aus dem Raumkonzept der repräsentativen Wohnung ausgegliedert worden war. „Nach Beendigung des Schauspiels begaben sich die Gäste in andere Räume, während der große Saal als Bankettraum ausgestattet wurde. Nach dem üppigen Convito verließen die Gäste abermals den Saal der Fünfhundert, den die Dienerschaft nun in größter Eile als Ballsaal zurichtete, in dem die Paare bis Sonnenaufgang sich dem Vergnügen des Tanzes hingaben".[4] Etwas mehr als zwei Jahrzehnte später hat sich die Situation gründlich gewandelt. Man hat nun bereits ein technisch wohl ausgerüstetes Theater in den Uffizien zur Verfügung (es wird allerdings von Theaterfest zu Theaterfest noch verschieden – auch im Zuschauerraum – dekoriert), dessen Boden sich zur Bühne hin absenkt, um den Zuschauern eine bessere Sicht zu gewährleisten. Ein schneller Umbau des Saales ist damit unmöglich geworden. Der Zuschauerraum selbst wird inszeniert; mit Scheinarchitekturelementen, pyramidenförmigen Kandelabern, Springbrunnen, lebenden Pflanzen und täuschend imitierten Tieren wird eine theatralische Atmosphäre geschaffen. Das Publikum wird ganz bewußt dem Alltag entzogen, aber auch bereits von der Bühne getrennt. Denn erste deutliche Ansätze zur Bühnenportalgestaltung zeigen sich in diesem von Buontalenti geschaffenen, durchaus manieristischen Theatersaal. Hier wurde die Komödie *L'Amico fido* des Grafen Giovanni de'Bardi di Vernio anläßlich der Fürstenhochzeit des Jahres 1586 inszeniert. Von dem – kulturgeschichtlich so bedeutsamen – Höfling stammten auch die Intermezzi, die von A. Striggio und C. Malvezzi vertont worden waren. Auch für diese Aufführung fehlen sichere Bilddokumente,[5] erneut erweisen sich Beschreibungen als bessere Quellen.[6]

[4] Alois M. Nagler, *Theaterfeste der Medici*. In: Maske und Kothurn, 6. Jg. 1960, Heft 1, S. 16.
[5] Ein figurenreicher Szenenentwurf wird seit A. Warburg, *I costumi teatrali per gli Intermezzi del 1589*. In: Atti dell'Istituto Musicale di Firenze, 1895, zurecht Buontalenti zugeschrieben und mit der Aufführung des *L'Amico Fido* in Verbindung gebracht, ohne daß ein Zusammenhang tatsächlich überzeugend plausibel gemacht werden kann.
[6] (Bastiano de'Rossi), *DESCIZIONE / DEL MAGNIFICENTISS. / APPARATO. / E DE'MARAVIGLIOSI INTERMEDI / FATTI PER LA COMMEDIA / RAPPRESENTATA IN FIRENZE / nelle felicissime Nozze degl'Illustrissimi, / ed Eccelentissimi Signori / IL SIGNOR DON CESARE D'ESTE, / E LA SIGNORA DONNA / VIRGINA MEDICI. / IN FIRENZE, Appresso Giorgio Marescotti. / l'Anno MDLXXXV. . . .*

Die Ausstattung entwarf der Schöpfer des Theatersaales, Bernardo Buontalenti, der erste Meister der Verwandlungsbühne. Für die Komödie blieb der Spielort Florenz. Der Chronist betont den Realismus der – plastischen – Vedute und berichtet, daß sich in der Tiefe der Straßen sogar Fußgänger, Reiter und Kutschen bewegt hätten. Nur im ersten Intermezzo blieb der Rahmen der Stadt, dramaturgisch begründet, ahnbar. In den anderen schuf Buontalenti jeweils eine eigene Welt, die sich während des Spiels sogar gänzlich verwandeln konnte, besonders wirkungsvoll etwa im 3. Zwischenspiel. Denn zuerst sah das Publikum eine abwechslungsreiche, aber wüste Landschaft, die sich, als Primavera erschien, zu beleben begann: die dürren Bäume wurden grün, Flüsse und Seen füllten sich mit Wasser.

Mit welchen technischen Mitteln all diese Verwandlungswunder bewerkstelligt wurden, läßt sich heute nur mehr vermuten, obwohl die Chronisten über Abmessungen und technische Ausstattung der Bühne recht eingehend berichten. Verwendete Buontalenti für die vier totalen Szenenwechsel in den Zwischenspielen, die sich vor den Augen der Zuschauer ereigneten bereits kulissenähnliche Vorrichtungen? Die Rekonstruktion der Aufführung ließe sich unter einer derartigen Annahme um manches leichter bewerkstelligen. Allerdings fehlt jeder sichere Hinweis darauf, daß Buontalenti die Erfindung der Kulisse zuzuschreiben wäre. Technisch bewältigbar waren die Aufgaben auch mit dem traditionellen Instrumentarium, das Sabbattini[7] beschreibt: also mit Drehprismen, Winkel- und Klapprahmen, Prospekten und einer Fülle zum Teil recht komplizierter Maschinen.

Das Theater ist zum Schauplatz geworden. Das Publikum ist voll Bewunderung über Kunststücke gelungener Täuschung und man hat Freude an der Perfektion ihrer Ausführung.

Das barocke Theater kann als eine konsequente Weiterentwicklung der theatralen Errungenschaften des Manierismus aufgefaßt werden. Da wie dort ist die Aufführung meist ein Teil eines höfischen Festes – was auch in der Inszenierung deutlich zum Ausdruck gebracht wird – da wie dort wird vor allem mit optischen Mitteln versucht, zu überraschen, zu überrumpeln, zu überwältigen. Die Bühnentiefe wird stetig zu vergrößern getrachtet, die zeitliche und räumliche Dynamik wird forciert.

Unterschiede sind allerdings auch nicht zu übersehen: Der Spielort in der Renaissance und lange auch im Manierismus bleibt, trotz aller Freude am Repräsentativen, provisorisch. Dem Anlaß gemäß gestaltet man den jeweils entsprechendsten Saal in ein Theater um. Das heißt, daß der Theater-Raum, also Auditorium und Bühne, der jeweiligen Aufführung adäquat waren. Die Wahl des Raumes ging meist dem dichterisch gestalteten Spieltext voraus. Seit Buontalentis Uffizien-Theater strebt man nach einer eindeutigeren Funktionsbestimmung, nach einer auch baulich zum Ausdruck gebrachten Funktionstrennung. Man beginnt eigene Theatergebäude zu errichten, plant Theatersäle für die Schlösser, baut Bühnen in die Ballhäuser ein.

Das Ambiente der Aufführungen in den früheren Epochen ermöglichte eine gewisse Distanzierung vom Spiel, obwohl die Handlungsvorwürfe aus der unmittel-

---

[7] Nicolà Sabbatini, *Pratica di fabricar Scene e Machine ne'Teatri* [...] 2 Bde. Ravenna 1638.

baren Umwelt von Spielern und Zuschauern genommen schienen. Dem Zuschauer wurde gleichsam freigestellt teilzunehmen. Er blieb in der ihm gewohnten Umgebung, in die die Komödie verpflanzt wurde. Seine Position war der eines Diskussionspartners nicht unähnlich. Bühne und Zuschauerraum waren miteinander noch verbunden, Darsteller und Zuschauer gehörten noch der gleichen Gesellschaftsschicht an, waren noch nicht durch die Schranken des Spezialistentums getrennt.

Im Barock wird versucht, eine hermetische Schein-Welt zu konstituieren, in die Spieler und Zuschauer integriert sind. Bis zum Ende des 16., ja bis ins 17. Jahrhundert blieben die Dekorationselemente zu ihrem überwiegenden Teil raumhaltig. Danach bannt man nahezu alles in die Fläche. Der Rest – realer – Plastizität ist konsequenter Scheinhaftigkeit gewichen. Daß diese Umstellung auf ein anderes bühnentechnisches System mehr war als die Übernahme einer praktischen Neuerung, daß sie ein entschiedenes Umdenken zur Voraussetzung hatte, erkennt man an der überraschend langen Dauer der Durchsetzungsphase. Bereits 1606 hatte Giovanni Battista Aleotti in der Academia degli Intrepidi in Ferrara das Kulissensystem ein erstes Mal praktisch erprobt, 1618 (1628) hatte er es im Teatro Farnese in Parma im großen Rahmen vorstellen können. Bühnentechnische Werke, beziehungsweise wissenschaftliche Arbeiten über Perspektive und Baukunst, die dem Theater ein oder zwei Kapiteln einräumten, nehmen lange die Erfindung der Kulisse nicht zur Kenntnis oder messen ihr nicht die ihr zukommende Bedeutung zu. Erst in Giulio Troilis *Paradossi per pratticare la prospettiva*,[8] die 1672 in Bologna herauskamen, wird ausschließlich das Kulissensystem beschrieben. Also zu einer Zeit als der Bühnenmagier Ludwigs XIV., Torelli, als enttäuschter Pensionist nach Fano zurückgekehrt war, als der Sohn seines einstigen Konkurrenten Giovanni Burnacini, Ludovico Ottavio, in Wien Opernaufführungen zu optischen Festen werden ließ, die den Pariser Prunkaufführungen, wenn nicht überlegen, so doch zumindest ebenbürtig waren. Sowohl im Theater Torellis, wie dem Burnacinis, war nahezu die ganze Bühnentiefe bespielbar. Der Bühnenfall war gering. Troili, dem wir einige bühnentechnische Neuerungen verdanken, wie die aus Sichtgründen so wichtige Schrägstellung der Kulisse, fordert – wie Serlio vor ihm – eine Schräge mit nicht unbeträchtlicher Neigung, nämlich einem Fall von 1:10–1:12. Man könnte diesen Vorschlag als praxisfremd abtun, wenn ihm später nicht auch andere noch vorbrächten, wie etwa Andrea Pozzo in seiner *Prospettiva*[9] knapp vor der Jahrhundertwende, und wenn er nicht eine bezeichnende Haltung verdeutlichte. Troilis Ziel ist nicht die leichte Bespielbarkeit der Bühne, sondern die perfekte (Schein-)Perspektive, das schöne Bild.

Tatsächlich ist auch in der Praxis erst um die Mitte des 17. Jahrhunderts der Sieg des Kulissensystems evident. Aber selbst in der 2. Hälfte des Jahrhunderts werden szenische Höhepunkte noch durch Maschinen erreicht, die Körper bewegen und verändern: etwa die so beliebten, sich öffnenden Weltkugeln. Sie werden allerdings

---

[8] Giulio Troili, *Paradossi per pratticare la prospettiva, senza saperla, fiori, per facilitare l'intelligenza, frutti, per non operare alla cieca.* Bologna 1672.

[9] Andrea Pozzo, *Prospettiva de'pittori e architetti.* 2 Bde. Rom 1693–1700.

kaum mehr in die neuen Theatergebäude gerollt, sondern auf Spielplätze, auf denen sich noch ein Rest alter Freizügigkeit der Schauplatzwahl erhalten hat, bei Freilichtaufführungen. Wenig später ergreift das Kulissensystem Besitz auch von den Parks: Hecken werden zu Kulissen verschnitten, über Teichen wachsen Bühnen empor, die technisch bestens ausgestattet sind. Mächtige Proszenien und Prospekte lassen Bäume und Wiesen verschwinden.

Eine kurze Zwischenbilanz: weder die Erfindung der Kulisse, also der weitgehende Verzicht eines durch Körper gestalteten Raumes, seine Ersetzung durch einen eigengesetzlichen Scheinraum, noch die Megalomanie, der schließlich Theaterarchitekten und ihre Auftraggeber erlagen, vermochten die Konzeption der Verwandlungsbühne grundlegend zu verändern: man umgab das Spiel mit einem kostbaren Rahmen, einer höheren Realität, einer Welt aus der der Zufall ausgeschlossen blieb. Man erhöhte den Reiz durch den teilweisen, später dann totalen Wechsel des in sich geschlossenen Kosmos, setzte auf ein kontrastreiches Nacheinander.

Die Wende vom 17. zum 18. Jahrhundert bedeutet für die Ausstattungskünste einen wesentlichen Einschnitt. Die Generation hochbarocker Szenenkünstler, die Repräsentativität mit Sinn für menschliches Maß, künstlerische Eigenart mit stilistischer Strenge zu verbinden wußte, ist abgetreten. Sie hatte in den meist von ihr selbst erbauten Häusern – einer Kombination des kommerziellen venezianischen Logentheaters mit dem alten höfischen Saaltheatertyp – das Kulissensystem soweit perfektioniert, daß eine produktive Weiterentwicklung nur schwer vorstellbar schien. Die strenge Achsialität hatte der Dekoration festen Halt gegeben. Trotz der weiter ausgebauten Verwandlungsdynamik, hatte sich dieser bis zur Starrheit verfestigt, bedingt durch entschiedene Frontalität der Dekoration, die sich aus der Aufstellung der Kulissen und der Rampenparallelität der Gräben ergab.

In den neuen Häusern hatte man sich inzwischen den, durch optische und akustische Gesetze vorgegebenen Grenzen genähert. Man hatte den technischen Apparat der Bühne so sehr vervollkommnet, daß ein schneller und klagloser Ablauf auch schwieriger Verwandlungsfolgen zur handwerklichen Routine wurde. Statt Erfindungen waren nun – im Regelfall – Modifizierungen und Wiederholungen zu erwarten.

Im Dekorationswesen hatte sich ein Fundus von 12–15 Typen herausgebildet. Variationen und Kombinationen vorhandener Teile ersetzten – vor allem im Berufstheater – immer häufiger Neuschöpfungen. Aber auch auf den Hofbühnen wurden originelle Entwürfe immer seltener. Man fand Geschmack in den raffinierten Neudeutungen eines letztlich längst festgelegten Schemas, an der kenntnisreichen Adaption der Tradition.

Im Hochbarock ist der Theatralarchitekt der für das Gelingen der Aufführung Hauptverantwortliche. Er hat das Haus und seine technischen Einrichtungen geschaffen, er hat Dekorationen und Kostüme entworfen und hat ihre Anfertigung überwacht. Er ist aber auch der Arrangeur der Szenen. Die Ausstattungsleiter der neuen Generation mußten nicht nur versuchen, der drohenden künstlerischen Sterilität zu entgehen, sondern sie sahen sich auch mit einer Fülle neuer Aufgaben konfrontiert. Einerseits wird von ihnen gefordert, die vorhergegangenen theatralen Ereignisse zu übertrumpfen. Man erreicht dies vielfach durch bloße Addition und überschreitet nun erstmals physiologische Grenzen. Besonders deutlich wird dies beim Freilichttheater. Ein prägnates Beispiel möge genügen: für die Uraufführung der Fux-Oper *Costanza e Fortezza* auf dem Hradschin wurde 1723 eine Bühne von fast 70 Metern Tiefe errichtet. Die Breite der Spielfläche betrug an die 20 Meter. Sie wurde von 9 Kulissenpaaren bis in die halbe Bühnentiefe abgeschirmt. Die andere Hälfte der Bühne war einer Vielzahl von Prospekten vorbehalten, die entfernt werden konnten, um die Sicht bis in den äußersten Bühnenhintergrund freizugeben. Die monumentalen Maße der Bühne bedingten einen kolossalen Zuschauerraum. Der Perspektive wegen konnten die ersten Zuschauersitze, die des Herrscherpaares, erst in einem Abstand von mehr als 10 Metern vom Orchestergraben aufgestellt werden. Die Reihen der übrigen Zuschauer begannen in gehörigem Respektsabstand hinter dem Thron amphitheatralisch anzusteigen. Es ist interessant zu beobachten, daß Giuseppe Galli-Bibiena zur Bewältigung der wahrhaft imperialen Aufgabe technische Wege sucht, die sich zum Teil als Rückgriffe erweisen: Die Inszenierung ist wieder der totalen Herrschaft der Zentralachse unterworfen, die Verwandlungen werden durch Drehmechanismen, beziehungsweise Faltkulissen bewerkstelligt. Schon um das Jahr 1700 wird eine gegenläufige Bewegung spürbar. Neue Bemühungen zielen dahin, die Bühnentiefe zu reduzieren, die Zahl der Kulissenpaare zu vermindern, zu einem ausgewogenen Verhältnis von Zuschauerraum und Bühne zurückzukehren. Bereits Andrea Pozzo empfiehlt in seiner *Prospettiva* Qualität statt Quantität, das heißt perfekte Scheinmalerei statt Öffnung immer neuer Bühnentiefen.

Der europaweite, überragende Erfolg der Theaterarchitektenfamilie der Galli-Bibiena beruht auch darauf, daß es ihnen gelang, mit einer überzeugenden Antwort alle anstehenden Probleme zu lösen. Diese Antwort hieß *scena per angolo,* Diagonalachsensystem. Sie verzichtete auf die starre Achse zwischen Aug- und Perspektivpunkt und ersetzte sie durch mehrere, optisch gleichberechtigte Achsen, öffnete die Sicht auch nach den Seiten hin. Alle Achsen laufen allerdings weiterhin in einem Punkt zusammen, dem Platz des Herrschers, seine Omnipotenz noch stärker als bisher betonend. Die Galli-Bibienas liebten mächtige Zentralräume, von denen monumentale Gänge, Treppen und Zimmerfluchten ihren Ausgang nahmen, die zum Teil bespielbar waren. Sie kommen allerdings mit weniger realer Raumtiefe aus, weil sie die von Pozzo geforderte Perfektion in der Perspektivgestaltung mit großer Selbstverständlichkeit beherrschen und weil sie die Illusion zu erwecken vermögen, daß ihre gleichsam angeschnittenen Szenen-Räume im Auditorium Ergänzung finden.

Voraussetzung für die immer dynastisch großartigen Räume der Galli-Bibiena, in denen sich die Darsteller zu verlieren scheinen, ist eine technisch vorzüglich ausgestattete Bühne. Ihre Kunst ist für den Hof bestimmt und wird von höfischem Denken getragen. Mächtige Proszeniumsbauten, die nun architektonischen Eigenwert beanspruchen, schaffen die für die Raumillusion nötige Distanz, binden aber auch beide Sphären, wie durch ein festes Scharnier, aneinander. Die im Hochbarock starke Trennfunktion der Rampe läßt wieder nach. Der wellenartige Schwung der Rampe wird von der Proszeniumsarchitektur aufgenommen und in den Zuschauerraum weitergeleitet.[10] Der ursprünglich im Zuschauerraum, wie auf der Bühne gleich fest gefügte Rahmen aus Emblemen, Allegorien und Symbolen hat inzwischen viel von seiner Signalfunktion eingebüßt. Der Weg zum Bloßdekorativen ist hier bereits eingeschlagen. Man versteht die traditionelle Sprache zwar noch, findet es aber offensichtlich schon unzeitgemäß, sich ihrer zu bedienen. Das Ornament tritt in den folgenden Jahrzehnten immer entschiedener seine Herrschaft an. Es beginnt Kostüm und Dekoration mit einem filigranen Netz zu überwuchern. Die starken Farben und die hin und wieder bedrohliche Düsternis hochbarocker Inszenierungen werden aufgehellt: Ölgemälde werden zu Aquarellen (technisch wird dies möglich als man sich entschließt, die Saal- und Proszeniumsbeleuchtung auch bei Hofaufführungen abzuschwächen. Vorangegangen waren dabei die kommerziellen Theater Venedigs, aber auch mitteleuropäische Berufstheater). Gegen die Jahrhundertmitte werden die Hoffeste, in deren Zentrum Prunkinszenierungen stehen, immer seltener. Die Ausstatter finden immer weniger Gelegenheit, ihre Ideen adäquat umzusetzen. Denn sie haben meist nur mehr die bescheideneren, intimen Aufführungen auf den kleineren Bühnen auszustatten. Die großen Häuser verstaubten für den großen Anlaß.

Das Schicksal der Familie Galli-Bibiena in Wien wirft ein bezeichnendes Licht auf diese Entwicklung. Nach der Thronbesteigung Maria Theresias plante man die Stelle eines ersten Theatralingenieurs einzusparen. Man kam von diesem Vorhaben zwar ab, beschäftigte aber den Inhaber der Stelle – die viel von ihrem ursprünglichen Glanz bereits eingebüßt hatte – nur wenig. Der letzte Großauftrag an Antonio bedeutete die Zerstörung des, von seinem Onkel Francesco geschaffenen, europaweit gerühmten großen Hoftheaters, das in den heute noch erhaltenen Redoutensaal umgewandelt werden mußte. Antonio verließ 1751 die Donaumetropole, sein Bruder Giuseppe war ihm schon drei Jahre zuvor vorausgeeilt. Noch die Erben der Künstler mühten sich – mit geringem Erfolg – wenigstens einen Teil der ausstehenden Gagenzahlungen einzutreiben. Diese unerfreuliche Episode der Wiener Theatergeschichte beleuchtet nicht nur den chronischen Geldmangel der Kaiserin, sondern auch den zeittypischen Ansehensverlust der Ausstattungskünstler. Obwohl vielseitiger als viele ihrer Kollegen (das Spezialistentum der Bühne nimmt in dieser Epoche seinen Anfang) – es haben sich neben architektonischen Werken auch Fresken von ihrer Hand erhalten – beherrschen sie doch nicht mehr wie ihre Vorgänger den Gesamtkomplex Theater. Komponisten und Librettisten hatten die Inszenierungsverantwortung übernommen, den Entwurf des Kostüms hatte man eigens engagierten Künstlern übertragen. Der Stellenwert des Anteils des Ausstatters am Gesamtkunstwerk Oper war entscheidend zurückgegangen. Das bedeutet frei-

---

[10] Als ein typisches Beispiel kann der Bau des Hoftheaters in Wien von Francesco Galli-Bibiena gelten.

lich nicht, daß der Einfluß der Künstlerdynastie schlagartig zurückgegangen wäre. Giuseppe baut in diesen Jahren in Bayreuth und Dresden seine stilvollen Opernhäuser, seine Ausstattungen zu den Hasse-Metastasio-Opern führen die Familientradition weiter, sind aber im Farbton heller, in der Dimension menschlicher, im Ornament reicher geworden. Alessandro baut in den Jahren 1737–42 das allgemein als Wunderwerk gerühmte Mannheimer Opernhaus und stattet die wesentlichen Aufführungen aus. Es würde zu weit führen, all die Engagements der Mitglieder dieser Familie zu verfolgen, um die Grenzen ihres Einflusses aufzeigen zu können. Das Verfahren wäre auch wenig sinnvoll, da ihre Methode und ihr Stil vielfach kopiert, imitiert und auch trivialisiert wurde. Daß sich in den Dekorationen des Schloßtheaters von Böhmisch-Krumau, das sich mit all seinen Maschinen und Kulissen erhalten hat – es stammt aus den Jahren 1766–1767 – direkte Zitate aus *Costanza e Fortezza* finden, mag als Kuriosität abgetan werden, bedeutsamer ist, daß Lorenzo Quaglios Dekorationen für Mannheim und München als malerische Weiterführung der *scena per angolo* angesehen werden müssen, daß Fuentes, aber auch die meisten anderen Szenenraumgestalter dieser Zeit dem Vorbild der Galli-Bibiena verpflichtet bleiben, so etwa Innocente Colomba, der zur Zeit Carl Eugens in Stuttgart großartige Theaterfeste mit Phantasiereichtum und Geschmack ausstattet. Der Einfluß der Italiener und ihrer aufs Monumentale zielenden Kunst ging allerdings stetig zurück. So scheint es für die Entwicklungstendenz bezeichnend, daß man, als Giuseppe überstürzt Dresden verließ, nicht wieder einen Italiener berief, sondern einen Franzosen, der freilich aus Italien stammte: Jean Nicolas Servandoni. Der Ausstattungschef der Pariser Oper zwischen 1724–1746 sah die Welt viel realistischer und weniger imperial. Er versuchte die Proportionsdifferenzen zwischen Darstellern und Dekoration durch einen Trick auszugleichen, der eine neue Haltung verrät: er ließ oft nur den Sockel von Gebäuden sichtbar werden und machte es der Phantasie der Zuschauer zur Aufgabe, sie zu ergänzen. Seine Landschaften und Veduten lösten sich aus dem Korsett absichtlicher Perspektivkonstruktion. Ein wesentliches Hilfsmittel war ihm das Licht, das er in neuer Weise zu nutzen verstand. Vor allem seine Transparenzeffekttechnik erweist sich als zukunftsweisend. (Die Stimmumgsregie des Theaters, der Romantik und der Märchenzauber des Alt-Wiener-Volkstheaters wird nicht zuletzt durch Künstler wie Servandoni und Philip de Loutherbourg und ihre Modelltheaterversuche erst möglich.)

Versucht man das Spectrum der Ausstattungsmöglichkeiten in der 2. Hälfte des 18. Jahrhunderts nur einigermaßen zu überblicken, so müssen zumindest zwei Lösungsmöglichkeiten kurz angedeutet werden.

Weit über den Rahmen des Balletts hinaus wurden Noverres Reformen wirksam, weil er durch seine theoretischen Schriften auch dort bekannt wurde, wo er als Tänzer und Choreograph nicht selbst vor das Publikum treten konnte. Sein pantomimischer Handlungstanz versuchte den ‚Eindrücken der Natur' zu folgen. Noverre lehnte deshalb nicht nur Masken, Perücken und beengende Kostüme ab, sondern auch die alten Symmetrieregeln. Er fordert für die Bühne, statt der bisher meist verwendeten Einheitsbeleuchtung, ein Clair obscure, also eine durch Licht und Schatten differenzierte Spielzone. Von den Kostümgestaltern erwartet er – wie später Iffland in Mannheim – daß durch die Gestaltung der Charakter der darzustellenden Personen, ihre Volkszugehörigkeit und ihr Stand signalisiert werden solle.

Auch von dieser Seite wird also der Versuch unternommen die Tradition zu überwinden, vom Ornamentalen loszukommen. Man ist auf der Suche nach mehr, freilich noch nicht der Wirklichkeit. Man setzt Stimmungen mit zartem Pinsel um, malt mit Licht.

Von größter Bedeutung für die Entwicklung der Ausstattungskunst ist die langsame, aber stetige Emanzipation des Sprechtheaters und des Berufsschauspielertums, die Emanzipation des Bühnenbürgertums.

Die Spielräume sind einfacher, überschaubarer als die prunkenden Säle, grotesken Verließe und exotischen Landschaften der Oper. Man könnte versucht sein, überspitzt zu formulieren, daß aus ihnen das Ornament wegrationalisiert wurde. Die Welt, die hier zu zeigen versucht wird, ist begrenzt, meist von Zimmerwänden eingeschlossen. Der Ausblick durch die Fenster findet bald einen hohen Horizont. Realistisch wirken diese ungleich privateren Räume auch dadurch, daß man, Rechnungen belegen es, sie viel stärker als vordem zu möblieren beginnt, daß man plastische Elemente eines mehr oder minder erhobenen Alltags auf die Bühne stellt, deren Praktikabilität die Spielweise nicht erheblich beeinflußt.

Einen abwechslungsreichen Überblick über die Ausstattungsmöglichkeiten des nichthöfischen Theaters geben jene kostbaren Illustrationen, die die venezianischen Druckherrn Zatta der vierundvierzigbändigen Gesamtausgabe der Werke Carlo Goldonis, die 1795 beendet wurde, beigaben. Der europäisch weiten Verbreitung dieser Ausgabe wegen kann der Vorbildcharakter dieser Bildbeigaben (Rami allusivi) gar nicht überschätzt werden. All diese Straßen, Plätze, Gärten und Strände, aber auch die vollgeräumten Küchen, Keller und Werkstätten, die mehr oder minder noblen Gaststuben, die verschiedene Zeichner und Stecher als Illustrationen der Komödien und Libretti geschaffen haben, sind weder Szenenentwürfe noch Reportagen eines unmittelbaren Bühneneindruckes. Trotzdem vermitteln sie ohne Zweifel mit ihrer kunstvoll arrangierten Realität – Einblicke in die Ausstattungspraxis von Theatern. So stattete man Goldoni in San Samuele und San Salvatore aus! Gemeinsam ist all diesen Bild-Räumen ihre Überschaubarkeit, ja ihre – bürgerliche Enge. Erstaunlich fern, auf dekoratives Detail beschränkt, das Rokoko. Vor allem auf der mitteleuropäischen Bühne findet sich bis tief ins 19. Jahrhundert eine Fülle von direkten oder indirekten Bild-Zitaten aus den Rami allusivi.

Das Singspiel kann also auf einen großen Fundus an Tradition zurückgreifen, als es Eigenständigkeit im Rahmen der Entwicklung des Musiktheaters zu gewinnen beginnt. Die Ansprüche, die es, bestimmt von bürgerlich aufklärerischem Denken, an die Bühne stellt, sind nicht die gleichen wie die von Oper und Ballett, obwohl die Bühne meist dieselbe war. Das Publikum war durch das System der Logenmiete und die Höhe der Eintrittspreise zumindest ähnlich, die Schauspieler-Sänger gehörten dem Ensemble des ‚Mehrspartentheaters' an. (Selbst in Wien, wo sich bald eine Arbeitsteilung zwischen dem Kärntnertor- und dem Hofburgtheater entwickelte, kam eine Spezialisierung der Theater erst spät auf. Überall dort, wo nur ein privilegiertes Theater existierte, war ein Mehrspartenbetrieb, nicht zuletzt aus ökonomischen Beweggründen – selbstverständlich.) Singspielaufführungen wurden von den verschiedenen Chronisten weniger wichtig genommen als die der Oper oder des Balletts. Die wenigen Bildquellen, die uns überliefert sind, erweisen sich nur zu oft als bloße Textillustrationen, statt als Aufführungsreportagen oder als Rollenportraits. Trotzdem lassen sich einige Momente isolieren, die zur Charakteristik des optischen Eindrucks dienen können. (Als Grundlage diente Material zur Wiener Theatergeschichte, das aber als durchaus repräsentativ für den deutschen Sprachraum angesehen werden darf. Stärker als in anderen Metropolen war hier wohl die Konkurrenz zwischen Italienischem, Französischem und Deutschem, ein fruchtbares Neben- und Miteinander,[11] trotz des Versuchs der Errichtung eines nationalen Singspiels unter der Patronanz des Kaisers.) Für Singspiele wurden, wie wir von den Theaterzetteln ablesen können und durch Zahlungsbelege wissen, seltener neue Dekorationen angefertigt als für die anderen Gattungen. Man behalf sich mit den Reserven aus dem Fundus, die in kleineren Theatern meist recht bescheiden waren. Das optische Element hat an Bedeutung für das theatrale Ereignis eingebüßt, der Sänger-Darsteller trägt nun wieder entscheidender zum Gelingen der Aufführung bei.

Die Sujets der Singspiele bleiben, trotz mancher Vorliebe für das Exotische, durchaus bürgerlich. Dieser Grundhaltung und ihrer Rationalität entspricht Zurückhaltung beim Szenenwechsel. Es ist bezeichnend, daß Wieland, dessen Meinung man in Wien nicht nur hört, sondern auch schätzt, bei seinem programmatischen Eintreten für ein deutsches Singspiel eben dieses Moment herausgreift; er empfiehlt als *eigen und wesentlich* die *möglichste Einfalt im Plan* und erwartet von der *bloßen Vereinigung der Poesie, Musik und Aktion* eine belebende Wirkung für die neue Gattung.[12] Von Dekoration und Kostüm ist nicht die Rede. Die geringere Zahl an notwendigen Dekorationen, die überdies bewußt einfacher gestaltet waren, ermöglichten billigere Produktionen. Tatsächlich kommt dem Singspiel immer wieder die Aufgabe zu, die Theaterkassen zu sanieren. (Eine Umschichtung des Publikums ließ diese Spekulation durchaus berechtigt erscheinen. In Wien etwa frequentierte auch bürgerliches Publikum das Burgtheater in verstärktem Maß, wenn Singspiele gegeben wurden. Es war vorbereitet durch das Volkstheater, das immer schon der Musik breiten Raum gegeben hatte.)

Durchaus in dieses Bild paßt auch die Beobachtung, daß man im Singspiel Maschinen viel sparsamer einsetzte und vor allem, daß der Spielbezirk nun viel

---

[11] Vgl. Otto Michtner, *Das alte Burgtheater als Opernbühne. Von der Einführung des deutschen Singspiels (1778) bis zum Tod Kaiser Leopold II. (1792).* Wien 1970 und Gustav Zechmeister, *Die Wiener Theater nächst der Burg und nächst dem Kärntnerthor von 1747 bis 1776.* (= Österreichische Akademie der Wissenschaften. Kommission für Theatergeschichte Österreichs, Bd. 3, Heft 1). Wien 1971. (= Österreichische Akademie der Wissenschaften. Kommission für Theatergeschichte Österreichs, Bd. 3, Heft 2).

[12] Christoph M. Wieland, *Versuch über das deutsche Singspiel (1775).* In: *Gesammelte Schriften.* Berlin 1928. 1. Abt. 14. Bd. S. 85.

geringere Tiefe beansprucht. Stilgeschichtlich ist bei vielen Entwürfen eine gewisse Verwandtschaft zu Servandonis Naturdarstellungen festzustellen. Es fehlt ihnen aber die pathetische Spannung des Franzosen. Sie wirken bescheidener, wie bukolische Seitenstücke zu den Ausstattungen des bürgerlichen Lustspiels. Die Entwerfer sind, soweit sich dies heute noch feststellen läßt, meist nicht die Werkstättenchefs, sondern ihre, oft aus dem süddeutsch böhmischen Raum stammenden Gehilfen. (Die ersten ‚Nationalsingspiele' am Burgtheater wurden noch vom Chef ausgestattet, Alessio Cantini. Er war allerdings selbst nur ein braver Theatermaler, der es aber verstand der neuen Gattung einen intimen Resonanzraum zu schaffen (etwa für

Thronsaal mit Wolken, aus *Alceste*, Paris 1776 (Libretto: Raniero di Calzabigi, bearb. von Du Roullet; Musik: Christoph Willibald Gluck)
Lavierte Federzeichnung von François-Joseph Bélanger, Paris, Bibliothèque de l'Opéra, 4.017

Szenen aus *Die Bergknappen*, Wien 1777 (Libretto: Paul Weidmann, Musik: Ignaz Umlauff, Bühne: Carl Schütz)   Kupferstich von Carl Schütz, Wien, Nationalbibliothek, Sign. 604979 und 604980

Ignaz Umlaufs und Josef Weidemanns *Die Bergknappen,* dem ersten, programmatisch gemeinten deutschen Singspiel in Wien). Die Kleinmeister der Theatermalerei sind es, die für den realistischen Grundton der Ausstattung des Alt-Wiener Volkstheaters verantwortlich sind, in dem die Wiener Singspielkultur schließlich aufgeht. Sie sind es aber auch, die dafür sorgen, daß die barocke Tradition nicht in Vergessenheit gerät, daß beide Ströme zur eigenartigen Legierung romantischer Ausstattung des Wiener Volkstheaters zusammenfließen.

Rousseau's *Devin du village*

by

CHRISTOPHER THACKER (Reading)

Rousseau wrote the text, and composed the music of *Le Devin du village*, while staying in the rural village of Passy (now one of the suburbs of Paris) in April 1752. The idea came to him suddenly, he scribbled down a few lines of verse, and thought of melodies to illustrate them. All this while out walking one morning. By mid-afternoon, he was ready to sing several sections to his friends: they applauded, and within a week nearly all the 'pastorale' was complete, 'à quelques vers près', together with the music; within a month the rest, 'un peu de récitatif et tout le remplissage' was finished.[1]

Rousseau's 'intermède', *Le Devin du village – der Dorfwahrsager, the village soothsayer –* was first performed at Fontainebleau on the 18th October 1752 before the king (Louis XV) and his queen and the assembled court. By royal command a second performance followed on the 24th October. On the 1st March 1753 it was performed in Paris at the Opera. Many other performances took place in France before the Revolution. Since then, it has fallen from favour, and is hardly ever performed.

Looking back over two centuries its music does not seem especially memorable, nor does its text, and the plot is perilously slight, all 'business', all the 'action' being complete by the time we are half-way through. As the président Charles de Brosses said, as early as 1754, 'il n'y a point d'étoffe là dedans'.[2] We may compare this with the remark by Dr Charles Burney – the musicologist, and father of the lady novelist Fanny Burney – in the 'Advertisement' to his English translation of the *Devin du village, The Cunning Man*, in 1766. He wrote 'it has been thought necessary to retrench the Second Act, for fear of satiety ... as no other business remains to be done ... than mere festivity'. Yet the music, and the text, and the plot are all profoundly connected with Rousseau's characteristic attitudes. His comments, both in letters which he wrote at this period, and in book VIII of the *Confessions*, make it clear that this small and modest work meant a great deal to him, both in its content, its effect on those who witnessed its performance, and in its significance to him as a

---

[1] J.-J. Rousseau, *Confessions*, book VIII, where the passages concerning the inspiration, composition, performance and reception of the *Devin* are to be found.
[2] Letter of [?] 13th January 1754, no. 208 in J.-J. Rousseau, *Correspondance complète*, ed. Leigh. Referred to subsequently as *C. C.*

Wendepunkt in his career. I do not exaggerate when I say that the *Devin du village* has an importance in J.-J.'s history comparable to that of the 'illumination de Vincennes', when, in October 1749, walking to visit Diderot, who had been imprisoned in the château of Vincennes, he happened to read in the *Mercure de France* an announcement of a competition organised by the *Académie des sciences et des belles lettres de Dijon* for the best essay on the subject, 'Si le rétablissement des sciences et des arts a contribué à épurer les mœurs'. Looking back at this moment, Rousseau saw it as the point of his conversion – 'A l'instant de cette lecture je vis un autre univers, et je devins un autre homme'. In fact, he did not change at that moment, nor when he wrote his *Discours sur les sciences et les arts* a few weeks later, nor even when he learnt a year later that he had won the competition, and had suddenly become famous. He could not afford to. T h a t was the achievement of the *Devin du village*.

The 'intermède' itself. Given one simple village scene, the story is that of a peasant girl, a *bergère* named Colette, who has lost her lover, Colin, to another woman.[3] Colette weeps, and asks the village soothsayer, the *Devin*, to tell her her fate. The *Devin* explains that Colin has been enticed away by a lady of quality, *la Dame de ces lieux*, and reassures Colette that, through his art, he will bring her lover back (sc. II). Colette leaves, and then Colin appears (sc. IV), saying that he is tired of the rich life, and *préfère Colette à des biens superflus*. Too late, says the *Devin*, Colette has revenged herself on you for your fickleness. Does she love another shepherd? asks Colin. No, says the *Devin*,

> *Ce n'est point un Berger qu'elle préfère à toi,*
> *C'est un beau Monsieur de la Ville.*

Instantly Colin realises that *ces Dames de la Cour* and their ways are false, and he repents; the *Devin* promises to work a spell to reunite the village lovers; and after a few moments to 'cast his spell' Colette returns, and the *Devin* leaves the two lovers together (sc. VI). They reproach each other, lament, and cannot resist their tender sentiments:

> *Colin se jette aux pieds de Colette; elle lui fait remarquer à son chapeau un ruban fort riche qu'il a reçu de la Dame: Colin le jette avec dédain. Colette lui en donne un plus simple, dont elle étoit parée, et qu'il reçoit avec transport.*

They then sing a duet of reconciliation, and when the *Devin* reappears, pay him for his 'help' (sc. VII). The remaining third of the piece is composed of lengthy village festivities to celebrate the lovers' happy reunion. One section, a wordless *Pantomime*, repeats a comparable fable, in which a *courtisan* who has enticed a village girl from her village lover with the gift of a rich necklace is persuaded to relent when the village boy and the village girl beg him to let them be together again:

---

[3] References are to *Le Devin du village*, in J.-J. Rousseau, *Œuvres complètes*, edd. B. Gagnebin & M. Raymond, II (1961), 1093–1114, 1184–1188.

> *Il* [le courtisan] *se laisse toucher et les unit. Ils se réjouissent tous trois, les Villageois de leur union et le Courtisan de la bonne action qu'il a faite.*

Throughout this short, naive and fictional work, characteristic Rousseauan attitudes appear. The simple rural life of the shepherd and shepherdess is contrasted with the luxurious and sophisticated life of the town, and the rural life is shown as *morally better*. Though, apart from the brief *Pantomime* I have just mentioned, no actual *courtisan* or *dame de la cour* appears on stage, the life of courtiers is shown by implication and in direct comment as seductive, luxurious, deceptive, and *morally inferior*. Colin's noble lady, *la Dame de ce lieu*, whom we never see, is condemned for her superior, contemptuous attitude – *De la Dame du lieu les airs et les mépris* (sc. III) – and Colette envies such people the expensive adornments which their wealth can provide:

> *Mise en riche Demoiselle*
> *Je brillerois tous les jours;*
> *De Rubans et de Dentelle*
> *Je chargerois mes atours* (sc. II).

The country life is more genuine, while the town is superficial:

> *A la ville on est plus aimable,*
> *Au village on sait mieux aimer.*

This is a deeply Rousseauan phrase. Those who come to their senses, and see where the truth lies, will prefer the country's simple, happy way of existence.

So, Colin's 'wisdom' is to return to Colette – *Je préfère Colette à des biens superflus* (sc. IV) – to appreciate that the courtier's wealth is worth less than his own simple contentment –

> *Malgré toute leur puissance*
> *Ils sont moins heureux que moi* (sc. V)

– and see that even the hardships of a country life in a *cabane obscure* are as nothing when they are shared with the innocent Colette (sc. VIII).

In all this Rousseau's attitude is highly naive and not very impressive – rather like the music which Rousseau composed, mildly melodious, with recitatives in which the musical line is subservient to the sense of the text, and not *vice versa*; and in which the harmony (in contrast to the relatively subtle and elaborate harmony of, say, Rameau or Lully) is, in Rousseau's own words, no more than *remplissage*. (We should remember that his own system of musical notation, which he invented in 1742, was one which recorded a melody rather well, but which was far from satisfactory in reproducing the accompanying harmonies.)

We may say indeed that the *Devin* is not merely a naive work, but naive to the point of artificiality, and in this again it is wholly characteristic of Rousseau.

Let me amplify. This *pastorale*, this work which praises rural innocence to the detriment of sophisticated social life, is first performed at the royal court, with a glittering throng of aristocrats as the audience. The king himself is delighted, and asks to see Rousseau to give him a pension as a reward. The king goes round all the next day singing Rousseau's songs *avec la voix la plus fausse de son Royaume*[4] and orders the *Devin du village* to be performed again in a week's time.

We should now note J.-J.'s behaviour in all this. His friends urge him to go to Fontainebleau to be present at the first performance. He does so, but unwillingly. This moment is a crisis, more so than the *illumination de Vincennes*. He writes in the *Confessions: Me voici dans un de ces moments critiques de ma vie* – frightened, embarassed by the Court, ambitious to see his creation on the stage. So he attended, but ungraciously – ill-dressed, unshaven, and with an untidy wig – and in a box almost exactly opposite that of the king and Mme de Pompadour. Defiant, he waited to hear the performance.

Then he is overwhelmed with emotion:

> *On ne claque point devant le roi; cela fit qu'on entendit tout; la pièce et l'auteur y gagnèrent. J'entendais autour de moi un chuchotement de femmes qui me semblaient belles comme des anges, et qui s'entredisaient à demi-voix: 'Cela est charmant, cela est ravissant; il n'y a pas un son là qui ne parle au cœur'. Le plaisir de donner de l'émotion à tant d'aimables personnes m'émut moi-même jusqu'aux larmes, et je ne les pus contenir au premier duo, en remarquant que je n'étais pas seul à pleurer . . . Je me livrai bientôt pleinement et sans distraction au plaisir de savourer ma gloire. Je suis pourtant sûr qu'en ce moment la volupté du sexe y entrait beaucoup plus que la vanité d'auteur, et sûrement s'il n'y eût eu là que des hommes, je n'aurais pas été dévoré, comme je l'étais sans cesse du désir de recueillir de mes lèvres les délicieuses larmes que je faisais couler.*

I need not analyse much of all this – it speaks for itself, emotion, 'sensibility', and Rousseau's sexual excitement, aroused by the presence of aristocratic and beautiful women – and all derived from a 'pastorale' performed in front of a highly sophisticated audience.

And then the king sends for him; what does he do? After *une nuit d'angoisse* he runs away, loses the royal pension, but keeps – so he claims – his independence: *Je perdais, il est vrai, la pension qui m'était offerte . . .; mais je m'exemptais aussi du joug qu'elle m'eût imposé.*

Rousseau then returned to the humble but independent trade of copying music.[5] Yet even this has its paradoxical side. The *Devin du village* was performed again and again in the following weeks and months, at the Opera in Paris, and twice – note the further irony – at the Court at Bellevue, with Mme de Pompadour in the rôle of Colin. From all these performances and related transactions – money from the king, Mme de Pompadour, the directors of the Opera, and for the printing of the text and music – he received enough money to support himself adequately for several years,

---

[4] Pierre Jélyotte to Rousseau, 20th October 1752, *C. C.*, no. 182.
[5] Cf., for example, Rousseau to T.-P. Lenieps, 22nd October 1752, *Le lendemain on vouloit me présenter au Roi, et je m'en revins copier. C. C.*, no. 183.

on top of the pittance received for copying music. He says this himself in the *Confessions*.

Thus the artificial *Devin du village* and an artificial court and city provided Rousseau the money to write the great works against society which had been stirring in his thought since the *illumination de Vincennes*. Swiftly he wrote condemning French music which contained airs with a French text, and which contained duos and other features which appear in the *Devin* itself (in the preface to his *Narcisse*, 1752, and in his *Lettre sur la musique française*, 1753) – and he was hung in effigy at the Opera, within months of his triumph there with the *Devin* – and then he set to work on the epoch-making volumes of the *Discours sur l'inégalité*, begun 1753, published 1755, the *Nouvelle Héloïse*, begun 1756, published 1761, *Emile*, begun 1759, published 1762, and *Du Contrat social*, begun 1759, published 1762.

If the 'illumination de Vincennes' was a spiritual revelation, the occasion of the *Devin du village* was the happy material moment which enabled him to develop his thoughts to the full; and his enthusiasm for the 'essence' of the *Devin du village* remains with him until his death. It is a naive work, yes, and in this the happy ending is therefore complete and untarnished. It is like a fairy tale of the happy life in happy surroundings, in which the t h r e a t from a corrupt society is totally overcome. 'And they lived happily ever after.'

In his other, and infinitely greater and more thoughtful works, such a happy ending, simple, rural and natural, is never so absolute. In the *Discours sur l'inégalité*, the frontispiece shows a Hottentot stripping off his European clothes to go back to the naked life of his tribe – *Il retourne chez ses égaux*, says the caption. But this happy ending is only possible if one has a tribe to which to return. Rousseau, and the rest of European society, do not. In the *Nouvelle Héloïse* we hear of Julie's ideal and contented agricultural community – but this is in a novel, and in any case, s h e is slowly succumbing, the victim of her suppressed passion for St. Preux. Not a happy ending. And to Jean-Jacques himself, such rural happiness did indeed come, as he floated aimlessly and without thought, *sans prendre la peine de penser*, on the lac de Bienne in September and October 1765.[6] But even here, his happiness was both solitary, and transient, with nightfall and curfew bringing him to the shore; and within six weeks, he is expelled from the île Saint-Pierre, never to return.

I think that last expulsion from paradise has much to do with J.-J.'s record of the composition and reception of the *Devin* in book VIII of the *Confessions*. For when he was expelled from the île Saint-Pierre he went almost immediately to Strasbourg, staying there for five weeks. While there, in his honour, the Strasbourg theatre put on a performance of the *Devin du village*, and we know that Rousseau spent two and a half hours on the afternoon of the 9th November 1765 rehearsing the singers in their parts, and came to the crowded and highly successful performance on the following day.[7] Not long afterwards Rousseau went to England, and by March 1766

---

[6] J.-J. Rousseau, *Rêveries, Cinquième promenade*.
[7] *Journal du séjour de Rousseau à Strasbourg* (anon.), C. C., appendice 426.

he was established at Wootton in Derbyshire, where he worked on the *Confessions*, which end with his experiences on the île Saint-Pierre, but which contain also, in book VIII, his long relation of the composition of the *Devin du village*, fourteen years earlier. The memory was fresh from Strasbourg, and it must have renewed the memory of Fontainebleau, on the night of the 18th October 1752, the occasion of the first performance. *Ceux qui ont vu celle-là doivent s'en souvenir; car l'effet en fut unique.*

A note on *Bastien et Bastienne*

Mozart's 'Singspiel' *Bastien et Bastienne* is not derived from the *Devin du village*, but from *Les Amours de Bastien et de Bastienne,* by C.-S. Favart, M.-J.-B. Favart and Harny de Guerville, first performed at the Paris Opera on the 4th August 1753. Favart's work is both an imitation, a parody and an extension of the *Devin*. It has the same plot, but is more animated, with verse in common speech, and has interpolations of lively, conversational prose. There are only three characters, Bastien, Bastienne, and the village soothsayer. There is no chorus. Nor is the music original, as was Rousseau's. Instead, there are merely notes at the head of the verse sections, indicating that the stanzas which follow should be sung to such and such an air. For the first stanzas, for example, beginning *J'ons pardu mon ami / Depuis c'tems-là j'nons point dormi,* the air *J'ai perdu mon âne* should be used.

Favart's wife, Justine Favart, who played the part of Bastienne, acquired a certain degree of celebrity through her presentation of the part, since she was the first actress in France to wear genuine peasant's clothing on the stage, including wooden clogs ('sabots'). I have said that this work was an extension of the *Devin du village*, because both Favart, the principal librettist, and Mme Favart in her peasant costume, aimed to go beyond Rousseau's gentle, fairy-tale story of village life; and in doing this, they took a further small step towards realism in the theatre, and towards the full and truthful depiction of nature. It was a step which Rousseau himself, profound and genuine lover of nature though he was, never really wished to take, since his taste was always limited to nature's pretty, and kindly manifestations – the pleasing beauty of the *pervenche*, and the reassuring spectacle of *une campagne riante*.

And so in 1768, when the twelve-year-old Mozart came to *Les Amours de Bastien et de Bastienne,* he found a libretto for three characters, without a chorus, but with interpolations of lively prose between the sections in verse. And, the vital point, he found a libretto without any genuine music of its own. It was a simple, and uncomplicated starting-point for his own original composition.

Das Türkische im Singspiel des 18. Jahrhunderts

von

Roland Würtz (Weisenheim am Berg)

Bescheidener als die modische Chinoiserie, aber anhaltender und wirkungsvoller als das Persische oder das nur kurz aufflackernde Interesse am Indianischen durchzieht auch ein türkisches Element die Kunst des 17. und 18. Jahrhunderts. Hier wie dort ließ sich der Mensch faszinieren vom Sagenhaften und Fremdländisch-Exotischen. Mangels eigener Erfahrung und Anschauung wurde die Vorstellung vom Chinesischen wie vom Türkischen bald märchenhaft, und solcherart fand sie Eingang in Kunst und Kunsthandwerk.

Träger der beiden wichtigsten Exotenmoden können die Schöpfungen aller Kunstrichtungen sein. Das Türkische zeigt sich beispielsweise an Statuen im Belvedere-Garten, in Stuckarrangements von Paul Egell im Mannheimer Schloß, Tischdekorationen aller Porzellanmanufakturen, in den türkischen Formen von Kannen und Vasen mit hoher, konischer Gestalt, an einem Porträt der pfälzischen Kurfürstin Elisabeth Auguste in türkischem Gewand mit Kaffeetasse,[1] in der Gestaltung fürstlicher Räume, seltener in der Architektur wie die recht aufwendige Verwirklichung der Türkenmode in der Moschee des Schwetzinger Schloßparks,[2] dann in dramatischen Sujets für das jeweilige Hoftheater, es sei nur an das Rollenfach des Derwisches erinnert, und schließlich in musikalischen Bühnenwerken wie W. A. Mozarts *Entführung aus dem Serail*.

Im Singspiel des 18. Jahrhunderts finden wir das Türkische in drei Komponenten: im **dramatischen Stoff**, in der davon abhängigen **Bühnenbild-Kostümkunst** und im **Musikalischen**. – Den Türkenstoff hat bereits im Jahre 1908 Walter Preibisch in seinen stoffgeschichtlichen Quellenstudien zu Mozarts *Entführung aus dem Serail* erschöpfend beschrieben[3] und dargestellt, daß sich Türkenstoffe in der Oper, im Singspiel, im Schauspiel und im Ballett finden. Stellvertretend seien Molière und Goldoni sowie der Stuttgarter Ballettkomponist Florian Deller genannt. Der Verfasser macht als Gründe für das Erscheinen türkischer Stoffe schon die Kreuzzüge geltend, dann die venezianischen und neapolitanischen Handels-

---

[1] Öl auf Leinwand, Maler: Heinrich Karl Brandt (um 1765), im Besitz des Kurpfälzischen Museums, Heidelberg.
[2] Erbaut von Joseph Quaglio, um 1788.
[3] Walter Preibisch, *Quellenstudien zu Mozarts „Entführung aus dem Serail". Ein Beitrag zu der Geschichte der Türkenoper*. In: *Sammelbände der Internationalen Musikgesellschaft* (SIMG) X (Leipzig 1908/09), S. 430–476.

Abb. 1. Heinrich Karl Brandt, Porträt der Pfälzischen Kurfürstin Elisabeth Auguste im türkischen Gewand (um 1765), Öl auf Leinwand (Kurpfälzisches Museum Heidelberg).

beziehungen zum Orient, aber auch die im 18. Jahrhundert bedrohlich zahlreich vor italienischen Küsten aufkreuzenden türkischen Piraten. Schließlich handelt es sich bei fast allen Türkenstücken um Entführungen und Flucht aus türkischer Gefangenschaft, wohin die Abendländischen durch Piraterie und über den Sklavenmarkt gelangten. Insbesondere taten sich hier die nordafrikanischen Seeräuberkapitäne der türkischen Besitztümer Algier, Tunis und Tripolis hervor. Soviel vorerst zur Stoffgeschichte. Die Türkenmode im optischen Bereich des Singspiels ist mit dem Bühnenbild und dem Kostüm abgesteckt. Lapidare Angaben für eine türkische Bühnenfigur wie *a un turban et une robe turque*[4] genügten ebenso wie die Requisiten

---

[4] Rudolph Angermüller, „*Les Epoux esclaves ou Bastien et Bastienne à Alger*". Zur Stoffgeschichte der „*Entführung aus dem Serail*". In: *Mozart-Jahrbuch* 1978/79, Kassel 1979, S. 75.

Krummsäbel und Halbmond, die Architekturteile Kuppel und Minarett als Sinnbild des Türkischen. Kunst- und Theatergeschichtsschreibung befaßt sich mit diesem Gebiet, so daß hier eine Beschränkung auf das Türkische in der Musik des Singspiels des 18. Jahrhunderts erlaubt sei.

Wir Westeuropäer müßten uns zuerst fragen: Was ist türkische Musik, wie klingt sie? Auch in einer Zeit der Öffnung der Türkei für den breiten Tourismus ist ihre Kenntnis nicht selbstverständlich, denn das dortige kommerzielle Musikleben ist ausschließlich vom Westen geprägt.

Betrachten Sie deshalb zuerst diese Beispiele:[5]

Es handelt sich um einen Tanz aus Rize, einer Hafenstadt an der östlichen Schwarzmeerküste Kleinasiens, gespielt auf einer dort üblichen Handfidel, der Kemeçe. Obwohl von der Größe einer Violine, wird das Instrument im Sitzen auf den Knieen gespielt. Charakteristisch ist der bei uns ungewöhnliche 7er-Takt, auch die an das kirchentonale äolisch erinnernde Tonart.

Der Zeybeck – Tanz aus einer Ortschaft im westlichen Kleinasien südlich von Denizli überrascht den abendländischen Hörer durch unregelmäßige Periodik und völlig fremde Tonart. Dieser Tanz wird gespielt auf einem Instrument der Baglama-Familie, das sind Langhalslauten mit birnenförmigem Holzkörper in verschiedenen Größen und Stimmungen.

[5] Zitiert nach Gültekin Oransay, *Von der Türcken dölpischer Music. Die Musik des türkischen Bauern und die abendländische Kunstmusik*. In: *Südosteuropa-Jahrbuch*, Band 6 (München 1962), S. 96–107.

Und schließlich führt uns ein Klagelied in das Vorland des östlichen Taurus, in die Provinzhauptstadt Gaziantep. Ohne Metrum durchmißt es den engen Raum der Quinte über a.

Die drei Beispiele sind typisch für die türkische Originalmusik. Sie zeigen die charakteristischen Merkmale: ungerade Taktarten oder ohne Metrum, unregelmäßige Periodik; fremde Tonarten, die gelegentlich an das leittonlose Moll, unser altes äolisch erinnern; Zupf- und Streichinstrumente, zu denen sich noch die Zurna, eine Art Schalmei, gesellt.

Keines dieser Merkmale finden wir in den „alla turca" – Musiken des 18. Jahrhunderts. Aber was stellte man sich bei der doch offensichtlichen Vorliebe für türkische Musik unter dieser vor? Oder: Was verstanden Gluck und Mozart, um die in unserem Zusammenhang wichtigsten Musiker zu nennen, unter türkischer Musik? – Ihre ganz andere Erfahrung mit türkischer Musik und von obiger kurzer Charakteristik abweichende Vorstellung ist ein Ergebnis der seltsamen Rezeptionsgeschichte dieser Musik durch zwei Jahrhunderte.

Aus der europäischen Betrachtungsweise, besser Hörweise, wurde zuerst alle Musik der verschiedenen türkischen und türkisierten Stämme Kleinasiens nicht nur als exotisch, sondern besonders als minderwertig und primitiv beurteilt. Der türkische Musikwissenschaftler Gültekin Oransay zitiert in diesem Zusammenhang den nachmaligen Prediger an der Nürnberger Frauenkirche Salomon Schweigger, der als Begleiter des kaiserlichen Gesandten Joachim von Sinzendorf 1578 nach Stambul reiste und in Nürnberg im Jahre 1608 *Eine newe Reyßbeschreibung auß Teutschland Nach Constantinopel vnd Jerusalem . . . im Druck herausbrachte.*[6] Eines der Kapitel der umfangreichen Beschreibung berichtet *Von der Türcken Heyrath / Hochzeiten / dölpischen Music / Ehescheydung / Copulation vnd Haußrath.* Auf Seite 209 faßt Schweigger seine Eindrücke über die Musik zusammen: *Insumma, es ist ein vnlieblich vnd vngeschickt Gethön, welches die Schäfer vnd Dorffgeiger weit mit Lieblichkeit übertreffen in Teutschland.*

Auf die Schweiggersche Beschreibung und Beurteilung geht auch der Musiker Daniel Speer zurück, wenn er in seinem *Türckischen Vagant* (1683) ausruft:

O du tölpische elende Music!

[6] Oransay, a.a.O., S. 99.

Man beachte, daß er tölpisch nicht mit bäurisch, sondern mit elend (schlecht) gleichsetzt. – Der Wolfenbütteler Hofkapellmeister Michael Prätorius bestätigt Schweiggers Beurteilung, die wohl allgemein verbreitet gewesen sein muß:

> ... es hat Mahomet zur fortpflanzung seines Tyrannischen Regiments / ... nicht alleine die freyen Künste (,) so zur freundlichkeit / sondern auch alles was zur fröhlichkeit dienlich / als Wein und Säytenspiel in seinem gantzen Lande verbotten / unnd an deren stadt eine Teuffels Glocke unnd ein Rumpelfaß mit einer schnarrenden und kikakenden Schalmeyen verordnet / welche annoch bei den Türcken in hohem Wert unnd so wohl auff Hochzeiten unnd Frewdenfesten / als im Kriege gebrauchet werden.[7]

Die Große Trommel wertet Prätorius als *Teufelsglocke und Rumpelfaß* ab, die Schalmei klingt ihm *schnarrend und kikakend*. Fast einhundert Jahre früher (1511) gab der kurpfälzische Sänger und Geistliche Sebastian Virdung der damaligen Mißachtung von *Herpaucken Trumeln und dem päucklin* Ausdruck:

> ... vnd ich glaub vnd halt es für war (,) der teufel hab die erdacht vnd gemacht (,) dann gantz kein holtseligkeit / noch guts daran ist / sunder ein vertempfung / vnnd ein nyder truckung aller süssen melodeyen vnd der gantzen Musica ...[8]

Abb. 2. Sebastian Virdung.

[7] Oransay, a.a.O., S. 106.
[8] Sebastian Virdung, *Musica getuscht*, Basel 1511. Faks. hrsg. von Wolfgang Niemöller. Kassel 1970.

Samuel Schweiggers Türkeierlebnis war ein unmittelbares und deshalb eine Ausnahme. Sein musikalischer Eindruck fußte auf eigener Anschauung, wenn er auch mit deutschen Ohren hörte.

Kam türkische Musik jedoch nach Westeuropa, so war es immer nur eine ihrer Randerscheinungen, nämlich die Musik der Janitscharen, einer Elite-Truppe des osmanischen Heeres. In Ermangelung der Kenntnis der gesamten Musik der Türken setzte man die Janitscharenmusik mit türkischer Musik gleich, so, als ob wir unter deutscher Musik nur die Militärmusik verstünden! Diese Bedeutungsverengung sollte uns immer gegenwärtig sein, wenn wir Musik *alla turca* hören.

Gesandte des jeweils regierenden osmanischen Sultans hatten in ihrem zahlreichen Gefolge immer eine soldatische Kapelle zu repräsentativen Zwecken. Der Türke Cevad Memduh Altar berichtet darüber:

> *So zog . . . 1665 unter der Herrschaft Mahomet IV. (der) abgeordnete Gesandte Kara Mahomet Aga von österreichischem Fußvolk und einer großen Volksmenge empfangen, unter den Klängen der Janitscharenmusik durch das Kärntnertor in Wien ein und setzte seinen Einzug, immer unter Janitscharenmusikbegleitung, bis zu dem ihm als Standquartier zugeteilten Gebäude in der Leopoldstadt fort. Außerdem fand während der Sitzungen (Anm. Divan), die der Gesandte jeden Nachmittag abhielt, eine Darbietung der türkischen Militärmusik statt.*[9]

Der Bericht schildert nicht nur anschaulich eine der Verwendungsmöglichkeiten der Janitscharenmusik, sondern erinnert auch daran, daß Österreich seit den sechziger Jahren des vorhergehenden 16. Jahrhunderts diplomatische Beziehungen zum osmanischen Reich unterhielt, Frankreich allerdings schon seit 1532 unter Franz I.

Häufiger war der Anlaß, türkische Musik ins Abendland zu bringen, ein kriegerischer. Mit den osmanischen Heeren kam nicht nur der Kaffee, sondern auch ihre Militärmusik in den Westen. In den denkwürdigen Schlachten bei Ofen und Belgrad fielen deutschen Soldaten zahlreiche Instrumente als Trophäen in die Hände. Langjährige türkische Besatzung hinterließ diese freiwillig, insbesondere nach den beiden Belagerungen Wiens 1529 und 1683.

Die Musikkapellen der Janitscharen waren entsprechend dem Elitecharakter dieser Truppe die bestausgestatteten. Jedes Instrument war bis zu neunmal vertreten. Von dieser Mehrfachbesetzung der Instrumente berichtet schon Samuel Schweiger in seiner Reisebeschreibung von 1608.[10] Aber auch er verfällt bereits in den Fehler, türkische Militärmusik mit türkischer Musik schlechthin gleichzusetzen:

> *. . . Diese Music aber /. . ./ hat nichts lieblichs oder holdseligs in sich / sondern ist gar vngestüm vnnd feindisch . . . wann es nur vngereimt laut / daß ein gantzes Feld davon erhüllt / das wird bey den Türcken gerühmbt / vnd damit*

---

[9] Cevad Memduh Altar, *Wolfgang Amadeus Mozart im Lichte osmanisch-österreichischer Beziehungen*. In: *Revue Belge de Musicologie X*, 1956, S. 143.
[10] Oransay, a.a.O., S. 106.

> *die Music vngestüm genug sey / so werden 4.5.6. oder mehr zu einerley vnnd mit einerley Instrument gebraucht . . .*

Man glaubte, daß die Kapellen so ihre Aufgabe, durch orgiastischen Klang den Kriegern Mut zu machen und sie zu berauschen, am besten erfüllen konnten. Christian Friedrich Daniel Schubart bestätigt dies auf seine, des Lyrikers Art:

> *Das Becken klingt! Der Trommel Ton*
> *Erschallt! erschallt!*
> *Mein ganzes Blut empört sich schon*
> *Und wallt! und wallt!*[11]

Folglich gaben auch die europäischen Heerführer ihren Harmoniemusiken durch Übernahme türkischer Elemente jenen rhythmischen Stabilisator, der erst disziplinierte und einheitliche Bewegungen möglich machte. *Jeder Taktstrich wird durch einen neuen männlichen Schlag so stark conturirt, daß es beinahe unmöglich ist, aus dem Takt zu kommen . . .*, bemerkt hierzu Schubart.[12] Es handelte sich dabei in erster Linie um die Übernahme von Schlag- und Schüttelinstrumenten:

Ein kleines Paukenpaar stand vor dem Spieler oder hing beim Gehen an seinem Gürtel. Ein österreichisches Beutestück aus der zweiten Belagerung Wiens durch die Türken grüßt heute den Besucher am Eingang der Instrumentensammlung des Historischen Museums in der Neuen Hofburg. Handelte es sich um eine stattliche Janitscharenkapelle, war das Paukenpaar neunfach in verschiedenen Größen vertreten.

Noch mehr Gehorsam verlangte der aggressive Schlag der Trommler und der Beckenschläger. Die große Trommel mit ihrem Durchmesser bis zu 1,50 Meter, früher bei uns *Türkische Trommel* genannt, das Paukenpaar und die Zimbel oder Becken genügen alleine schon, den Begriff Janitscharenmusik zu rechtfertigen. Johannes Brahms nannte seine *Akademische Festouvertüre* op. 80 (1881) wegen der Verwendung dieser Instrumente sogar noch *Janitscharen-Ouvertüre*. Seit dieses Instrumentarium in der europäischen Militärmusik seine Wirkung tat, nannte man diese oft *Türkische Musik*, so auch der Amorbacher Gräflich Leiningische *Catalogue de la Musique turque*. Er verzeichnet einfache Harmoniemusik mit Janitscharenschlagwerk. Christian Friedrich Daniel Schubart beschreibt in seinen *Ideen zu einer Aesthetik der Tonkunst* diese Werkzeuge verhältnismäßig ausführlich:

> *Die Instrumente zu dieser Musik bestehen in Schallmeien, welche die Türken meisten Theils, um den Ton zu schärfen, aus Blech verfertigen; aus krummen Hörnern, die im Ton fast an Baßhörner (?) gränzen; aus einem großen und einem kleinen Triangel; aus dem sogenannten Tambourin, wo das Schütteln der Schellen, die bei den Türken von Silber sind, große Wirkung thut; und aus*

---

[11] Christian Friedrich Daniel Schubart, aus dem Gedicht *Türkengesang* (Hohenasperg 1786), in: *Gesammelte Schriften*, Band 2, Stuttgart 1839.
[12] Christian Friedrich Daniel Schubart, *Ideen zu einer Aesthetik der Tonkunst*. In: *Gesammelte Schriften*, Band 5, Stuttgart 1839, S. 335f.

> *zwei Becken vom feinsten Bronce, oder Glockenspeise, die taktmäßig an einander geschlagen werden; endlich aus zwei Trommeln, wovon die kleinere immer wirbelt und fluthet, die große aber gedämpft, und unten mit einer Ruthe gestäubt wird. Wie original, wie einzig sind hier die Töne zusammen gesucht.*[12]

Als kriegerisches Beutestück von besonderem Wert wurde der Schellenbaum angesehen, denn er diente vornehmlich der Repräsentation, weshalb seine türkischen Träger auch dem Zeremonienmeister unterstanden. Doch läßt sich mit seinem Schütteln ein crescendo vorzüglich unterstützen. Zu diesen oft kopierten Klangfarben der Janitscharenkapelle gesellte sich die Zurnà, eine hölzerne Schalmei, die offenbar erst gegen Ende des 18. Jahrhunderts aus Blech gefertigt wurde, wie wir von Schubart erfahren. Schließlich kommt noch die bori oder borasan genannte Naturtrompete hinzu, die *krummen Hörner* Schubarts. Der martialische Trompetenklang und das gequetschte Näseln der Schalmei ergänzen die Geräuschpalette der Schlagzeuge aufs Charakteristischste, – in den westeuropäischen *alla turca* – Musiken allerdings zu lautem Bläserklang schlechthin vereinfacht. Ungarische und österreichische Verteidiger haben den Janitscharenklang mit Erstaunen vernommen und schon sehr bald nachzuahmen gewußt. Die erste vollbesetzte Türkenkapelle musizierte als Geschenk des Sultans am polnischen Hofe König August II. Der Zar erhielt bereits 1725 ein solch nobles Geschenk, sogar mit den in Polen noch fehlenden Triangeln. 1741 sorgte eine Janitscharenkapelle erstmals in Wien für Gleichschritt. Dann wurden die genannten Instrumente in Preußen gespielt, aber aus Sparsamkeitsgründen von eigenen Musikern, wofür man sich eine Rüge des türkischen Gesandten einholte. Der König von Frankreich stellte um die Jahrhundertmitte vor das türkische Instrumentarium afrikanische Neger, die aus ihrer Heimat das Schellentambourin mitbrachten und es der Janitscharenkapelle einverleibten. Fortan wurde es für türkisch gehalten. Schubart bestätigt diese Zeitangaben, wenn er in den Jahren 1777 bis 1787 auf dem Hohenasperg in seinen *Ideen* schreibt:

> *Die türkische Musik, welche seit vierzig Jahren auch in Deutschland bei verschiedenen Regimentern eingeführt wurde, hat auch das Studium der musikalischen Instrumente der Türken veranlaßt. Der Charakter dieser Musik ist so kriegerisch, daß er auch feigen Seelen den Busen hebt. Wer aber das Glück gehabt hat, die Janitscharen selber musiciren zu hören, deren Musikchöre gemeiniglich achtzig bis hundert Personen stark sind; der muß mitleidig über die Nachäffungen lächeln, womit man unter uns meist die türkische Musik verunstaltet. . . . Kurz, die türkische Musik ist unter allen kriegerischen Musiken die erste, aber auch die kostbarste, wann sie so vollkommen seyn soll, als es ihre Natur und ihr heroischer Zweck erheischt . . .*[12]

Zeigte schon der Wettstreit europäischer Fürsten um die aufwendigste Türkenmusik die gegenüber Schweigger und Prätorius völlig gewandelte Wertschätzung dieser Musik, so ist Schubarts Aussage auch eine Bestätigung dieser neuen Bewertung des Exotisch-Türkischen. Er setzte hier nochmals sehr bewußt und expressis verbis türkische Musik mit kriegerischer Musik gleich. Diese im 18. Jahrhundert eingetretene Hochschätzung der Janitscharenmusik entstand unter anderem auch aus dem für westeuropäische Ohren exotischen und folkloristischen Reiz, der durch die Erweiterung der Klangfarben hervorgerufen wurde. Das ist auch der Grund für die Trommel- und Triangelzüge an Klavierinstrumenten um 1780 vornehmlich Wiener Provenienz.

Es soll nicht unerwähnt bleiben, daß die Aneignung fremder Klangwelten einseitig war. Das osmanische Reich war der gebende Teil, der Westen nahm auf, sowohl auf friedlichem Weg über Forschungs- und Handelsreisen, Gesandtenaustausch und fürstliche Geschenke als auch entlang der militärischen Wege bis vor die Mauern Wiens. Die Türkei schloß sich erst nach 1800 westeuropäischer Musik auf.

Das *alla turca* des 18. Jahrhunderts bezieht sich nach allem bisher Gesagten nicht auf die eingangs beschriebenen Merkmale türkischer Originalmusik, also weder auf die dort üblichen, uns ungewohnten Taktarten, noch auf die eigentlichen Instrumente der Volksmusik, auch nicht auf die Tonarten, auch wenn Mozart, Beethoven und andere glaubten, mit Moll türkisches Kolorit einzufangen. *Alla turca* meint ausschließlich eine äußerliche Imitation der Janitscharenmusik. Man wollte nicht die Original- oder Volksmusik imitieren, bemühte sich im 18. Jahrhundert auch in keiner Weise um die Quellen, wie dies später Béla Bartók tat.[13] Jeder verstand die musikalischen Stilisierungen und Andeutungen als türkisch. Diese sind: Übernahme des kriegerischen Instrumentariums, des marschierenden, immer geraden Taktes der Janitscharenmusik, ihrer heftigen Akzente auf die Taktschwerpunkte und eine bewußt primitive Melodiebildung durch ständige Wiederholung kurzer Motive, die sich durch kleine Tonschritte und geringen Umfang auszeichnen.

Diese Merkmale lassen sich alle einzeln in den musikalischen *Turquerien* des 18. Jahrhunderts und noch später nachweisen. Von W. A. Mozart gehören hierher die a-moll-Episode im Violinkonzert A-Dur KV 219. Alfred Einstein machte darauf aufmerksam, daß Mozart „das lärmende Tutti in a-moll ... bei sich selber entliehen" habe: aus dem fragmentarischen Ballett zu *Lucio Silla* mit dem bezeichnenden Titel *Le gelosie del Seraglia* (KV 135a = Anh. 109), Mailand 1773.[14] Sodann der *Türkische Marsch* am Schluß der Klaviersonate A-Dur KV 331, der in der Türkei heute so beliebt ist, daß er den Blick für die eigene, originale Musik verstellt: In Radio Ankara soll er sogar für eine Kurzwellensendung als Pausenzeichen gedient haben.[15] Danach ist Mozarts *Zaide*, KV 334, zu nennen, ein Singspiel, das in der Türkei spielt und den 10. Sultan des osmanischen Reiches namens Soliman zum Helden hat. Und schließlich folgt 1781 *Die Entführung aus dem Serail*. An konzertanter Musik im sogenannten türkischen Geschmack ist nach Mozart besonders Beethovens Marsch

---

[13] Béla Bartók, *Auf Volkslied-Forschungsfahrt in die Türkei*. In: *Musik der Zeit* III, Bonn 1953, S. 23–26. Vgl. auch Erich Moritz von Hornbostel, *Phonographierte türkische Musik*. In: E. M. v. Hornbostel, *Opera Omnia*, Band I, Den Haag 1975.

[14] Alfred Einstein, *Mozart. Sein Charakter – sein Werk*. Frankfurt am Main 1978 (S. Fischer), S. 272.

[15] Halil Bedi Yönetken, *Mozart und die türkische Musik*. In: *Bericht über die Internationale Konferenz über das Leben und Werk W. A. Mozarts*. Prag (1958), S. 118–120.

aus der Musik zu Kotzebues Festspiel *Die Ruinen von Athen* op. 113 aus dem Jahre 1811 zu verzeichnen, aber auch noch Modest Mussorgskijs Triumphmarsch *Die Eroberung von Kars* mit einem Trio *alla turca* aus dem Jahre 1872.

Walter Preibisch gibt uns einen nach Ländern geordneten Überblick über die zahlreichen Opern und Singspiele aus dem türkischen Stoffbereich. Seit der venezianischen Uraufführung von Marc Anton Zianis *Bajazet* im Jahre 1689, also kurz nach entgültiger Abwehr der Türkengefahr, werden bis zu Mozarts *Entführung* fünfzig musikalische Bühnenwerke gezählt. Die mehrfach vorkommenden Titelhelden sind Soliman, Bajazet, Tamerlan, die befreite Sklavin, der ebenfalls ungenannte Cadi dupé und der Kaufmann von Smyrna, aber auch der albanische Freiheitsheld Skanderberg.[16] Rameau macht uns in seiner Ballettoper *Les Indes galantes* nicht nur mit dem Typ des großherzigen Türken, sondern auch mit *Les Incas de Pérou,* mit den *Fêtes Persanes* und mit den Wilden schlechthin, also mit der gesamten Exotenmode auf der damaligen Opernbühne bekannt. In der jüngsten Veröffentlichung zu diesem Thema berichtet Rudolph Angermüller, Salzburg, über einen weiteren Vorläufer der Bretzner-Stephanieschen *Entführung aus dem Serail* mit dem Titel *Les Epoux esclaves ou Bastien et Bastienne à Alger,* einem einaktigen Prosastück aus dem Jahr 1755, das besonders zahlreiche Übereinstimmungen mit Mozarts Singspiel zeigt.[17] Das nordafrikanische Algier war bis 1710 unter türkischer Oberhoheit, weshalb auch noch Rossinis *Italienerin in Algier* zu den Ausläufern unseres Stoffkreises zählt. Bastien und Bastienne entsprechen hier Belmont und Constanze, also nicht den Rousseau-Farvartschen Figuren seines ersten Singspiels. In Osman erkennen wir Bassa (Pascha) Selim; mit den Zügen der Großmut, des Verzeihens, der Güte und der Menschlichkeit sind beide stereotype Bühnenfiguren des ethischen Rationalismus ihrer Zeit.

Doch auch nach Mozarts Meisterwerk hält die Beliebtheit des Bühnenstoffes noch eine Zeitlang an. Außer Johann Andrés Vertonung des Bretznerschen Entführungsbuches im selben Jahre der Mozartschen *Entführung aus dem Serail* 1781 nehmen sich noch Christian Ludwig Dieter 1784 in Stuttgart und Justin Heinrich Knecht 1790 in Biberach der Geschichte von Belmont und Constanze an. Sogar das 19. Jahrhundert, dem Exotischen aus anderen Gründen aufgeschlossen, fand Gefallen am türkischen Sujet und stellte mit Carl Maria von Webers *Abu Hassan* (1811) und Peter Cornelius' *Der Barbier von Bagdad* (1858) wertvolle heitere Opern der *Entführung* an die Seite.

In nur wenigen dieser zahlreichen Türkenopern dringt das Türkische oder was man eben dafür hielt, über den Stoff und die optische Gestaltung hinweg in das Musikalische ein, nie aber in der Vollzähligkeit der oben genannten Merkmale. Adolf Hasses *Soliman* mit dem Libretto von Migliavacca aus dem Jahre 1753 wurde das Vorbild für alle späteren Türkenopern. Der Held ist Sultan Süleiman, genannt Der Prächtige; er stand 1529 vor Wien. Hasses Janitscharenchöre zeigen türkisches

---

[16] Walther Wünsch, *Zum Thema Türkenoper und Allaturca-Stil.* In: *Josef Haydn und seine Zeit.* Eisenstadt 1972 (= *Jahrbuch für österreichische Kulturgeschichte* 2, 1972), S. 86–91.
[17] Angermüller, a.a.O.

Milieu durch reichliches Schlagzeug in einem Orchester auf der Bühne, in der Melodie das von Mozart bekannte schnelle, enge Umkreisen der Hauptnote durch doppelte Wechselnoten,[18] insbesondere aber, weil er versucht, dem Türken auf der Bühne durch musikalische Charakterisierung gerecht zu werden.

Es folgen Christoph Willibald Glucks Singspiele *Le Cadi dupé* (1761) und *La rencontre imprévue* (1764). In ersterem begleiten je ein türkisches Instrument eine Singstimme, die Triangel den Kadi, die kleine Trommel Omar, das Glockenspiel wird als Schellenbaumersatz unisono zur Stimme Fatimes geklopft. Die Piffero, eine Art Schalmei, das Tambourin und erstmals das Hackbrett, italienisch Salterio, ergeben exotische Farben. Das Singspiel *La rencontre imprévue* geht auf Le Sages *Les pélerins de Mecque* zurück und erlebte seine Uraufführung am Wiener Burgtheater im Jahre 1764. Mozart hat das Stück in Wien gesehen und schreibt zu Ehren des Komponisten Klaviervariationen über das Lied Kalendars *Unser dummer Pöbel meint* (KV 455) anläßlich einer Einladung bei Ritter von Gluck im März 1783. Glucks Einakter hat ebenfalls eine Serail-Entführung zum Inhalt, ebenfalls das Ertappen der beiden Liebenden auf der Flucht und die großmütige Verzeihung durch den Sultan. Hier überrascht Gluck schon in der Ouvertüre durch türkischen Klang von Piccoloflöte und Schlagzeug.

Zehn Jahre später ließ der Ritter Gluck nochmals und nicht zum letzten Male Exotisches in die Musik einfließen, nämlich im *L'Orfano della China*. Angiolini verfertigte ihm den Text nach Voltaire, am 1. April 1774 ging das Stück wiederum im Burgtheater zum ersten Mal über die Bretter. Hier veranlaßte ihn der Gegensatz zwischen den wilden Horden Dschingiskans, also den Tartaren, und der alten Kulturtradition Chinas zu orientalischen und fernöstlichen Exotismen. Ein Marsch der Tartaren trägt sogar die Vortragsbezeichnung *barbaro e maestoso*. Am 18. Mai 1779 wird Glucks vorletzte Oper *Iphigenie auf Tauris* uraufgeführt. Die 3. und 4. Szene des ersten Aktes ist reich an türkischer Musik immer dann, wenn die Skythen, *in Menge auftretend*, zu König Thoas und Iphigenie hinzukommen. Glucks türkische Mittel sind hier eine reiche Bläserbesetzung mit vorherrschend hohen Holzbläsern wie Piccolo, Oboe, C-Klarinette, selbstverständlich Trommel und Becken, aber auch der Verzicht auf Harmonie in zahlreichen unisono-Stellen, die Spielanweisung staccato in Holz und Geigen, schließlich das stereotype doppelschlagähnliche und markante Motiv mit kurzen Vorschlägen, das sehr oft sequenzierend aneinandergereiht wird. In der 4. Szene singen die Skythen ihr barbarisches *Lang lechzten wir nach Blut*. Die schrille Piccoloflöte, das quäkende hohe Holz, Schlagzeug, jetzt mit dem entnervenden Geklingel der Triangel angereichert, geben dem grausamen Geschehen Nachdruck. Damit endet der erste Akt, und die Fremdlinge scheinen ihrem Schicksal nicht entrinnen zu können.

---

[18] Ouvertüre zu KV 384, Takt 55ff., 81ff. u. a.
[19] An Literatur ist insbesondere wegen des zahlreichen Bildmaterials zu nennen: Peter Panoff, *Das musikalische Erbe der Janitscharen*. In: Atlantis, 10. Jahrg. (Leipzig, Zürich, Berlin 1938), S. 634–639. Vgl. auch Peter Gradenwitz, *Musik zwischen Orient und Okzident. Eine Kulturgeschichte der Wechselbeziehungen*. Wilhelmshaven 1977; Lenz Meierott, *Der flauto piccolo in Mozarts ‚Entführung aus dem Serail'*. In: Acta Mozartiana, 12. Jg. 1965, Heft 4, S. 79ff.

Als Marginalie sei nochmals auf die Gattung des Balletts verwiesen, und zwar besonders auf Christian Cannabichs *Les Fêtes du Serailles* und *L'Amor Espagnol ou le Turc trompé* aus dem Jahre 1766. Immerhin hat Mozart dem Mannheimer Geiger bei der Abfassung von Klavierauszügen seiner Ballettmusiken geholfen und hat sich dabei vielleicht erneut mit dem Türkischen beschäftigt.

Eine ganz besondere Vorliebe für das Türkische zeigt der böhmische Theaterkomponist Franz Andreas Holly (1747–1783) in seinen Bühnenmusiken und Singspielen, die er für die wandernde Operntruppe von Brunian in Prag, für die Koch'sche Gesellschaft in Berlin und später für die Wäser'sche Truppe in Breslau verfaßte. Seine beiden Singspiele *Der Kaufmann von Smyrna* (Berlin 1773) und *Der Bassa von Tunis* (Berlin 1774) liegen im Klavierauszug gedruckt vor. Sie zeigen den Komponisten bemüht, das türkische Milieu durch einen Janitscharenmarsch und die reichliche Verwendung hoher Klarinetten, von Piccoloflöte und Schlagzeug zu treffen, zei-

Abb. 3. Osmin, aus: *Costüm der Operette/Die Entführung aus dem/Serail/nach der Churfürstl. Bühne/zu Mannheim/. . . Herausgegeben u zu haben/bey/Franz Wolf Kupferstecher/in Mannheim 1796/. . .* (Reiß-Museum Mannheim). Derselbe Stecher veröffentlichte in den *Rheinischen Musen* 1794/95 den kolorierten Kupferstich einer türkischen Sklavin.

gen aber auch seine Abhängigkeit von dem Vorbild des Singspielkomponisten Johann Adam Hiller (1728–1804), obwohl Hillers erstes Türkenstück *Das Grab des Muphti* erst 1779 auf die Bretter kam. Nicht nur die Janitscharenchöre, sondern auch stoffliche Einzelheiten sind hierin verwandt mit Grétrys *Les deux avares* und Mozarts *Entführung aus dem Serail*.

Mit des kurfürstlich sächsischen Kapellmeisters Joseph Schuster (1748–1812) opera semiseria *La schiava liberata*, welche das schon von Jommelli vertonte Textbuch Martinellis nochmals in Erinnerung bringt, gelangen wir zeitlich und musikalisch in die Nähe von Mozarts *Entführung*. Seine Schleiferfiguren, an sich italienischen Ursprungs, sollen türkischen Klang erzeugen. Wir finden sie wieder in Mozarts Ouvertüre, in der Arie Osmins (Nr. 3) und als doppelte Vorschläge notiert in Mozarts Janitscharenchor (Nr. 5). Wir wissen, welche Wertschätzung Mozart der Schusterschen Kammermusik entgegenbrachte; ob er die sächsische *Befreite Sklavin* aber gekannt hat?

Schließlich ist im Jahre vor Mozarts *Entführung* noch Christian Gottlob Neefes (1748–1798) *Adelheid von Veltheim* zu nennen, die Neefe in Bonn auf Großmanns Text für dessen Truppe komponierte. Auch er bemühte sich um sogenanntes türkisches Kolorit. Seine Ouvertüre nannte er *Sinfonia turchesa*, den vierten Akt leitet eine *Sinfonia di guerra* und ein Kriegsmarsch der Janitscharen ein. Durch ihn, den Lehrer, mag der junge Beethoven erstmals mit *türkischer* Musik in Berührung gekommen sein.

Aber ich hörte viel von Pamina, viel von Tamino
Wer kennt den Text der *Zauberflöte*?[1]

von

HERBERT ZEMAN (Wien)*

Anton Dermota zum 70. Geburtstag zugeeignet

Goethes poetisches Wort aus *Hermann und Dorothea* vom Ruhm der *Zauberflöte* galt damals im 18. Jahrhundert und gilt noch heute. Worte und Melodien der Oper sind in einem Maße allgemein geläufig wie wohl von keinem anderen musiktheatralischen Werk. Trotzdem gab es und gibt es vergleichsweise nur wenige Leute, die den von Schikaneder und Mozart autorisierten Originaltext kennen. Er steht bloß in der Mozartschen Urpartitur; eigentlich hörte ihn nur das Publikum der ersten Aufführung, die am 30. September 1791 unter Mozarts musikalischer Leitung und mit Schikaneder als Papageno im Freihaustheater auf der Wieden stattfand, und jenes der daran unmittelbar anschließenden Reprisen. Ganz streng genommen enthielt nicht einmal der 1791 bei Ignaz Alberti erschienene und anläßlich der Uraufführung zum Verkauf angebotene (im folgenden zitierte) Erstdruck des Textbuchs den völlig authentischen Wortlaut; denn Mozart hatte dreizehn dort abgedruckte Verse unkomponiert gelassen bzw. gestrichen, selbst noch einen Vers hinzugefügt, und die wahrscheinlich von Schikaneder gedichtete dritte Strophe der Auftrittsarie von Papageno war darin noch nicht zu finden.[2] Hatten offenbar Textdichter und Komponist – wie beim literarisch versierten Mozart üblich –[3] auch am Textbuch eng zusammengearbeitet (s. u. Schikaneders Ausspruch), so glaubte man trotzdem, bereits unmittelbar nach den ersten Wiener Erfolgen, am Text bessern zu müssen. Je mehr die Bewunderung für die Oper insgesamt stieg, um so heftiger wurde am Libretto und an der theatralischen Aufführungspraxis geändert. Was Mozart selbst im Bewußtsein der Gesamtleistung eine erste *teutsche Oper* (der Erstdruck gibt bloß

---

* Diese Abhandlung erscheint mit Unterstützung des Ludwig Boltzmann-Instituts für Österreichische Literaturforschung (Wien).
[1] Die vorliegenden Gedanken wurden anläßlich zweier Veranstaltungen zum ersten Mal mitgeteilt: in einem knappen Referat während der hier dokumentierten Tagung über *Das deutsche Singspiel im 18. Jahrhundert* am 4. Oktober 1979 in Amorbach und während einer Matinee in der Wiener Staatsoper am 18. November 1979 (gemeinsam mit Kammersänger Anton Dermota). Die Vortragsform der hier zusammengefaßten Überlegungen ist belassen, die Anmerkungen wurden hinzugefügt.
[2] Vgl. Willi Schuh, *Über einige frühe Textbücher zur „Zauberflöte"*. In: *Bericht über den Internationalen musikwissenschaftlichen Kongreß Wien*, Mozartjahr 1956. Hrsg. v. Erich Schenk, Graz – Köln 1958, S. 572–578, hier S. 572f.
[3] Im Arbeitsbereich des Verfassers am Institut für Germanistik der Universität Wien werden mehrere Arbeiten zu Mozarts literarischem Verständnis vorbereitet, die Teil eines größeren Forschungsprojekts zu Lied und Libretto von Gluck bis Schubert sind; s. Anm. 7.

„große Oper" an) nannte, was Schikaneder mit Überzeugung als ein Werk bezeichnete, das er *mit dem seligen Mozart fleissig durchdachte,*[4] genügte nun weder librettobeflissenen Literaten noch gewiegten Theaterpraktikern. Es wurde textlich bearbeitet und uminszeniert: Im literarischen Weimar machte man den grundlegenden Anfang, und nach ein paar Jahren änderte man schließlich auch in Wien. 1794 schuf – um die beiden wesentlichsten Beispiele herauszugreifen – Christian August Vulpius, Goethes späterer Schwager, seine Bearbeitung für das Weimarer Theater und damit für die unter Goethes Leitung zustande gekommene Aufführung; 1801 produzierte der damalige Pächter des Kärntnertortheaters, Peter von Braun, für seine eigene Produktion einen z. T. selbst bearbeiteten, z. T. auf Schikaneder und Vulpius zurückgreifenden Text, der die Wiener Aufführungen des 19. Jahrhunderts weiterhin prägte.

Die leidenschaftlichen Bemühungen um Verbesserungen, die Versuche, sogar Fortsetzungen zu schaffen (z. B. durch Goethe und Schikaneder), bezeugen einerseits die Faszination, die vom textlichen Sujet und von seiner künstlerischen Durchführung ausging, anderseits bezeichnen sie ästhetische und ethische Divergenzen der Bearbeiter (in Weimar und Wien) zum ursprünglichen Wortlaut. Von dieser Ausgangskonstellation leiten sich die mehr oder weniger stark veränderten Fassungen des 19. Jahrhunderts ab, leitet sich all das ab, was der Zuschauer und Zuhörer bis heute durch Inszenierungen und Schallplattenaufnahmen vorgesetzt bekommt. Die objektivierende Wissenschaftlichkeit des 20. Jahrhunderts hat überdies viel dazu beigetragen, den Zugang zum originalen Textbuch durch absurdeste Legendenbildungen und abwegige geistesgeschichtliche Einordnungen gründlich zu verstellen.[5] Ein einigermaßen gesichertes Textverständnis existiert nicht, wissenschaftliche Untersuchungen und moderne Aufführungen sind oft gleichermaßen von einem geradezu bestürzenden Unverständnis für Schikaneders Verse gekennzeichnet. Freilich, ähnliche Mißverständnisse waren schon Vulpius und Peter von Braun anzulasten; durch sie erfuhr die *Zauberflöte* eine textliche Kritik, die unwillkürlich an kritische Urteile denken läßt, die andere Werke der nämlichen künstlerischen Tradition erfuhren: etwa an Schillers abfälliges Urteil über Haydns und van Swietens *Schöpfung* oder an die Geringschätzung und die Bearbeitungen des rätselhaft gebliebenen Librettos zu *Così fan tutte;* konnten für diese beiden Werke vom literaturwissenschaftlichen Standpunkt aus Bedeutung und Sinn der Libretti und die Quellen mißverstehender Kritik oder kulturgeschichtlich begründbarer Ablehnung bereits nachgewiesen werden,[6] so steht man beim Textbuch der *Zauberflöte* vor vielen un-

---

[4] s. Anm. 2, ebda., S. 573.
[5] Einen guten Überblick über die Forschungslage gewährt Hans-Albrecht Koch, *Das Textbuch der „Zauberflöte".* In: Jahrbuch des Freien Deutschen Hochstifts, Tübingen 1969, S. 77–120. Zur Entstehung der *Zauberflöte* und zum gesamten biographischen Hintergrund vgl. man Erich Schenk, *Mozart, sein Leben – seine Welt.* Wien ²1975, S. 637–642 und S. 652–656. Bei Koch und Schenk vgl. man auch die weiterführenden bibliographischen Angaben.
[6] Vgl. Herbert Zeman, *Das Textbuch Gottfried van Swietens zu Joseph Haydns „Die Schöpfung".* In: *Die Österreichische Literatur – Ihr Profil an der Wende vom 18. zum 19. Jahrhundert (1750–1830).* Hrsg. v. Herbert Zeman. Graz 1979, S. 403–425; Cornelia Kritsch und Herbert Zeman, *Das Rätsel*

gesehenen, erst recht vor vielen ungelösten Problemen und Fragen. Warum also setzte man sich von allem Anfang an mit dem Text, der im konkreten Wortlaut festlegte, wozu sich Mozarts geniale Musik doch offensichtlich bekannte, so leidenschaftlich und kritisch auseinander? Warum deutete man ihn um? Ist er wirklich so schlecht, wie man ihn seit Vulpius – mit wenigen Ausnahmen bis zur Gegenwart – fand? Ist er wirklich voll von Ungereimtheiten? Ist sein Aufbau tatsächlich inhomogen? Ist seine gattungsmäßige Erscheinungsform mehrdeutig, so daß man das Werk schon um 1800 als „Singspiel" und als „Operette" auffassen konnte? Hat Schikaneder angeblich und unmotiviert, d. h. entgegen dem ursprünglichen Konzept, die Königin der Nacht zunächst der guten, später der bösen und Sarastro vorerst der bösen und dann der guten Seite zugeordnet? Darf man also von einem Bruch im Aufbau sprechen? Ist hier ein bißchen Volkstheatertradition mit pathetischeren Dramenformen zusammengekleistert? Sind die exotische Patina der märchenhaften Atmosphäre und die Neigung zu allegorischer, bildhafter Schaustellung als altüberlieferte Elemente einer „barocken", im Grunde – nach der bereits vorübergegangenen Zeit des Josephinismus – längst überholten Tradition anzusprechen? Oder handelt es sich um ein vorzügliches Libretto, das Aktuellstes in jeder Hinsicht darbietet und ästhetisch weitab rückt von sogenannten „barocken" Gestaltungsweisen? Fragen über Fragen, denen die folgenden interpretatorischen Hinweise gelten mögen.[7]

Zwei Wanderern begegnet man in der *Zauberflöte:* Tamino und Papageno. Dem einen wird der andere hinzugesellt; und trotzdem: Wie unterschiedlich entwickelt sich die Reise der beiden; von woher kommen und zu welchen Zielen gelangen sie? Da ist zunächst Tamino: Laufend, im Affekt der Angst stürzt er herbei, und wieder im Affekt – einerseits im uneingeschränkten Gefühl der beseligenden Liebe, andererseits im ebenso schrankenlosen Gefühl der Rache – verläßt er das Reich der Königin der Nacht; er sucht die Erfüllung seiner Liebe zu Pamina, aber er sucht mit der Kraft einer bildbaren Seele und eines bildbaren Verstandes nach einem Leben, das zugleich der Tugend verpflichtet ist. Beides wird in der Bildnis-Arie bzw. in der Unterredung mit dem Sprecher ausgesprochen.

Im unausgesetzten Vorwärtsschreiten erweist sich Tamino als Suchender: Das ist eine Konzeption, die freimaurerischem Denken entspricht und von daher immer wieder die literarischen Entwürfe der Zeit beeinflußt, z. T. auch unabhängig davon existiert. Suchen und immer bewußter durchgeführtes Wandern als (symbolische) Vorgänge des Lernens, Reifens und der bildenden Aneignung gestaltet man in vielen literarischen Formen von der Reisebeschreibung bis zum Bildungsroman. Goethes *Wilhelm Meister* ist der Kulminationspunkt auf der dichterischen Höhe des literarisch allen übrigen Teilen des deutschen Sprachraums weit vorausgeeilten Weimar. Mit einfacheren, schematischeren Mitteln, sprachlich reduziert auf die engeren

eines genialen Opernentwurfs – Da Pontes Libretto zu „Così fan tutte" und das literarische Umfeld des 18. Jahrhunderts. Ebda., S. 355–377.

[7] Im weiteren literaturgeschichtlichen Zusammenhang sollen die hier vorgelegten Gedanken in dem vom Verfasser geplanten Buch über Lied und Libretto der Wiener Musik von Gluck bis Schubert dargestellt werden.

Grenzen des Textbuchs, hat Schikaneder im Libretto der *Zauberflöte* an der Gestalt Taminos Ähnliches zu zeigen versucht.

Tamino eilt vom symbolisch gedachten, allegorisch gestalteten Reich der Nacht in das Reich des Lichts, dessen Macht im heiligen, siebenfachen Sonnenkreis Sarastros symbolisch, in der Figur Sarastros beinahe allegorisch erscheint. Tamino durchwandelt also Reiche, in denen Lebens- und Seinsprinzipien durch festgefügte Ordnungen repräsentiert sind, denen er im Bösen oder Guten dienstbar sein soll. In solchem Sinn vollzieht sich an ihm zwar ein Bildungsweg, der im Motiv des Wanderns verwandt ist den literarischen Schöpfungen der Goethe-Zeit außerhalb des österreichischen Raumes, zugleich jedoch grundsätzlich von ihnen unterschieden: Taminos Reifen vollzieht sich noch nicht in der Sphäre eines vom Individuum getragenen Seinsverständnisses etwa von *Wilhelm Meisters Lehr-* und *Wanderjahren,* sondern im Rahmen eines so sehr gesellschaftlich objektivierbaren humanen Denkens, daß ihm bereits Ordnungsschemata zu Gebote stehen. Die Reiche sind vorgegeben wie ihre Ordnungen; so ist auch Taminos Bahn – im Unterschied zur Wanderung Wilhelm Meisters – klar abgesteckt. Angst, Liebe und Rache, unkontrollierte Empfindungen und Sehnsüchte stehen am Anfang, unbeherrschtes Davoneilen und Fordern sind die Folge, dann erst stellt sich – mit dem Eintritt ins Reich Sarastros – die Besonnenheit ein. Dementsprechend entfaltet sich Taminos sinnvoller Entwicklungsgang nach der Belehrung der drei Knaben,

> *Zum Ziele führt dich diese Bahn,*
> *Doch mußt du Jüngling! männlich siegen.*
> *Drum höre unsre Lehre an:*
> *Sey standhaft, duldsam, und verschwiegen!*[8]

ferner angesichts der instinktiv, d. h. aus richtigem Empfinden erkannten Bedeutung der Bauwerke im Reich Sarastros,

> *Es zeigen die Pforten, es zeigen die Säulen,*
> *Daß Klugheit und Arbeit und Künste hier weilen;*
> *Wo Thätigkeit thronet, und Müßiggang weicht,*
> *Erhält seine Herrschaft das Laster nicht leicht.*[9]

dann beeinflußt von der Unterredung mit dem Sprecher und schließlich mit der (den ersten Akt sehr sinnvoll beschließenden) Einführung in den Tempel zu jenem vernunftgeregelten, von tugendhafter, großer Empfindung getragenen Vorwärtsschreiten, dem die Vorstellung vom bildenden Wandern entspricht. Die Aufschriften der drei Tempel, denen der Prinz eintrittbegehrend gegenübersteht, deuten die bildende

---

[8] *Die Zauberflöte. Eine große Oper in zwey Aufzügen. Von Emmanuel Schikaneder. Die Musik ist von Herrn Wolfgang Amade Mozart, Kapellmeister, und wirklichem k. k. Kammer-Compositeur. Wien, gedruckt bey Ignaz Alberti, 1791,* S. 35 (I, 15). Dieser Erstdruck des Textbuchs erschien mit einem Nachwort versehen von Michael Maria Rabenlechner in einem Faksimile-Neudruck als Jahresgabe der Wiener Bibliophilen Gesellschaft für 1941 im Juni 1942.

[9] Ebda., S. 36.

Entwicklung belehrend – für Tamino u n d das Publikum – an: rechts der Tempel der Vernunft und links der Tempel der Natur, in der Mitte des Hintergrunds der Tempel der Weisheit, Sarastros Tempel, als Tempel der Vollendung. Hier, im fünfzehnten Auftritt erfolgt der Umschwung in Taminos Persönlichkeit. Zweimal noch treibt ihn die leidenschaftliche, unbeherrschte Seelenregung vorwärts: nur die Aufklärung verheißenden Worte des Sprechers halten ihn zurück, unbedachtem Gefühl zu folgen und das Reich Sarastros zu verlassen; schließlich eilt er – von der Empfindung überwältigt (*Und wenn es auch mein Ende wär* – I, 19)[10] in die Arme Paminas. Aber nunmehr – aus der Verwirrung des Gefühls, des Triebs mit eigenen Kräften nicht mehr herausfindend – erwartet er gefaßt das ihm zugedachte und von ihm angenommene Schicksal der Prüfungen. Die eigentliche Wanderung setzt mit dem zweiten Aufzug ein; dementsprechend macht der Text – wie übrigens in jeder Phase – belehrend auf die Bedeutung aufmerksam: Sarastro spricht in seiner ersten Arie von Isis und Osiris – *Die ihr der Wandrer Schritte lenket*;[11] der Sprecher erwähnt nach der ersten Prüfung, die Verschwiegenheit fordert (II, 5), Tamino gegenüber die weitere Wanderschaft (II, 6), während der kaum bildbare Papageno von den ernsthaften Prüfungen, deren Sinn er nur zum geringsten Teil versteht, genug hat – *Bey so einer ewigen Wanderschaft möcht einem wohl die Liebe auf immer vergehen* (II, 6);[12] Sarastro singt in seiner zweiten Arie vom Wandeln *an Freundeshand*,[13] und schließlich macht er auf die beiden letzten, gefährlichen Prüfungswege (II, 21), nämlich die durch Feuer und Wasser, aufmerksam; dort (II, 28) ist ein letztes Mal belehrend von der Verbindung der Prüfungen mit der Wanderung symbolisch, in wörtlicher Anlehnung an Abbé Terrassons damals allgemein bekannten, von Matthias Claudius ins Deutsche übersetzten (1777/78 und ²1784) Séthos-Roman die Rede:[14]

> *Der, welcher wandert diese Strasse voll Beschwerden,*
> *Wird rein durch Feuer, Wasser, Luft und Erden;*
> *Wenn er des Todes Schrecken überwinden kann,*
> *Schwingt er sich aus der Erde Himmel an. –*
> *Erleuchtet wird er dann im Stande seyn,*
> *Sich den Mysterien der Isis ganz zu weih'n.*[15]

Der Weg des Einzelnen wandelt sich aber nun – in höchster Erfüllung – zur gemeinsamen Bahn der Liebenden, Tamino und Pamina.

Tamino hat also – nach zeitgenössischem Verständnis – die höchste Stufe des Menschseins erreicht: aus der Verbindung der naturgegebenen seelischen Möglichkeiten (Natur) mit der intellektuellen Einsicht (Vernunft) zur Harmonie der Persönlichkeit ist er ein Weiser geworden. Die österreichische Literatur josephinisch-frei-

---

[10] Ebda., S. 47.
[11] Ebda., S. 53.
[12] Ebda., S. 64.
[13] Ebda., S. 73.
[14] Vgl. hierzu Hans-Albrecht Koch, s. Anm. 5, ebda., S. 83f.
[15] s. Anm. 8, ebda., S. 95f.

maurerischer Prägung hat dieses Ideal immer wieder beschworen;[16] nur ein Beispiel sei genannt, das zeigt, wie zeittypisch Schikaneder die Entwicklung Taminos konzipiert hat. Franz Kratter spricht in der Vorrede seines Romans *Der junge Maler am Hofe* (1785) theoretisch ex negativo aus, was sich Schikaneder und Mozart zur praktischen Verwirklichung im positiven Sinn vornahmen; eine Reihe zentraler Wertbegriffe sind hier verwendet, die auch die Figuren der später geschriebenen *Zauberflöte* oft im Munde führen:

> *Schwärmerey ist anstekkend, und unheilbar, gleich einer Seuche. Ich bedaure den Jüngling, der empfindelt und schwärmt. Er ist ein ewiger Träumer. Leidenschaften wüthen in seiner Seele. Die Folgen seiner Grundsätze sind gut, und böse ohne Wahl und Bestimmung, wie die des Ungefährs. Muth und Feigheit wechseln beständig in ihm.*

Diese Persönlichkeitskonstellation paßt auf Taminos stets wechselnde Gemütslage bis gegen Ende des ersten Aktes zu. Männlichkeit, Festigkeit in den Entschlüssen und Standhaftigkeit, jene Tugenden, die von den drei Knaben so nachdrücklich betont werden, läßt er zunächst weitgehend vermissen. Kratter kommt daher auf jene Werte im gleichen Sinn ebenfalls zu sprechen:

> *Ohne Männlichkeit in seinen Entschlüssen, und ohne Festigkeit in seinen Grundsätzen, kennt er die beneidenswerthe Lage des Weisen nicht. Zufriedenheit, und Genügsamkeit des Herzens sind ihm ein Unding. Die grosse, menschliche Freude: Bürger, Freund, Gatte, Vater zu sein ist für ihn auf immer dahin!*[17]

Es ist für die literarisch-aufgeklärte Konzeption vom Menschen im josephinischen Zeitraum bezeichnend, daß immer wieder auf bestehende gesellschaftliche Ordnungen zurückgeschlossen wird: wie hier, im Roman Kratters, so auch in der *Zauberflöte*. Tamino ist im Anfang ein – freilich bildbarer – Schwärmer, der Gefahr läuft, das Werkzeug übler Mächte zu werden. Er ist tatsächlich vorerst der Rache, wenngleich aus ihm berechtigt erscheinenden Motiven, fähig: von Sarastros Lehre, daß man die Rache (*In diesen heil'gen Hallen*, II, 12)[18] grundsätzlich abzulehnen hat, weiß er noch nichts; neben dem negativen Gefühl existiert für seine schwärmerische Seele auch die große, wahre und schöne Empfindung, die Liebe, der er sich vorbehaltlos hingibt. Beide Leidenschaften sind unkontrolliert. Schikaneder und Mozart haben das auf überzeugende Weise im unentschlossenen Schwanken in den schnellen, unbeherrschten Einwürfen Taminos in der Sprecherszene (der Sprecher erhält die

---

[16] Vgl. hierzu Herbert Zeman, *Joseph Haydns Begegnungen mit der Literatur seiner Zeit – zur Einleitung*. In: *Joseph Haydn und die Literatur seiner Zeit*. Hrsg. v. Herbert Zeman (= Jb. für Österreichische Kulturgeschichte, Bd. VI), Eisenstadt 1976, S. 7–23, hier S. 17f., S. 19ff., Roswitha Strommer, *Wiener literarische Salons zur Zeit Joseph Haydns*. Ebda., S. 97–121, hier S. 116f.; ferner Cornelia Kritsch und Herbert Zeman, s. Anm. 6, hier besonders S. 359–364.

[17] Franz Kratter, *Der junge Maler am Hofe. Eine deutsche Geschichte für Denker und Gefühlvolle*. Th. 1. Wien und Leipzig, Georg Philipp Wucherers 1785, Vorrede.

[18] s. Anm. 8, ebda., S. 73.

Regieanweisung *langsam*, Tamino mehrere Male *schnell* zugeteilt) einerseits, anderseits in der Bildnisarie hervorragend zum Ausdruck gebracht. Die Schönheit des Mädchenbildnisses erregt Taminos Empfindung (v. 1–4),[19] ihr gelten die mittleren vier Verse, auf die dann die sechs schließenden Zeilen der aus dem überströmenden Gefühl erwachsenen Wünsche folgen. Schikaneder hat also den Text sorgfältig ausgewogen aufgebaut. Mozart erreicht überdies durch einfache oder kunstvoll die Worte in neue Zusammenhänge gruppierende Wiederholungen eine Intensivierung der Stimmungen, die durch die Seele des Liebenden ziehen. Alles, was Tamino seelisch neu ist und was zu neuen Sehnsüchten führt, hat der Komponist auf solche Weise hervorgehoben. Da ist zunächst das Entstehen der *neuen Regung* (v. 4); dann folgt ihre Bestimmung *Soll die Empfindung Liebe seyn? / Ja, ja! die Liebe ist's allein*. Diese Verse (sieben und acht) stehen in der exakten Mitte des Textes; sie sind der Schlüssel für alle vorausgegangenen und alle nachfolgenden Empfindungen bzw. (hypothetischen) Entschlüsse; daher verharrt die musikalische Textbehandlung auch auf ihnen; der freudig erregten, deshalb zweimal wiederholten Frage folgt die dreimal bestätigende Bezeichnung des Gefühls, wobei erst beim dritten Mal – nach einem gleichsam beseligenden Klarmachen des Wortes *die Liebe* – die ganze Phrase ausgesungen wird – *die Liebe ist's allein*. So baut sich vom Anlaß, dem zeitgenössisch üblichen literarischen Motiv der Liebeserregung durch ein Bildnis,[20] jener seelische Vorgang auf, den Textdichter und Komponist zu vollendeter Einheit gestalten. Taminos Gefühlsempfänglichkeit ist – wie schon an Hand der Textwiederholungen gezeigt wurde – in ihrer Art eine durch und durch dynamische. Die Bewegtheit des Herzens, die der Text immer wieder bezeichnet, u. a. durch einen Vers wie *Doch fühl ich's hier wie Feuer brennen* (v. 6), durch atmosphärische Ausrufe wie *Ja, ja!* (v. 8) oder *O* (v. 9 und 10) oder durch das Stocken im Überschwang des Gefühls *Ich würde – würde – warm und rein – / Was würde ich!* (v. 11f.), hat Mozart durch eine Reihe dynamischer Bezeichnungen (crescendi, forte, piano) in völliger Übereinstimmung mit dem Wortlaut neben den entsprechenden musikalischen Bögen stark differenzierend charakterisiert. Keine Phrase darf somit statisch gesungen oder vom Orchester begleitet werden. Ein Beispiel: Schikaneders schon erwähnter achter Vers *Ja, ja! die Liebe ist's allein* ist sinngemäß und sprechrhythmisch zweigeteilt; das bestätigende Rufzeichen erfordert eine kleine Pause; Mozart setzt sie tatsächlich musikalisch, nachdem er sinngemäß dem zweiten *ja!* einen stärkeren Akzent gegeben hat; auch im gesprochenen Vers hat dieses zweite *ja!* einen Akzent, den das sogleich nachfolgende Wort *Liebe* aus rhythmischen Gründen kaum mehr erhalten kann; aber gerade auf dieses Wort kommt es an; Mozart löst es daher aus der engeren Versbindung und wiederholt es mit einem starken Akzent (vorweggenommen in der Begleitung durch ein fp), wiederholt es ein zweites Mal (ohne nähere dyna-

---

[19] Ebda., S. 13.
[20] Moriz Enzinger, *Die Entwicklung des Wiener Theaters vom 16. zum 19. Jahrhundert (Stoffe und Motive)*. Erster Teil. Berlin 1918, S. 92f. und ders.: *Randbemerkungen zum Textbuch der „Zauberflöte"*. In: *Sprachkunst als Weltgestaltung*. Festschrift für Herbert Seidler. Hrsg. v. Adolf Haslinger. Salzburg – München 1966, S. 49–74, hier S. 72f.

mische Bezeichnung) und – wie bereits gezeigt – ein drittes Mal wieder mit starkem Akzent (Koloratur in der Singstimme, f in der Begleitung), dann folgt nach kurzer Pause das schließende *ist's allein*. Die Wiederholungen sind also offensichtlich deutlich zu nuancieren. Die Akzentsetzung, die sich aus dieser Perspektive der Mozartschen Textbehandlung, d. h. also zunächst bloß von der Wortauffassung her ergibt, wäre: *Ja, já! die Liebe ist's allein, die Liébe, die Liebe, die Liébe ist's allein* (Nebenakzente sind nicht gekennzeichnet). Rechnet man noch die eigentliche musikalische Ausgestaltung der Stelle, die der Musikwissenschaftler bzw. der Musiker zu interpretieren hätten, hinzu, so scheinen sich neben neuen Wegen einer wissenschaftlichen bzw. praktischen Mozart-Interpretation vor allem Mozarts sensibles Textverständnis und Schikaneders adäquate, d. h. zulängliche literarische Leistung abzuzeichnen. Der Text der Bildnis-Arie steigert das Vorwärtsdrängen bis zu den sehnsüchtigen Wünschen, Pamina zu sehen (v. 9–10), sie in die Arme zu schließen und mit ihr ewig vereint zu sein (v. 11–14). Diese Dynamik darf in der Wiedergabe nicht verlorengehen. Mozarts Textbehandlung gibt dafür wichtige Hinweise: der Komponist bindet die Verse 9 und 10, in welchen Tamino bereits seine stürmischen Wünsche vorzutragen beginnt (*O wenn ich sie nur finden könnte* usw.) an den ersten Teil der Arie und legt – mitten hinein in die Verse 11 und 12! – einen Takt Pause ein. Wozu? Ist hier wirklich eine Pause eingetreten, der ein neuer Anfang folgt? Keineswegs. Die Dynamik von Taminos Herzensergießung staut sich gleichsam auf, um dann – nach der Frage *Was würde ich?* – in der Gewißheit des begeisterten Abgesangs zum Höhepunkt zu gelangen, der mit der Kontamination des Anfangsteils von Vers 11 *Ich würde* und dem Ende von Vers 12 *Sie voll Entzücken* beginnt, von Mozart zu einer neuen Verseinheit gefügt, die als einzige Ausnahme unter den vierhebig steigenden (jambischen) Versen besteht. Das ist ein genialer Kunstgriff, auf dem der Komponist die bis zum Ende gesteigerten Textwiederholungen aufbaut.

Taminos Liebesbekenntnis und sein Entschluß, Pamina zu retten, erwachsen in einer Situation des Fragens. Nicht viel erfährt er von und über Papageno (Auftrittsarie und daraufolgende Unterredung I, 2), fast nichts über die Königin der Nacht (I, 2 und I, 3 Unterredung mit den drei Damen); nur über die wunderbare Errettung vor der Schlange erhält er Bescheid. Sieht man also von der *Heldenthat* der drei Damen ab, so ist der Zuschauer in ähnlicher Situation wie Tamino; aus dessen Perspektive entfalten sich auch für ihn wesentliche Momente der Handlung, von den vorerst nicht zu durchschauenden Gerüchten der drei Damen und der Königin der Nacht (I, 5 und I, 6), die selbst Papageno Furcht einjagten (I, 8), bis zur langsamen Aufklärung der Wahrheit mit dem Eintritt in das Reich Sarastros. Tamino (und dem Zuschauer) bleibt gar nichts anderes übrig, als diese vom Textdichter hervorragend nuanciert ins Spiel gebrachten Verleumdungen zu glauben. Es fällt jedoch auf, daß Schikaneder schon hier Akzente setzt, die auf die weitere, überraschende Entwicklung hindeuten. Die Königin der Nacht wird zwar als klagende Frau, keineswegs aber als liebende Mutter mit besonderer menschlicher Geste eingeführt; sie bleibt in kalter, starrer Distanz; ihr Auftritt widerspricht in keiner Phase Sarastros späterem

Wort vom *stolzen Weib* (I, 18); es ist klar, daß ihr Reich das der kalt glitzernden Sterne ist, und die blitzenden Koloraturen verstärken nur die Distanz zum humanen Wort. So bösartig und eigensüchtig auch Sarastro durch die vier Frauengestalten dargestellt wird, eine Wahrheit vermag man doch nicht zu verbergen, da sie Tamino (und dem Publikum) alsbald vor Augen kommen wird: der angebliche Bösewicht wohnt – so sagen die drei Damen – in *einem angenehmen und reitzenden Thale* (I, 5),[21] – ein früher Hinweis auf jene Kulturlandschaft, in der die Bauwerke stehen, die Tamino bald darauf zutiefst beeindrucken sollen. Im Grunde weist Schikaneder auf eine Landschaft, die – nach zeitgenössischem Verständnis – dem ruhigen Gemüt der gebildeten Persönlichkeit des Menschen entspricht: es ist eine diätetische Landschaft, wie sie zu Schikaneders Zeit immer wieder beziehungsreich mit der Bildung des Menschen in Zusammenhang gebracht wird bis hin zur diätetischen Landschaft, in die Goethe seine *Pädagogische Provinz* im *Wilhelm Meister* setzt.

Die Perspektive Taminos bleibt so lange die des Publikums, bis überzeugend dargetan ist, daß das Reich Sarastros im wahrsten Sinn des Wortes ein Reich des Lichtes ist. Dann wechselt die Perspektive mitunter, aber immer gewinnt der Zuschauer Einblick in die Bildungsvorgänge, in die guten und bösen Absichten der Hauptfiguren, so daß er selbst Belehrung im umfassenden Sinn erhält.

Tamino geht seinen Weg nicht allein; ihm und seinem Begleiter Papageno nennen die drei Damen besondere Weggefährten:

> *Drey Knäbchen, jung, schön, hold und weise,*
> *Umschweben euch auf eurer Reise,*
> *Sie werden eure Führer seyn,*
> *Folgt ihrem Rathe ganz allein.*[22]

Im Unterschied zur Zauberflöte und zum Glockenspiel, die offenbar aus dem Besitz der Königin der Nacht in den Taminos und Papagenos übergehen, sind die drei Knaben nicht zur Hand. Sie bleiben zunächst unsichtbar und treten erst im Reich Sarastros mit Tamino auf. Dort geben sie eine erste Probe ihrer tatsächlich vollendeten Weisheit ab. Am entscheidenden Übergang von einem Reich in das andere weisen sie Tamino den rechten Weg, nicht den seiner Schritte, sondern den seiner Handlungen. Die optisch-räumliche (auch die allegorische) Schaustellung erweist sich einmal mehr als symbolisch zu verstehender Ort. Zur Burg Sarastros zu eilen heißt – jenseits der theatralischen Präsentation – zum Licht der Wahrheit finden. Dabei helfen die drei Knaben. Sie leiten ebenfalls Pamina und ganz zuletzt erst auf einfache Art Papageno und Papagena, wobei freilich manchmal das richtige Handeln sich natürlicherweise mit dem rechten räumlichen Weg verbindet. Schikaneder hat die drei Knaben weder dem Reich der Königin der Nacht noch jenem Sarastros zugeordnet; sie sind einzig und allein gebunden an die suchenden, liebenden, ihr Lebensziel und ihre Lebensbestimmung anstrebenden Gestalten. Die drei Knaben

---

[21] s. Anm. 8, ebda., S. 15.
[22] Ebda., s. 22 (I, 8).

sprechen aus, was der Genius Taminos, Paminas, Papagenos (und Papagenas) instinktiv jeweils auf verschiedene Art als richtig erkennt. Tatsächlich erscheinen die drei Knaben im Personenverzeichnis des Textbuchs als Genien. Damit wird ihre Funktion und Herkunft schlagartig klar: Sie haben – im Verstand des an der Antike gereiften 18. Jahrhunderts (von „barocker" Überlieferung kann hier nicht einmal entfernt die Rede sein) – lebensbegleitende Funktion, sind also seelische Kongruenzfiguren, von Schikaneder genial als allegorisch-sichtbare Personifikationen auf die Bühne gebracht. Als Genien haben sie sich folglich auf der Bühne zu bewegen; es muß sichtbar werden, daß sie an die seelisch-geistige Persönlichkeit Taminos, Paminas oder Papagenos und Papagenas in der jeweiligen Situation gebunden sind; denn nur mit diesen Figuren erscheinen sie auf der Bühne. Sie entstammen eben nicht – wie so oft völlig zu Unrecht vermutet – dem Reich der Königin der Nacht. Im Gegenteil: Die drei Damen verweisen Tamino und Papageno mit der Nennung der drei Knaben im Grunde auf die den beiden Wanderern eigentümlichen seelisch-geistigen Anlagen und das damit verbundene Erkenntnisvermögen; die Talente bewähren sich bei Tamino am idealsten. Er, der Bildbare, nimmt „seine" Genien zunächst wahr und beherzigt alsbald ihre Weisheitslehre, nämlich *standhaft, duldsam und verschwiegen* zu sein. Die drei Genien sind es, die Pamina vor dem Selbstmord retten, ihr den rechten Weg zu ihrem Jüngling im richtigen Augenblick weisen; sie sind es auch, die nur eine Szene später in einer, weil auf den Auftritt Paminas folgenden, daher parodistisch anmutenden parallelen Situation auch Papagenos Seelenleben mit einem einfachen Rat wieder ins rechte Lot bringen. Diese drei Seelenführer, die in der beziehungsreichen Dreizahl auftreten, sind daher Gegenfiguren zu den drei Seelenverführerinnen, den drei Damen, die – auch aus solchem Zusammenhang völlig einsichtig – dem Reich der Dunkelheit angehören.

Die schlichten Grundwahrheiten der drei Knaben, schematisch vorgetragen, ergänzen in anmutiger Spielfolge jene Weisheitslehren, die – zum Wohle der Wanderer und als Merksätze für das Publikum ausgesprochen – die ganze Oper erfüllen. Man muß es dem Librettisten zu Buche schreiben, daß ihm eine Fülle von Wortprägungen glückte, die dem Gedächtnis in ihrer einfachen und überzeugenden, manchmal sprichwörtlichen Fügung kaum aus dem Gedächtnis entschwinden: Sie reichen vom anmutigen Gedanken über das Verhältnis von Mann und Frau im Duett von Pamina und Papageno bis zu Sarastros großer humaner Botschaft *In diesen heil'gen Hallen*. Sie alle passen und stimmen zusammen und ergeben eine Weltordnung, in der jeder kraft seiner Anlagen und deren Ausbildung den ihm gebührenden Platz zugewiesen erhält; das ist eine Vorstellung, die dem humanen Denken der gesamten Goethe-Zeit durchaus entspricht.

Taminos Entwicklungsmöglichkeiten sind Papageno nicht gegeben. Er nimmt folgerichtig die drei Genien zunächst nicht wahr; Pamina gegenüber erwähnt er, daß zwar die drei Damen sagten *drey holde Knaben würden unsre Wegweiser seyn, sie würden uns belehren, wie und auf was Art wir handeln sollen* (I, 14),[23] aber weder

---

[23] Ebda., S. 31.

ihm noch Tamino hätten sie sich gezeigt. Der Vogelfänger gelangt auch nicht an die offizielle Schwelle von Sarastros Reich, er erblickt nicht die aufklärenden Inschriften der drei Tempel, insbesondere nicht den Weisheitstempel Sarastros, sondern gerät mit seinem geradlinigen Hausverstand gleich an Pamina, mit der er – auf seine durchaus gemüthafte Art – in der Bestimmung von Mann und Frau in dieser Welt übereinstimmt (I, 14). Papageno ist also ein mit seelischen Vorzügen ausgestatteter einfach-heiterer Charakter, der weiß, was er will, und der das auch mit seiner ihm kongruenten Partnerin Papagena erreicht: Die Auftrittsarie formuliert das Ziel eines bescheidenen Lebensglücks in anmutig-zärtlicher Stilgebung; von Zucker, Mädchen und Liebesspiel ist die Rede, von Scherz und heiterer Lebensführung. Erst recht die zweite Arie führt in derselben Stillage die Herzenswünsche des Vogelfängers vor: sie ist eines jener typischen Theaterlieder, die Ausdruck der beglückten Stimmung der singenden Figur sind; um in eine solche Situation zu geraten, bedarf es bei Papageno – wie bei allen seinen heiteren Vor- und Nachfahren im Singspiel, in der musikalischen Alt-Wiener Volkskomödie – keines großen Aufwands; gutes Essen und Trinken genügen, um die Ruhe des Gemüts zu befördern, die der große Theoretiker des deutschen Singspiels, Christoph Martin Wieland, überhaupt für die Singspielbühne forderte[24] und die Schikaneder an der Figur seines Papageno in Lebenshaltung und Sprachstil so überzeugend demonstrierte. Die momentane glückliche Situation läßt die Empfindung des Herzens überquellen, sie muß ausgesprochen werden; sie gesellt sich gleichsam zu dem längst durch das Auftrittslied und durch die Handlung vorgegebenen Thema *Ein Mädchen oder Weibchen wünscht Papageno sich* (II, 23). Diese Seelenaussprache benötigt an Ausdrucksmittel zweierlei: zunächst einen einfachen, auf die Figur, ihre Situation und Seelenlage passenden, ins Allgemeine typisierten Text, der verschiedene Aspekte additiv von Strophe zu Strophe fortschreitend vorführt und die Grundstimmung eben dieses Stimmungs- und Situationsliedes angibt, so daß die Möglichkeit einer unkomplizierten Wirkung auf den Hörer gewährleistet ist; schließlich eine im Grunde ebenso einfache, ins Ohr gehende Musik, erfüllt von der Gemütsbewegung, die der Text umschreibt.[25] Die innige Einheit von Text und Musik gewährt besonders in einem solchen Fall die ästhetisch völlig übereinstimmende Stillage von Wort und Musik: Das wäre nicht möglich gewesen, ohne die stilistischen Ausdrucksmittel, die der literarisch weit vorausgeeilte deutschsprachige Norden dem Wiener Theaterleben anbieten konnte und die die in der Kaiserstadt lebenden Textbuchautoren seit den späten siebziger Jahren mit größter Intensität rezipierten bzw. dem eigenen Kunstbetrieb anverwandelten. In diesem Sinn wurden die Gestalten Papagenos und Papagenas aus der seit den achtziger Jahren erblühten Tradition der Singspielkasperliaden heraus entwickelt, ihr Sprachstil – übrigens ebenfalls ganz im Sinne Wielands (vgl. Anm. 24) –

---

[24] Vgl. hierzu Herbert Zeman, *Die Liedeinlagen in den Märchen- und Zauberspielen Ferdinand Raimunds*. In: *Die Andere Welt. Aspekte der österreichischen Literatur des 19. und 20. Jahrhunderts*. Festschrift für Hellmuth Himmel zum 60. Geburtstag. Bern und München 1979, S. 107–131, hier S. 118–123.

[25] Ebda., S. 122.

verfeinert, so daß eine Annäherung an den mittleren Stil Taminos und Paminas erfolgte, der tatsächlich eine sinnvolle Interaktion mit den höheren Standespersonen möglich machte. Man beachte, wie die zärtlich-anmutige Stillage des Textes mit seinen Verkleinerungsformen *(Weibchen, Täubchen)*, mit den typischen Adjektiven des zeitgenössischen Anmutsstils *(hold, sanft)* in der zweiten Arie Papagenos, aber auch in der großen Schlußszene seines letzten Auftritts (II, 29) immer wieder auftauchen. Mit Anmut, voll Gutmütigkeit ist diese sympathische Figur zu spielen, die immerhin bis zur Einsicht in die notwendige Harmonie von Mann und Frau, von Wunsch und Erfüllung unter dem Ideal der Zufriedenheit gelangt. Schikaneder hat mit dem heiteren Paar eine für die Zeit höchst aktuelle ethisch-stilistische Gestaltung geschaffen, die sich recht deutlich von den theatralischen Vorfahren abhebt; die Neuartigkeit der künstlerischen Durchführung verbietet es auch hier, von „barocken", immer noch wirksamen Überlieferungen zu sprechen. Moderne sozialkritische Interpretationsversuche sind vollends zum Scheitern verurteilt. Dieser Papageno ist kein plumper oder gar revolutionär gesinnter, niedergehaltener Diener, sondern die humane Ergänzung Taminos; er ist der Nichteingeweihte, der profan Bleibende, der Naive, der am Anfang nicht einmal weiß, was ein Prinz ist und daher aus Angst (nicht aus revolutionärem Ansinnen) Tamino droht, ihn wie einen Gimpel in sein Vogelhaus zu sperren (I, 2).[26] Es gibt eine sehr aufschlußreiche, lebendige Szene, die ein Brief Mozarts überliefert, aus der hervorgeht, wie er und Schikaneder die Geistigkeit Papagenos auffaßten; Mozart besuchte eine der ersten Reprisen, die im Freihaustheater stattfanden, geriet in eine Loge und damit auf einen „Papageno" des realen Lebens, der den höheren Sinn der Reden im Reich Sarastros nicht verstehen wollte:

> *aber Er, der allwissende, zeigte so sehr den b a y e r n, daß ich nicht bleiben konnte, oder ich hätte ihn einen Esel heissen müssen; – Unglückseeligerweise war ich eben drinnen als der 2.te Ackt anfieng, folglich bey der feyerlichen Scene. – er belachte alles; anfangs hatte ich gedult genug ihn auf einige Reden aufmerksam machen zu wollen, allein – er belachte alles; – da wards mir nun zuviel – ich hiess ihn P a p a g e n o , und gieng fort – ich glaube aber nicht daß es der dalk verstanden hat.*–[26a]

Das ist ein wichtiges Zeugnis für Mozarts Übereinstimmung mit dem (gesprochenen) Text und belegt das Interesse, das er an der literarischen Seite seines Kunstwerks nahm. So wie dieser real-historische „Papageno" existiert auch die Bühnenfigur; so lebt der Nichteingeweihte neben dem Wissenden; seine Grenzen ergeben sich wie von selbst aus seiner Persönlichkeit, die eben bloß beschränkte Einsichten in die Lebensphänomene hat und sich über die guten, doch begrenzten Anlagen kaum hinaus entwickeln kann. Papagenos Weg geht deshalb auch ein Stück parallel oder

---

[26] s. Anm. 8, ebda., S. 8.
[26a] *Mozart Briefe und Aufzeichnungen* [. . .], gesammelt und erläutert v. Wilhelm A. Bauer u. Otto Erich Deutsch, Bd. 4: 1787–1857, Kassel, Basel, Paris, London, New York 1963, S. 160 – Mozart an seine Frau, Brief, datiert Wien, den 8. und 9. Oktober 1791.

gemeinsam mit dem Taminos, dann aber – nach dem 19. Auftritt des zweiten Aufzugs – trennen sich die Bahnen und führen nicht mehr zueinander. Trotzdem ist das Verhältnis Taminos und Paminas zu Papageno ein auf besondere Weise humanes. Zwar fordern die drei Damen Papageno auf, der Diener des Prinzen zu sein,[27] kaum ist allerdings das Reich der Königin der Nacht verlassen, erweist sich Papageno als ein sowohl von Tamino als auch von Pamina menschlich akzeptierter, in entscheidenden Phasen sogar freundschaftlich angeleiteter Begleiter. Nochmals: Hier wird aus der alten Tradition der lustigen Figur des Alt-Wiener Volksstücks, der Singspielkasperliade, eine Gestalt mit neuen ethischen und sprachstilistischen Momenten entwickelt. Daher gibt die funktionelle Umwandlung des alten Vogelfängermotivs den literarhistorischen und den theatergeschichtlichen Standort an und nicht – wie bisher oft behauptet – das Motiv selbst; auch Papageno ist kein später Zeuge einer „barocken" Tradition.[28]

Die verwirklichte sinnvolle Interaktion zwischen den hochgeborenen Königskindern und der einfachen Vogelfängergestalt liegt gleichsam jenseits des zeitgenössischen gesellschaftlichen Schichtschemas; Schikaneder erreicht die Humanisierung eines Gesellschaftsaufbaus, dessen Grundlage eine unter hohen Idealen vorgenommene Elite-Bildung zum Wohle aller Menschen sein soll. Zwischen der Menschlichkeit Taminos, seiner Würde und staatspolitischen Funktion besteht ein Kausalzusammenhang; der Feststellung des Sprechers *Er ist Prinz!* begegnet daher Sarastros Antwort *Noch mehr – – – Er ist Mensch!*[29]

Unter dem Signum der Menschlichkeit rücken die gesellschaftlichen Ränge der *Zauberflöte* näher zusammen, als dies gemeinhin im österreichischen Sprechdrama und im Musiktheater der Zeit üblich war, gelangt auch die Balance der Empfindungen – Temperamentenlehre und Weltanschauung treten in ein neues Verhältnis zueinander – zu ihren stilprägenden Rechten. Die Balance der Empfindungen gleicht der vor allem für das Singspiel schon früher geforderten Harmonisierung der Persönlichkeit, der Ruhe des Gemüts (Wieland). Dementsprechend vermied der Textdichter sowohl das Pathos, den erhabenen Stil des zeitgenössischen Hochstildramas und der großen heroischen Oper (z. B. in der Tradition Glucks) als auch die niederen Stilelemente lustiger Figuren der Alt-Wiener Volkskomödie bzw. der Singspielkasperliade. Der Sprachstil pendelt sich wie beim Singspiel auf die mittlere Stilebene (d. h. entweder auf die Belehrend-Ernsthaftes, beseligende und melancholische Empfindungen ausdrückende oder scherzhaft-anmutigen bis zärtlichen Stillagen) ein. Selten nur überschreiten Textdichter und Komponist diesen stilistischen Rahmen: Eine affektierte Steigerung erhält der mittlere Stil etwa in der großen musikalisch ausgestalteten Unterredung zwischen Tamino und dem Sprecher, z. T. auch wäh-

---

[27] Ebda., S. 21 (I, 8).
[28] Unter solchen Mißverständnissen leiden die oft mit erstaunlicher Detailkenntnis erarbeiteten Werke zum Alt-Wiener Volkstheater im allgemeinen und zur *Zauberflöte* im besonderen bis zu Otto Rommels *Die Alt-Wiener Volkskomödie*. Wien 1952; selbst jüngste Veröffentlichungen zur *Zauberflöte* bleiben an alten, verdrehten stil- und gattungsgeschichtlichen Einordnungen hängen.
[29] Ebda., S. 61 (II, 1).

rend der Drohungen des Monostatos Pamina gegenüber usw.; Anklänge an den für Mozart und Schikaneder nicht mehr aktuellen, affektgeladenen höheren Stil finden sich sehr selten, das beinahe einzige Beispiel ist bezeichnenderweise die Rache-Arie der Königin der Nacht.

Vorbild für eine stilistische Gestaltung auf der mittleren Ebene konnte das (josephinische) Singspiel, von Joseph II. als *Teutsches Nationalsingspiel* von 1778 bis 1788 gefördert, sein. Aber Mozarts Erfahrungen auf diesem Gebiet reichen weiter zurück. Spätestens anläßlich seiner Begegnung mit dem großen Theoretiker und Librettisten des deutschen Singspiels, mit Christoph Martin Wieland in Mannheim (1778), fand er den Anschluß an die aktuellsten literarischen Gestaltungsmöglichkeiten. In Wien übte man den modernen Stil bereits während der späten siebziger Jahre. Franz Joseph Ratschky eröffnete den von ihm begründeten *Wienerischen Musenalmanach*, der alle fortschrittlichen Literaten (fast ausschließlich Freimaurer) der Zeit zu gemeinsamer dichterischer Arbeit vereinigte, auf das Jahr 1777 mit dem Singspieltext *Weiß und Rosenfarb* (nach einem Noverreschen Ballett). Die Produktion von Singspieltexten und Singspielaufführungen blieb von da ab eine der wesentlichen künstlerischen Äußerungen jener Jahre. Mozart kommt also 1781 gerade zur rechten Zeit nach Wien. Während er alsbald mit der *Entführung aus dem Serail* (1782) den Höhepunkt des Wiener Singspiels bestimmt, entwickelt sich zu derselben Zeit Schikaneder als Schauspieler, Sänger und Librettist zu einer wesentlichen Stütze im aktuellen Genre. Parallel gemachte künstlerische Erfahrungen beider Männer, die sich längst kannten, münden in das spätere Meisterwerk, dem das Vorbild des Singspiels und der originellen Singspielkasperliade für Erfindung und Stil beider Handlungsebenen nützte.

Mozart mag an einer Fortsetzung des mit der *Entführung* eingeschlagenen Weges gelegen haben. Jedenfalls weist der Sprachstil seines Singspiels, vor allem in den ernsteren Passagen, tatsächlich auf den Text der *Zauberflöte* voraus. Freilich ist die Stillagennuancierung des intimeren Singspiels von Gottlieb Stephanie dem Jüngeren, an dessen Textfassung Mozart lebhaften Anteil nahm,[30] eine wesentlich engere als in der Weltparabel der großen deutschen Oper, aber die Stilebene ist im wesentlichen die nämliche; gerade dort, wo sich die Liebe Konstanzes und die menschliche Würde des Bassa Selim bewähren, wo sich Osmin in ausweglose Rachegelüste verstrickt, die übrigen Personen jedoch zu tieferen humanen Einsichten geführt werden, entsprechen ethische wie sprachästhetische Momente einander in auffälliger Weise (s. u.).

Die Welt der *Zauberflöte* erschließt sich ästhetisch im kontrastiven Wechsel der Stillagen zwischen maßvoller Würde und maßvoller Anmut. Dieser Wechsel von Anmut und Würde unterliegt allerdings keinem ideellen Prinzip (Schiller), sondern

---

[30] Vgl. Hans-Albrecht Koch, *Das deutsche Singspiel*, Stuttgart 1974, S. 71–79 und Lieselotte Blumenthal, *Mozarts englisches Mädchen*. In: *Sitzungsberichte der Sächsischen Akademie d. Wissenschaften zu Leipzig*, philolog.-histor. Klasse, Bd. 120, Heft 1, Berlin 1978, S. 3–29. Zur stilistischen Modernität Mozartscher Libretti vgl. ferner Wolfgang Proß, *Neulateinische Tradition und Aufklärung in Mazzolà/ Mozarts „La Clemenza di Tito"*. In: *Die Österreichische Literatur* – [. . .], s. Anm. 6, ebda., S. 379–401.

einem aufgeklärten Weltverständnis, das grundsätzlich Großes und Kleines, Heiteres und Trauriges, Licht und Schatten nebeneinander erkennt, im Ganzen jedoch auf eine optimistische Lebens- und Welteinstellung abzielt. Danach gestaltet man unter dem Einfluß der deutschen Aufklärungsliteratur des außerösterreichischen Raumes die aktuelle österreichische Dichtung – zunächst besonders die Lyrik –, und daran halten sich die ersten Wiener Komponisten des neuen österreichischen Kunstliedes, angeleitet durch den Geschmack ihrer literarisch sachverständigen Freunde und Bekannten.[31] Wechseln in den Liedtexten und Liedvertonungen z. B. Haydns und Mozarts Ernst und Scherz, Melancholie und Anmut miteinander ab, so prägt jenes Prinzip des steten Stillagenwechsels – Text und Musik ästhetisch und ethisch in einer bis dahin unbekannten Weise aufs engste verbindend – auch die Libretti des Singspiels, der deutschen und italienischen Oper: Alle musiktheatralischen Werke Mozarts, von der *Entführung aus dem Serail* über die gemeinschaftlich mit Da Ponte geschaffenen Opern eben bis zur *Zauberflöte* belegen diese Vorgangsweise; sie bleibt auch weiterhin stilprägend und erscheint noch einmal in einer letzten Vollendung mit Haydns und Gottfried van Swietens Oratorien *Die Schöpfung* und *Die Jahreszeiten*.[32]

Die mittlere Stilebene des *Zauberflöten*-Textes bezeichnet neben dem humanen Rahmen der Gesellschaftsstruktur auch das ausgeglichene Maß menschlicher Herzens- und Geistesregungen der agierenden Figuren. Es ist keine Frage, daß im Reich des Lichts, der Tätigkeit und der Tugend jene Persönlichkeitsbalance weitgehend erreicht ist, die durch den Ausgleich von Natur und Vernunft zur Weisheit in symbolischer Repräsentanz der Tempel dem Publikum als Ziel vor Augen gestellt wird: aus der Beherrschung der Affekte unter der Kontrolle von Vernunft und Tugend entfalten sich die seelischen Grundlagen menschenwürdigen Zusammenlebens – Freundschaft und Liebe. Alle diese soeben genannten positiven Momente charakterisieren, von den verschiedenen Bühnenfiguren geäußert, das Reich Sarastros und den darin sich vollziehenden Bildungsgang der Einzuweihenden. Da jedoch das Reich Sarastros zugleich auch das Reich irdischer, menschlicher Selbstverwirklichung ist, baut der Textdichter – einem genialen theatralischen Einfall folgend – die Gestalt des Monostatos ein, um gleichsam die prinzipielle Bedrohung des Menschen durch die Mächte der Finsternis auch am konkreten Fall zu erweisen.

Sarastro und die Mitglieder des Bundes bleiben sich stets gleich. Die gefundene Ruhe des Gemüts auf der Basis höchster Einsichten bestätigt sich in der textlichen und musikalischen Harmonie der Arien Sarastros und im Chorgesang der Priester. Zur Harmonie von Seele und Geist gelangen – je nach ihrer Art – die beiden Paare; sie sind positiv-dynamische Elemente der Handlung. An Hand der dritten Personengruppe wird eine negative Entwicklung gezeigt. Die Königin der Nacht, die drei Damen und Monostatos enden, von den negativen Affekten des Hasses und der

---

[31] Vgl. die in Anm. 16 angegebenen Arbeiten und Herbert Zeman, *Literarische Dimensionen im frühen Liedwerk Franz Schuberts*. In: *Schubertiade Hohenems 1980*, S. 138–147, hier bes. S. 138 ff.
[32] Vgl. Herbert Zeman, *Das Textbuch Gottfried van Swietens* [. . .], s. Anm. 6.

Rache zu Mord und Vernichtung getrieben, in *ewiger Nacht* (gleich den Höllengeistern am Beginn von Haydns *Schöpfung*).[33] Wie gelangen nun diese Personen in den Bereich des Bösen und zum verdienten Untergang? Sind sie von Haus aus schlecht, sind sie – entgegen der ursprünglichen Konzeption Schikaneders – erst im zweiten Teil der Oper willkürlich als böse gezeichnet, oder entwickeln sie sich konsequent dazu? Wiederum gilt es, eines der sogenannten Rätsel des Textbuchs zu überlegen.

Zwei Affekte, die immer stärker handlungsbestimmend hervortreten, treiben die Königin der Nacht und Monostatos ins eigene Verderben: Haß und Rache, also jene Leidenschaften, die Sarastro aus den *heil'gen Hallen*, denen übrigens Monostatos nicht als Eingeweihter angehört, verbannt weiß, denen er Liebe und Freundschaft, die zu pflichtbewußtem, menschlichem Handeln führen, gegenüberstellt, bewegen Paminas Mutter und Paminas Bewacher: Haß und Rache sind darüber hinaus auch jene Gefühle, die Tamino zuerst erfassen; doch entstehen sie im Herzen des Prinzen aus positivem Antrieb, aus zwar unbedachter, allerdings das Gute suchender Absicht. Anders liegen die Motivationen der Königin der Nacht, anders jene von Monostatos. Die autoritäre, unnahbare Attitüde des ersten Auftritts der Königin, ausdrücklich bekräftigt durch den Verzicht auf jeglichen (gesprochenen) Dialog, die Charakterisierung Sarastros, Paminas Mutter sei *ein stolzes Weib* (I, 18)[34] und schließlich die Unterredung der Königin mit Pamina im achten Auftritt des zweiten Aktes lassen keinen Zweifel aufkommen über die inneren Vorgänge, denen die Königin der Nacht unterliegt. Pamina und mit ihr das Publikum erfahren jetzt erst jene die Handlung zwar nicht mehr direkt beeinflussenden, aber die Antriebe der Königin der Nacht festlegenden Hintergründe des Geschehens:

> Königinn. [. . .] *Mit deines Vaters Tod gieng meine Macht zu Grabe.*
> Pamina. *Mein Vater –*
> Königinn. *Übergab freywillig den siebenfachen Sonnenkreis den Eingeweihten; diesen mächtigen Sonnenkreis trägt Sarastro auf seiner Brust. – Als ich ihn darüber beredete, so sprach er mit gefalteter Stirne: Weib! meine letzte Stunde ist da – alle Schätze, so ich allein besaß, sind dein und deiner Tochter. – Der alles verzehrende Sonnenkreis, fiel ich hastig ihm in die Rede, – ist den Geweihten bestimmt, antwortete er: – Sarastro wird ihn so männlich verwalten, wie ich bisher. – Und nun kein Wort weiter; forsche nicht nach Wesen, die dem weiblichen Geiste unbegreiflich sind. – Deine Pflicht ist, dich und deine Tochter, der Führung weiser Männer zu überlassen.*[35]

Meisterhaft gelingt es Schikaneder, in märchenhafter Ausgestaltung symbolische, allegorische, zugleich auch real-menschliche Züge in tieferem Sinnzusammenhang

---

[33] s. Anm. 8, (II, 30), S. 106 und vgl. *Die Schöpfung. In Musik gesetzt von Herrn Joseph Haydn Doktor der Tonkunst* [. . .], Wien, gedruckt bey Matthias Andreas Schmidt, k. k. Hofbuchdrucker, 1798 (I, 1), S. 4.
[34] s. Anm. 8, ebda., S. 46.
[35] Ebda., S. 67f.

lebendig nebeneinander zu stellen, eine Familiengeschichte zu erzählen und dahinter prinzipielle Daseins- und Menschenverhältnisse spürbar zu machen. Auf der Ebene der höheren Mächte vollziehen sich in weitgehend allegorischer Gestaltwerdung prinzipielle Auseinandersetzungen, die den einzelnen betreffen könnten, und zugleich betreffen sie ihn auch, weil sich menschlich agierende Figuren auf der Bühne bewegen.

Man wird nicht zu Unrecht fragen, warum dieses Stück Vorgeschichte eigentlich erst jetzt, inmitten der Vorgänge des zweiten Akts, eingebracht wird. Ist der endgültige Beweis für die Machtgier und Herrschsucht der Königin dramaturgisch zu spät erfolgt? Die Antwort ist einfach: Es kommt im Geschehen der *Zauberflöte* nicht auf eine wie immer geartete „historische" Tiefendimension an, aus der sich etwa das Geschehen kontinuierlich entwickelt und auf ein bestimmtes zukünftiges Ziel hinläuft, sondern bloß auf die Gegenwart und deren Erfüllung. Das ist nicht nur der Sinn, sondern auch der ästhetische Schlüssel des Lehrstücks, das den Zuhörer, Zuschauer ebenso langsam und folgerichtig aufklärt wie Tamino und Pamina (s. o.). Daher ist die Vorgeschichte im wesentlichen nur insofern interessant, als sie Einblick in die Entwicklung des Charakters und der Absichten der Königin der Nacht, die keineswegs als ursprünglich böse zu denken ist, gewährt. Nun wird klar: Dem unbedingten Streben nach Macht sucht sie die Liebe Paminas und Taminos dienstbar zu machen, die unbefriedigten Herrschgelüste sind Anlaß bösartiger Gerüchte und Verleumdungen, und der zusätzlich drohende Verlust der Macht über Pamina und Tamino vollenden die rückhaltlose Hingabe an Haß und Rache. Der unbeherrschte, freie Lauf der Empfindungen – trefflich durch die wortlosen Koloraturen mitgestaltet – führt zu Schuld und Strafe. Vorurteil, Aberglaube und damit Dunkelheit des Verstandes wie der Seele gehören zusammen. Im fünften Auftritt des zweiten Aktes versuchen die drei Damen mit Gerüchten Tamino und Papageno vergeblich umzustimmen und singen die charakteristischen Verse:

> *Ganz nah ist euch die Königinn!*
> *Sie drang in Tempel heimlich ein.*[36]

Der symbolischen Dunkelheit entspricht die Unwahrheit, die Heuchelei, den negativen Leidenschaften die verworrene Heimlichkeit, allem zusammen ist das unwürdige Schleichen, das chaotische Umherirren als Bewegung angesichts der aufbrechenden Bösartigkeiten im zweiten Akt kongruent. Welch sinnvolles Abheben von den aufrecht schreitenden Gestalten der positiv gezeichneten Charaktere hat der Textdichter bis in den Bewegungsablauf hinein vorgenommen! Sarastro weiß, daß die Königin der Nacht bloß *in unterirdischen Gemächern des Tempels herumirrt, und Rache über* ihn und *die Menschheit kocht.*[37]

Verstrickt sich die Königin der Nacht in Haß und Rache aus ungestillter Machtgier, so gerät Monostatos in eine ähnlich ausweglose Abhängigkeit von denselben

---

[36] Ebda., S. 60.
[37] Ebda., S. 73.

Affekten durch die unbezähmbare Liebesleidenschaft. Im Unterschied zu Taminos Liebes-Arie, die die ganze Persönlichkeit des Liebenden erfaßt und zu neuen Lebensentschlüssen führt, ist die Liebes-Arie des Monostatos eine auf die niederen Triebe abgestellte, folgerichtig stilistisch stereotype (keineswegs individuell vorgetragene), jedoch anmutige Paraphrase des auf der musiktheatralischen Bühne öfters abgewandelten Vergilschen Satzes *Omnia vincit Amor*.[38] Gemeinsam ist den Gestalten der Königin der Nacht und des Monostatos ein grenzenloser Egoismus, der den uneingeschränkten Lauf der gesteigerten Affekte noch befördert und Grundlage ihrer Herrschsucht ist. Monostatos hat sich ein kleines Reich der Unterdrückung aufgebaut. Er peinigt die Sklaven, die durchaus in die exotische Vorstellungswelt des Sujets (deshalb auch in das Reich Sarastros) und zum Unterdrückungsregiment des Mohren passen. Umgibt die Königin der Nacht die symbolische Farbe des nächtlichen Dunkels, so trägt Monostatos die symbolisch gemeinte schwarze Farbe auf der Haut; daß sie auf dem Theater auch rasch entflammbare Leidenschaften andeutet, ist jedem, der an Shakespeares Othello denkt, bekannt; rechnet man hinzu, daß mehrere Theatertraditionen zu der Gestalt führen, so sollte man vor danebenzielender moderner, am falschen Gegenstand entwickelter Ideologiekritik, warnen. Monostatos ist auf der niederen Ebene des Wächters die konkrete Ergänzung des nächtlichen Reiches; er schreckt in der Ausweglosigkeit der ihn bedrängenden Affekte auch vor dem Mord an Pamina nicht zurück: Dies erst ist der Augenblick der Schuld, in dem ihn Sarastro hinwegweist. Besonders dadurch, daß die Mohrengestalt im Reich Sarastros angesiedelt ist, sich an ihr das sichere Urteil und die Großmut Sarastros zeigt, aber ebenso auch die Unschuld und seelische Größe Paminas, offenbart sich das dramaturgische Geschick des Textbuchautors. Nicht auf den Mohren als Mohren kommt es an, sondern auf eine theatralische Figur mit alter Bühnentradition, die man einbauen kann in die Lehre vom menschlichen Charakter, seiner Bildbarkeit oder seiner grauenvollen Verstrickungsmöglichkeiten. So laufen dann recht sinnvoll die Handlungsfäden der von ihren Affekten versklavten Figuren am Ende zusammen.

Einmal mehr thematisiert ein von Mozart vertontes Textbuch durch didaktisch-anschauliche Form die Problematik der Affekte in Übereinstimmung mit der altüberlieferten Temperamentenlehre.[39] Untergang der befreienden Erlösung im menschenwürdigen Dasein der Balance von Empfindung und Vernunft stehen immer

---

[38] Dieses Thema aus Vergils *Bucolica* 10, 69 *Omnia vincit Amor: et nos cedamus Amori* wurde in der abendländischen Dichtung über Jahrhunderte hinweg immer wieder paraphrasiert, nicht zuletzt auch in den Rollenliedern der Alt-Wiener Volkskomödie kurz vor Schikaneder; vgl. hierzu: *Deutsche Komödienarien 1754–1758*. Zweiter Teil. Hrsg. v. Camillo Schoenbaum und Herbert Zeman (= *Denkmäler der Tonkunst in Österreich*, Bd. 121), Graz, Wien 1971, Einleitung, S. XI. Schikaneders anmutige, in zärtlicher Stillage geschriebene Verse, die unmittelbar an den Stil der scherzhaften Liebeslyrik des außerösterreichischen deutschen Sprachraums um die Jahrhundertmitte anschließen, sind daher keineswegs auf eine barocke Tradition zurückführbar, insbesondere in ihrer moderneren stilistischen Durchführung nicht auf ein willkürlich gewähltes Beispiel deutscher Lyrik des 17. Jahrhunderts – vgl. hierzu Moriz Enzinger: *Randbemerkungen* [. . .], s. Anm. 20, ebda., S. 59.

[39] Vgl. auch Cornelia Kritsch und Herbert Zeman, *Das Rätsel* [. . .], s. Anm. 6, ebda., bes. S. 360–368.

wieder am Ende der Mozartschen Opern. Man beachte, daß sich die allgemein gültige Botschaft tugendhaften und beispielhaften Handelns schon früh aus dem intimen seelischen Bereich abhebt und einen öffentlichen Anspruch in sich trägt. Ein Beispiel: aus Osmins wütendem Verhalten am Ende der *Entführung aus dem Serail* erwächst die Sentenz:

> *Nichts ist so häßlich, als die Rache;*
> *Hingegen menschlich, gütig seyn;*
> *Und ohne Eigennutz verzeihn,*
> *Ist nur der großen Seelen Sache.*[40]

Bis zur wahrhaft weltpolitischen Fortsetzung des Gedankens in der *Zauberflöte* war zwar ein weiter Weg, und doch einer, auf dem die anderen großen Opern – immer wieder von verschiedensten Aspekten und Sujets ausgehend – ähnliche Ideen umkreisten, auf dem die ethischen und ästhetischen Maximen als Ausdruck einer besonderen seelischen Kultur nahe beieinander lagen. Das Vertrauen auf die Menschenwürde – sichtbar in der Balance von Seele und Geist – hielt sich musiktheatralisch im Sinne der *Zauberflöte* bis zum *Fidelio* Beethovens, Sonnleithners und Treitschkes am Leben: Wer neben den hohen Idealen beider Opern bedenkt, daß die Rache-Arie der Königin der Nacht gegen den humanen, gerechten, der Wahrheit verpflichteten, staatspolitisch zu Recht die Verantwortung Tragenden, gegen Sarastro mit ihrer textlichen wie musikalischen Maßlosigkeit gerichtet ist, dem wird bewußt werden, daß Pizarros ebenso maßlose Rache-Arie auf denselben Grundlagen steht, der wird begreifen, wie hier in Text und Musik ethische, ästhetische Konzeptionen neue Funktionen der altüberlieferten Temperamentenlehre erschließen, um zur neuen Ganzheitlichkeit eines idealen Menschentums einerseits und zu den Warnbildern menschlicher Pervertiertheit anderseits zu gelangen.

Die Balance des Gemüts ging – dem Textbuch zufolge – der Königin der Nacht mit dem Tode ihres Gatten verloren. Sie vertraute sich – entgegen dem weisen Wunsche ihres Mannes – nicht den Eingeweihten an, lehnte deren Leitung für sich und Pamina ab. Sie selbst ist nun das Exempel für Sarastros Maxime geworden:

> *Ein Mann muß eure Herzen leiten,*
> *Denn ohne ihn pflegt jedes Weib*
> *Aus ihrem Wirkungskreis zu schreiten.*[41]

Diese Verse aus dem Finale des ersten Aktes haben immer wieder Anlaß gegeben, die besondere Frauenfeindlichkeit des Textbuches hervorzuheben und die Unzulänglichkeit des Bundes der Eingeweihten zu betonen. Zur Bekräftigung des

---

[40] *Die Entführung aus dem Serail. Ein Singspiel in drey Aufzügen, nach Bretznern frey bearbeitet, und für das k. k. Nationalhoftheater eingerichtet. In Musik gesetzt vom Herrn Mozart. Wien, zu finden beym Logenmeister, 1782*, III/Letzter Auftritt, S. 67.
[41] s. Anm. 8, ebda., (I, 18), S. 47.

Argumentes lassen sich – wie bekannt – noch mehrere weitere Beispiele finden; man führt gern die Worte des Sprechers an Tamino ins Treffen (I, 15):

> *Ein Weib hat also dich berückt?*
> *Ein Weib thut wenig, plaudert viel.*[42]

Man erinnert an das für Tamino und Papageno bestimmte, mahnende Duett des Sprechers und des zweiten Priesters vor der ersten Prüfung:

> *Bewahret euch vor Weibertücken:*
> *Dies ist des Bundes erste Pflicht!*[43]

Man beruft sich auf Taminos im anschließenden Quintett geäußerten Worte:

> Tamino.
> *Geschwätz von Weibern nachgesagt,*
> *Von Heuchlern aber ausgedacht.*
> Papageno.
> *Doch sagt es auch die Königinn.*
> Tamino.
> *Sie ist ein Weib, hat Weibersinn,*
> *Sey still, mein Wort sey dir genug,*
> *Denk deiner Pflicht, und handle klug.*[44]

In kurzem Schluß könnte man auf die Idee des freimaurerischen Männerbundes verweisen, annehmend, daß diese Aussprüche die zeitgenössische Frauenfeindlichkeit des Freimaurertums reflektierten. Man könnte noch einen Schritt weitergehen und nachweisen, daß etwa die im Duett des zweiten Priesters mit dem Sprecher angedeutete Situation eines unter negativem weiblichen Einfluß Ausgestoßenen im zeitgenössischen, in Wien erschienenen und von der Loge *Zur wahren Eintracht* herausgegebenen *Journal für Freymaurer* durch das Gedicht „Situazion [sic.!] eines ausgeschlossenen Maurers" (wahrscheinlich von Karl Julius Friedrich) vorweggenommen wurde,[45] daß also hier wie dort eine gemeinsame frauenfeindliche Haltung eindeutig vorliege. Weiteres sogenanntes Beweismaterial gäbe es ebenso genug wie kurze, vorschnell äußerbare Schlüsse. Schikaneders Textbuch selbst verlangt aber mehr Aufmerksamkeit und Unvoreingenommenheit, als ein allzu schnell parteiergreifendes modernes Publikum und mancher mit zuviel Wissen belasteter Forscher mitunter aufzubringen vermögen. Was meint der authentische Wortlaut des Librettos? Alle erwähnten Stellen beziehen sich entweder direkt auf die Fehler und Schwächen der Königin der Nacht bzw. der drei Damen oder gehen – wenn sie zum allgemeinen Urteil tendieren – von den quasi konkreten Gegebenheiten des weiblich

---

[42] Ebda., S. 39.
[43] Ebda., (II, 3), S. 58.
[44] Ebda., S. 61.
[45] Vgl. Herbert Zeman, *Joseph Haydns Begegnungen* [. . .], s. Anm. 16, ebda., S. 19f.

beherrschten nächtlichen Reiches aus: d. h. alle diese Aussprüche beziehen sich auf Frauen, die ihren – nach Sarastros Worten – *Wirkungskreis* überschritten haben; sie deuten dann allgemein auf Konstellationen hin, die eine solche Gefahr begünstigen. Man darf nicht vergessen: der Weg zur Erlangung des idealen Verhältnisses von Mann und Frau soll demonstriert werden; Sarastro und Sarastros Reich bieten dafür Hilfen der Realisation an, Sarastro selbst ist aber nicht zugleich der Verwirklicher solcher seiner Hoffnungen, sie erfüllen sich vor seinen Augen, vor den Augen der Königin der Nacht. Wie sieht nun im Verständnis Sarastros – damit Schikaneders und Mozarts – jener weibliche Wirkungskreis aus, den einst Paminas Vater seiner Gattin und seiner Tochter ebenfalls zugedacht hatte? Am positiven Beispiel wird man das Verhältnis der Eingeweihten, des Bundes zur Frau fassen. Pamina ist nach väterlichem Willen der Bildung bzw. Leitung durch die Eingeweihten anvertraut. Sarastro holt sich zum Wohle des Mädchens durch den Raub das Recht, welches ihm die Mutter verwehren will. In dem Augenblick der wahlverwandtschaftlichen Bestimmung füreinander beginnt für Pamina parallel zu Taminos Wanderschaft ein Weg der Prüfungen. Doch während der Prinz den Prüfungsweg aufgrund vorgegebener, mit Vernunft erkannter Maximen auch seelisch besteht, erweisen sich Paminas ethische Grundsätze fast ausschließlich aus der Unschuld und Reinheit ihrer Seele in konkreten Lebenssituationen: Sie glaubt mit reinem Herzen – gleich Tamino die Situation anfänglich verkennend – an die Güte und Zärtlichkeit ihrer Mutter und leistet daraus ihre Kindespflicht ab; sie glaubt – noch unaufgeklärt – an Sarastros Tyrannei, sie glaubt an die Wahrheit und Schönheit der Liebe und folgt zunächst diesen unkontrollierten Regungen des Herzens in übereilten Entschlüssen – ganz ähnlich wie Tamino. Von da ab, d. h. mit dem Ende des ersten Aktes, ist auch sie reif geworden für den Bildungsweg. Sie gelangt zur Harmonie der Persönlichkeit über den Weg schwerer seelischer Prüfungen, die sie zur Einsicht, zu tiefstem Verständnis der Partnerschaftlichkeit führen. Appelliert Taminos Bildungsgang also zuerst an die männliche Vernunft, so appellieren Paminas Erlebnisse – nach zeitgenössischem Verständnis – zunächst an die weibliche Psyche: ein jeweils adäquater, getrennt verlaufender Bildungsgang mit gleichem Ergebnis. So spannt sich ein homogener Bogen vom Duett mit Papageno (I, 14) bis zum gemeinsamen Weg mit Tamino am Schluß durch alle Auftritte Paminas. Ausgangspunkt ist Paminas Wissen um die Verbindung des großen Lebensgefühls mit der Tugend des Herzens. Ihr wie Papageno ist die Gültigkeit des *Omnia vincit Amor* bewußt; Pamina sagt ausdrücklich *Ihr opfert jede Kreatur*,[46] doch im Unterschied zu Monostatos (s. o.) ist ihr jede menschliche Liebesbeziehung kausal mit einer ethischen Qualifikation verknüpft:

> *Bey Männern, welche Liebe fühlen*
> *Fehlt auch ein gutes Herze nicht.*[47]

---

[46] s. Anm. 8, ebda., S. 34.
[47] Ebda.

Die sinnvolle Erfüllung der Liebe im harmonischen Dasein des Mit- und Füreinander bestimmt die auf das Göttliche gerichtete Einheit von *Mann und Weib, und Weib und Mann.*[48] Pamina leitet musikalisch und dem Textverständnis nach Papageno an; er übernimmt ihre Gedanken, ergänzt sie zwar, bietet aber nichts Neues. So übernimmt sie aus der empfundenen und daher verwirklichten ethischen Überzeugung im Zeichen der Wahrheit die Führung, als es gilt, Sarastro gegenüber die Flucht zu begründen. Erhält Tamino erste andeutende Hinweise der Aufklärung durch den Sprecher, der ihn auch später leitet, so nimmt sich Sarastro selbst Paminas an:

> *Steh auf, erheitre dich, o Liebe!*
> *Denn ohne erst in dich zu dringen*
> *Weis ich von deinem Herzen mehr:*
> *Du liebest einen andern sehr.*
> *Zur Liebe will ich dich nicht zwingen,*
> *Doch geb ich dir die Freyheit nicht.*[49]

Mit väterlicher Zuneigung wendet sich Sarastro Pamina zu. Nachdem sie ihm gestanden hat: *Der böse Mohr verlangte Liebe* antwortete er sofort mit der im Wesen so ganz anderen Liebe Paminas zu Tamino *Du liebest einen andern sehr*. Die enge textliche Abfolge der triebhaften Empfindung des Mohren und die darauffolgende Nennung der tiefen Beziehung zum Prinzen, die Mozart durch die Eigenart der musikalischen Wiederholung dementsprechend (verinnerlicht, seelisch gestaltet) heraushebt, läßt keinen Zweifel offen. Der Mohr ist der eine, Tamino eindeutig der andere. Sarastros wunderbare Einsicht in die menschliche Seele ist nicht weiter zu begründen: sie basiert auf der dem zeitgenössischen Publikum verständlich gewesenen seelischen Kultur der Zeit; die bloße Erregung der Liebe durch ein Bildnis, das bloße Anhören der Erzählung Papagenos von der Liebe Taminos sind Zeichen für die Wahlverwandtschaftlichkeit zweier Menschen, die aufeinander unausweichlich zukommen. Das sind Vorstellungen, die sich weltanschaulich durch die in ganz Europa wieder zutage getretene neuplatonische Bewegung ergaben. Es ist Unsinn, den eine mißverstehende psychologisierende Überinterpretation nahelegen könnte, zu meinen, Sarastro hebe seine eigene Empfindung für Pamina mit dem Vers *Du liebest einen andern sehr* entsagend von der Taminos ab. Zwanglos ergibt sich vielmehr aus der oben ausgeführten Perspektive das Folgende: Nicht um sie zur Liebe zu zwingen, hält Sarastro Pamina zurück, sondern – das wird in den weiteren Versen erläutert – um sie dem verderblichen Einfluß der Mutter zu entziehen. Dadurch erfüllt er den väterlichen Willen, was seine ausschließlich väterliche Neigung begründet. So entspricht er dem Ratschluß der Götter, der wahlverwandtschaftlichen Vorherbestimmung des Zu- und Miteinander, die beiden Königskinder einander zuzuführen. Sarastro handelt als gerechter Lenker seines Reiches; er ist darin keineswegs bloß das Haupt einer elitären Männergemeinschaft: Die Stimmen der

---

[48] Ebda.
[49] Ebda., (I, 18), S. 46.

Frauen mischen sich in die Tugendreden des Chors im 18. und 19. Auftritt des ersten Aktes mit ein. Sarastro handelt vielmehr in doppelter Funktion. Er leitet die Eingeweihten, und er regiert das Reich. Wenn es stimmen sollte, daß Mozart und Schikaneder mit dem Charakter des Sarastro die idealisierte Erinnerung an den ehemaligen Meister vom Stuhl der führenden österreichischen Loge *Zur wahren Eintracht*, Ignaz von Born, der am 21. 4. 1791 gestorben war, verewigen wollten, so darf man in solchem Zusammenhang an Johann Baptist von Alxingers poetisches Wort erinnern, das Born selbst gemeint hatte:

> *Du, der in weiser Hand den Hammer führt*
> *Und einen Zepter führte, wenn um Gott*
> *Die Menschen dieß verdienten, edler Born.*[50]

Born blieb die Doppelfunktion, die Brüder zu führen und an der Spitze staatspolitischer Institutionen zu stehen, versagt. Im idealen Entwurf der *Zauberflöte* hat Sarastro beide Funktionen inne. Tamino soll den symbolisch gemeinten Tempelbau, d. h. das ideale, humane Staatsgefüge, als Eingeweihter befestigen helfen; von weiteren staatspolitischen Funktionen ist nicht die Rede (vgl. die Ansprache Sarastros im ersten Auftritt des zweiten Aktes).[51] Tamino ist – wie Sarastro sagt – *das sanfte, tugendhafte Mädchen*, Pamina, bestimmt. Nebeneinander laufen zunächst die Prüfungswege der beiden. Der ersten Prüfung Taminos, die er mit *standhaft, männlichem Betragen*[53] besteht, folgt – dramaturgisch höchst sinnvoll – Paminas erste Bewährung, die alle Qualen der Seele – durch den Wunsch ihrer Mutter, sie solle Sarastro töten, durch die Erkenntnis der Bösartigkeit der bisher geliebten Frau – miteinschließt. Noch mehr: Paminas Liebe zu Tamino überwindet die Todesangst und zugleich den Monostatos. Auch Pamina wird reif für die Weisheitslehren Sarastros, die dieser ihr – wie dem Publikum – selbst verkündet (*In diesen heil'gen Hallen*).[54] Die zweite Prüfung der beiden Liebenden erfolgt voreinander: Die vernunftgemäß angenommene Verpflichtung des Schweigens als Ausdruck der männlichen Standhaftigkeit wird einerseits zum Probierstein Taminos, anderseits wird die unerschütterliche Treue zum Probierstein für Pamina. Die Prüfungen bestehen beide. Die Unerschütterlichkeit intellektuell verstandener (Tamino) und seelisch begriffener (Pamina) Pflichten entspricht der zeitgenössischen Vorstellung von der Persönlichkeitsanlage der Geschlechter. Man begegnet ihr in vielen künstlerischen Gestaltungen. Die vokalmusikalische Tradition bewahrt solche Einsichten bis zu Haydns und van Swietens *Schöpfung* (vgl. die Arie Uriels *Mit Würd' und Hoheit angetan* und die beiden Duette von Adam und Eva) bzw. den *Jahreszeiten*.[55] Die Frau

---

[50] Johann Baptist von Alxinger, *An die Brüder der wahren Eintracht, als ich und Prandstetter ihrer Loge einverleibt wurden.* In: *Alxingers Sämmtliche Gedichte, Erster Teil, Klagenfurth und Laybach, bey Ignatz Edlen von Kleinmayer k. k. J. Ö. Gubernialbuchdruk. und Buchhändl.*, S. 257–260, hier S. 260.
[51] s. Anm. 8, ebda., S. 52.
[52] Ebda., S. 51.
[53] Ebda., S. 63.
[54] Ebda., S. 73.
[55] Vgl. Herbert Zeman, *Das Textbuch* [. . .], s. Anm. 6.

bleibt dem Mann zugeordnet; van Swieten fügt der männlichen Würde die weibliche Anmut bei, immer jedoch leitet der viel stärker vom Licht des Geistes bestimmte Mann die mehr von den Seelenregungen, den Empfindungen geleitete Frau. Schikaneders Charakterzeichnung Paminas geht von einer solchen Vorstellung aus, überschreitet sie allerdings beträchtlich.

Zu höchsten Einsichten für den Sinn des Lebens gelangen Tamino und Pamina im Angesicht des Todes. Zweimal steht Pamina der Tod vor Augen (nämlich durch Monostatos und durch die Absicht des Selbstmords, II, 27), ehe er ein drittes Mal, dann gemeinsam mit Tamino, zu überwinden ist. Bei dieser dritten Prüfung ereignet sich etwas für die Zeit Schikaneders und Mozart Unerhörtes: Pamina, die gegenüber Papageno und Monostatos stets die führende Position einnimmt, die von Sarastro väterlich geliebt und respektiert wird, erfährt die Aufnahme in den Bund der Eingeweihten. Die beiden Geharnischten nehmen vorweg –

> *Ein Weib, das Nacht und Tod nicht scheut,*
> *Ist würdig, und wird eingeweiht.*[56]

–, was das Schlußbild, für dessen Regieanweisung es ausdrücklich heißt *Sarastro steht erhöht; Tamino, Pamina, beyde in priesterlicher Kleidung,*[57] beweist. Pamina übernimmt im entscheidenden Augenblick selbst gegenüber Tamino die Führung. Indem sie ihren Wirkungskreis – nämlich die Liebe zu Tamino – nicht überschreitet, ist sie der Garant für die partnerschaftliche Harmonie:

> *Ich werde aller Orten*
> *An deiner Seite seyn.*
> *Ich selbsten führe dich.*
> *Die Liebe leite mich!*[58]

Von Frauenfeindlichkeit kann – so besehen – in der *Zauberflöte* keine Rede sein. Ganz im Gegenteil: Schikaneder schuf mit Pamina eine weit über das zeitübliche Maß hinaus emanzipierte Frauengestalt,[59] die freilich erst in der uneingeschränkten Partnerschaft mit Tamino ihre Vollendung erfährt.

[56] s. Anm. 8, ebda., (II, 20), S. 97.
[57] Ebda., (II, 30), S. 106.
[58] Ebda., (II, 28), S. 97.
[59] Bezeichnenderweise teilt Schikaneder im Erstdruck des Textbuchs Pamina allein die folgenden Verse zu:

> *Wir wandelten durch Feuergluthen,*
> *Bekämpften muthig die Gefahr.*
> (zu Tamino.)
> *Dein Ton sey Schutz in Wasserfluthen,*
> *So wie er es im Feuer war.* (II, 28, s. Anm. 8, ebda., S. 98)

Erst Mozart hat die Verse als Zwiegesang Paminas mit Tamino aufgefaßt und dementsprechend vertont. Vgl. hierzu auch das Autograph – Wolfgang Amadeus Mozart, *Die Zauberflöte. Eine deutsche Oper in zwei Aufzügen. Text von Emanuel Schikaneder*, KV 620, Faksimile der autographen Partitur. Hrsg. v. Karl-Heinz Köhler (= *Documenta Musicologica*, 2. Reihe: *Handschriften-Faksimiles*, Bd. VII), Kassel, Basel, Tours, London 1979.

Mozart und Schikaneder bezeichneten ihre Oper nicht nach einer der Hauptfiguren, sondern nach jenem wunderbaren Instrument, das Tamino bald nach dem Entschluß, Pamina zu retten, von der Königin der Nacht durch die drei Damen erhält (I, 8) und dessen Herkunft Pamina ihrem Geliebten kurz vor der dritten Prüfung verrät (II, 28). Aus dem Stamm der *tausendjähr'gen Eiche,* dem Symbol des Lebensbaums, dem Urphänomen des Lebens, schnitt Paminas Vater die Flöte; sie wird in der *Zauberflöte* jenem zuteil, der sie (im rechten Augenblick) zu spielen versteht, der angeleitet wird, das aus menschlicher Einsicht und Bildung zu erreichen, was sie wunderbarer Weise vermitteln kann, nämlich paradiesische Urzuständlichkeiten menschlichen Lebens *Menschenglück und Zufriedenheit,*[60] indem sie der *Menschen Leidenschaft verwandeln*[61] hilft zu den ruhigen Empfindungen von Freude und Liebe. Die Zauberflöte ist das Symbol jener Balance von Empfindung und Geist, die Pamina und Tamino erfolgreich anstreben: sie kommt aus dem paradiesischen Urzustand der Erde, und sie deutet den Weg an zu einem ähnlichen – allerdings mit höchstem Bewußtsein gelebten – gegenwärtigen irdischen Glück. Mit dem Hinweis auf die wunderbare Kraft des Instruments am Beginn und am Ende der Tamino-Pamina-Handlung erreicht Schikaneder eine Rahmung jener humanen Entwicklung, die die Fürstenkinder zu wahren Menschen bildet, und unterstreicht einmal mehr die Stringenz des künstlerischen Aufbaus seines Textbuchs. Auch dieses Thema der Fürstenerziehung hat die *Zauberflöte* mit der übrigen deutschen Literatur inner- und außerhalb der österreichischen Länder gemein. Österreichische Staatsromane der Zeit handelten es in vielfältigen Nuancen ab, doch schon 1772 war das große Vorbild mit Christoph Martin Wielands Roman *Der goldne Spiegel oder die Könige von Scheschian* gegeben gewesen, das aller josephinischen Kunstübung auf diesem Gebiet beispielhaft war.

Dreimal – hier kehrt die symbolische, aufbauprägende Zahl wieder – bläst Tamino die Flöte: zum ersten Mal, als er am Beginn seiner eigentlichen Wanderschaft unter dem noch bloß vage empfundenen Eindruck der Bedeutung von Sarastros Reich dankbare Freude und Glück über die Nachricht, daß Pamina lebt, empfindet. Im Grunde ist der eigentliche Dank an die Götter die Ruhe des Gemütes, die Harmonie der Persönlichkeit, die Zufriedenheit, die Tamino augenblicklich fühlt, die er sich für immer erarbeiten soll; die Zauberflöte ist die symbolische Repräsentanz dieser Qualitäten auf der Bühne. Tamino spielt das Instrument, und in einer wahrhaft orphischen, keineswegs kindisch-lächerlichen Szene neigen sich freudig die Tiere des Waldes ihm zu. Zum zweiten Mal bläst er das Instrument im kritischen Augenblick der zweiten Prüfung; der Ton lockt Pamina herbei, doch nicht zu gemeinsamer Freude – die Flöte schweigt –, in Traurigkeit scheint die Liebesempfindung zu verstummen. Zum dritten Mal erklingend, leitet die Flöte die Liebenden zu gemeinsamem Glück. Die Zauberflöte ist das am Ende der Oper sich überzeugend bestätigende Symbol für die göttliche Einheit des Lebens in der Erscheinung harmonischer Menschenbildung, die Glück und Zufriedenheit gewährt; sie ist damit

---

[60] s. Anm. 8, ebda., (I, 8), S. 20.
[61] Ebda.

zugleich das Symbol für die Macht musikalischer Harmonie. All das sind dem Textbuch nach jene Werte, die am Beginn des menschlichen Lebens vereint waren, nun wieder erreichbar sind. Es muß nicht nochmals auf den Einfluß neuplatonischen Gedankenguts hingewiesen werden.

Auch Papageno und Papagena erlangen Glück und Zufriedenheit, wenngleich in engerem Rahmen und auf einfachere Weise. Das bescheidenere, aber höchst anmutige Glockenspiel führt das heitere Paar zusammen; dreimal erklingt es in Papagenos Händen: zum Schutz vor Monostatos und den Sklaven (I, 17), zum Ausdruck des herbeigesehnten, eingebildeten Glücks (II, 23) und schließlich, um Papagena herbeizulocken (II, 23). Sinnvoll folgt jeweils auf die Etappen der höheren, ernsten Pamina-Tamino-Handlung die niederere, heiter-anmutige Papagenos und Papagenas. Nur auf solcher Basis wird man an Parodierung denken können (s. o.).

Die Durchdringung von märchenhaften Zügen, der von Wieland nach dem Französischen übersetzten Märchensammlung *Dschinnistan* in Handlungszügen und Motiven entnommen, mit geheimnisvollen, mystischen Zusammenhängen, die u. a. auf das Gedankengut von Ignaz von Borns Aufsatz *Die Mysterien der Egyptier* (*Journal für Freymaurer,* Band 1, 1784) zurückgehen, letztlich mit der repräsentativen allegorischen oder symbolischen Schaustellung, schafft eine zeittypische Atmosphäre des Wunderbaren, die neben dem rationalistischen bis idealistischen Dramentypus von Lessing bis Schiller um 1790 immer mehr theatralisches Terrain gewinnt. Eine solche Gestaltungsweise entzieht sich in manchen Teilen einer analytischen Betrachtung. Trotzdem erreicht das Textbuch der Oper durch seinen strengen, aus den dargelegten Prämissen völlig klar erkennbaren Aufbau, durch seine unmißverständliche Symbolsprache, durch seine eindeutigen Sentenzen und durch die Vielschichtigkeit des dargestellten Weltausschnitts eine im einzelnen wie im ganzen überzeugende Definität der ideellen Aussage und eine Konsequenz kongruenter ästhetischer Formung wie kaum ein anderes Libretto der Operngeschichte. Die unerschöpfliche Komplexität, die Fülle so vieler angedeuteter, sprachlich (mit Recht) kaum ausgeführter Aspekte forderte Bearbeitungen heraus, die bald die Züge der großen Oper, bald jene des Singspiels einseitig herausstellten. Wenn die beispielsweise eingangs erwähnte Bearbeitung Peter von Brauns für seine Aufführung am Kärntnertortheater (1801) in der beginnenden Ära der Restaurationszeit die freimaurerischen Züge zum Nachteil des Textverständnisses sehr wesentlich einschränkte, so ist diese Motivation der Bearbeitung wirkungsgeschichtlich ebenso eindeutig erklärbar wie die seit 1794 häufig aufkommende Bezeichnung der *Zauberflöte* als Singspiel.[62] Daß sich trotz der Verengung des Horizonts, die im Wiener Raum noch den Abglanz solcher Theatralik bis zur Zufriedensheitsproblematik in den Stücken Ferdinand Raimunds zuließ, ein erstaunliches Verständnis für die Kunst des Schikanederschen Textbuchs – von der Musik Mozarts ganz zu schweigen – selbst in der Ära Metternichs erhalten hat, die aus alten Überlieferungen weiterschöpft, beweist ein Gedicht des Freiherrn Ernst von Feuchtersleben (1806–1849):

---

[62] s. Anm. 2, ebda., S. 573.

> *Zauberflöte.*
>
> *Eine reiche Welt-Parabel*
> *Tönt die mächtige Romanze*
> *Dir, verklärt im Mährchenglanze,*
> *Menschenlebens Wunderfabel.*
> *Tröstend schallt die Zauberflöte*
> *Durch des Unglücks Flammenröthe;*
> *Höchster Weisheit heil'ge Hallen,*
> *Ernster Liebe siegreich Wallen,*
> *Die Beherrscherin der Nacht*
> *Wie das Paar, das neckt und lacht –*
> *Es sind ew'ge Lebens-Chiffern.*
> *Melodien ist's gelungen,*
> *Von der Kunst Magie durchdrungen,*
> *Tiefe Räthsel zu entziffern.*[63]

Jede Fortsetzung der *Zauberflöte* hätte eine detailspezifische Verengung zur Folge, die zuungunsten der allgemeinen weltanschaulichen, humanen Züge ausfiele. Goethe hat dies offenbar – neben allen äußerlichen Widrigkeiten, die sich seiner Arbeit an *Der Zauberflöte zweiter Teil* entgegenstellten – erkannt, seine Fortsetzung daher abgebrochen und den Einfluß der Oper auf sein Schaffen in anderer Weise nachwirken lassen. Schikaneder hat die Unmöglichkeit einer Fortsetzung durch die Mißerfolge seiner Anknüpfungs- und Nachahmungsversuche zu spüren bekommen.

Die *Zauberflöte* birgt dem Text und der Musik nach jene Balance von Allgemeinem und Konkretem in sich, die man „klassisch" nennen könnte. Es ist zugleich eine Balance, die an der Neige eines großen geistigen, seelischen und damit politischen Aufbruchs auch künstlerisch einen Endpunkt setzt, der nicht mehr produktiv im gleichen Genre überschritten werden konnte und der bezeichnenderweise als erste deutsche Oper nach dem Tod Josephs II. nicht mehr die Heimstätte am Hoftheater, wo alle großen musiktheatralischen Werke Mozarts von der *Entführung* bis zu *Così fan tutte* aufgeführt wurden, fand, sondern auf der Bühne eines Vorstadttheaters.

Innerhalb der musiktheatralischen Entwicklung des Wiener und wohl des gesamteuropäischen Raumes gelingt es Schikaneder und Mozart, mit der *Zauberflöte* – über die Intimität singspielhafter Liebeskonstellationen und der daraus sich ergebenden höheren Lebenseinsichten hinaus – nicht nur ein „allegorisches Weltmärchen",[64] sondern vor allem ein Lehrstück zu schaffen, das zeigt, auf welche Weise öffentliche Ansprüche und privates Glück, Freundschaft und Liebe in einer durch Humanität gebildeten idealen Gesellschaftsfügung verwirklicht werden können. Die humane

---

[63] *Ernst Fhrn. von Feuchtersleben's sämmtliche Werke.* Hrsg. v. Friedrich Hebbel, (7 Bde.), Bd. 1, Wien 1851, Verlag von Carl Gerold, S. 149.

[64] Vgl. Norbert Miller, *Das Erbe der ‚Zauberflöte' – Zur Vorgeschichte des romantischen Singspiels.* In: *Dichtung und Musik. Kaleidoskop ihrer Beziehungen.* Stuttgart 1979, S. 99–121, hier S. 105.

Botschaft der Oper ist kein von äußeren Bedingungen ausgehendes gesellschaftsveränderndes Programm. Mozarts und Schikaneders Lehrstück bringt kurz nach der Französischen Revolution eine andere Botschaft auf die Bühne, nämlich jene, die die innere Veränderung (Revolution) des Menschen, die gereifte Herzens- und Geistesbildung für eine funktionierende, zufriedene menschliche Gemeinschaft voraussetzt. Auf solcher Ebene aber gerät die *Zauberflöte* in die Nähe ähnlicher Standpunkte im literarischen Weimar, vorab in die Nähe des Schaffenskreises von Wieland und Goethe. Im Wiener Raum bezeichnen auf andere Weise die beiden großen Oratorien Haydns und van Swietens und zuletzt der *Fidelio* Beethovens und seiner Textdichter die Fortsetzung und den Abschluß einer vokalmusikalischen Lehrstücktradition, die mit der *Entführung aus dem Serail* 1782 singspielhaft begonnen hatte. Die Umsetzung von Schikaneders erwiesenermaßen stimmigem Textbuch in den theatralischen Rahmen einer modernen Aufführung harrt der Erfüllung.

ABBILDUNGEN

Die folgenden sieben Szenen-Photos wurden anläßlich einer Inszenierung der Salzburger Festspiele aus den Jahren 1955/56 aufgenommen (Dirigent: Georg Solti, Inszenierung: Herbert Graf, Bühnenbild und Kostüme: Oskar Kokoschka, Orchester: Die Wiener Philharmoniker, Chor der Wiener Staatsoper). Für die Bereitstellung des Bildmaterials sei Frau Erna Neunteufel (Festspielarchiv der Salzburger Festspiele) gedankt.

1 Anton Dermota, Erich Kunz, Gerda Scheyrer, Christa Ludwig, Rosl Zapf (v.l.n.r.)

2 Walter Berry, Elisabeth Grümmer, Peter Klein (Berry alternierte mit Erich Kunz)

3 Anton Dermota, Paul Schöffler

4 Anton Dermota

5 Erich Kunz, Anton Dermota

6   Anton Dermota, Gottlob Frick, Elisabeth Grümmer

7   Anton Dermota, Gottlob Frick, Elisabeth Grümmer

Muß Mozart verständlich sein?
Zu Karl Wolfskehls Übersetzung von Da Pontes *Figaro*

von

HORST RÜDIGER (Bonn – Partschins/BZ)

Es mag eine Folge der Beliebtheit der Gattung ‚Singspiel' gewesen sein, daß Mozarts *Don Giovanni* in der ersten deutschen Übersetzung, die schon im Jahre der Wiener Erstaufführung (1788) von dem Komponisten Christian Gottlob Neefe vorgenommen wurde, einen irreführenden, aber publikumswirksamen Titel erhielt: *Il dissoluto punito ossia il Don Giovanni – Dramma giocoso in due atti* – verwandelte sich in *Don Juan, der bestrafte Wüstling oder Der Krug geht so lange zu Wasser bis er bricht – Eyn Singspiel in zwey Aufzügen*. Im Personenverzeichnis hieß der Titelheld „Hans von Schwänkereich, ein reicher Edelmann", Donna Anna und Don Ottavio traten als „Fräulein Marianne, Geliebte des Herrn von Fischblut", auf usw. In diesem Narrengewande wurde die Oper am 27. September 1789 in Mannheim gespielt.[1] Auch wenn „Italiänische Opervirtuosen" für die Darstellung engagiert waren wie am 15. Juni 1788 in Leipzig, lockte der Theaterzettel mit der attraktiven Gattungsbezeichnung „Ein großes Singspiel".[2] Und selbst wo die Bezeichnung fehlte, arbeiteten die Übersetzer doch „ganz aus dem Geist des Singspiels: Statt der Rezitative erscheint der gesprochene Dialog, und die Härte des Originaltextes wird gemildert und verweichlicht . . ."[3] So hielt es etwa der Mainzer Theaterdichter Heinrich Gottlieb Schmieder, dessen Übersetzung (nach Neefes Vorbild) am 13. März 1789 in dem erst wenige Monate zuvor eröffneten Mainzer Theater und am 3. Mai in Frankfurt gespielt wurde. Friedrich Ludwig Schröder vereinigte dann in seiner auf vier Akte zerdehnten Bearbeitung für die Hamburger Bühne, deren Première am 27. Oktober 1789 stattfand, „alle singspielhaften Züge"; diese Aufführung wurde denn auch „wesentlich von singenden Schauspielern getragen". Hinzu kommt ein Element, das schon in Da Pontes Libretto voll entwickelt, freilich viel älter ist als die Opéra comique, aus der es die Singspielautoren später übernahmen: „die Darstellung des Gegensatzes von ländlicher Unschuld und adeliger Verderbtheit", mit anderen Worten: ein Hauptthema der altfranzösisch-provençalischen Pastourelle. Die Zerlina-

---

[1] Nach Christof Bitter, *Don Juan – Eyn Singspiel*. In: *Monatshefte Musiktheater Frankfurt 1 – Spielzeit 1977/78 – Originalsprache und Übers.*, S. 24. – Für die Nachweise der Werke, denen die Nachdrucke in den *Monatsheften Frankfurt* entnommen sind, s. S. 64. Ferner Renate Schusky, *Das dt. Singspiel im 18. Jh. . . .*, Bonn 1980 (= Gesamthochschule Wuppertal – Schr.reihe Lit.wiss., Bd. 12).
[2] Abb. in *Südd. Ztg.*, Nr. 270 vom 22. 11. 1979.
[3] Dies und das Folgende wieder nach Bitter [Anm. 1], S. 25–27, 24.

Episode hat den leicht frivolen Charakter dieser Gattung bis ins XVIII. Jahrhundert bewahrt, ja zu neuem Leben erweckt.

Die Verniedlichung des „dramma giocoso" zum „Singspiel" hat mehrere Gründe. Die Beliebtheit der Gattung in Deutschland kam den rührseligen Ingredienzien der Empfindsamkeit entgegen. Vor allem aber gab es während des Ancien régime sowohl in Italien als auch dort, wo die italienische Opernkultur willige Aufnahme fand wie in Wien oder Dresden, eine Reihe vorzüglicher Librettisten, von denen Metastasio, Goldoni,[3a] Calzabigi, Casti und Da Ponte[3b] bei Hofe und im Publikum das höchste Ansehen genossen.[4] Die Blüte des Librettos ist nicht zuletzt dadurch bedingt, daß Opera seria und buffa in Italien eine ähnliche Funktion wie anderswo das Schauspiel als „moralische Anstalt" im weitesten Sinne innehatten. Während vornehmlich die Tragödien in anderen Ländern Europas blühten und in Deutschland gerade aufzublühen begannen, eroberten selbst Alfieris und Manzonis Schauspiele bis heute nicht das italienische Theater. Den Höhepunkt in der italienischen Entwicklung bilden später die Opern Verdis, besonders wenn sich die Texte für den Ausdruck der Risorgimento-Ideale und -Emotionen eigneten. So der berühmte Chor des *Nabucco: Va, pensiero, sull'ali dorate* . . . (III 4):[5]

> *Oh, mia patria sì bella e perduta!*
> *Oh, membranza sì cara e fatal!*

Stammt der Text in diesem Falle zwar von einem drittrangigen Verfasser wie Temistocle Solera, so finden sich unter Verdis Librettisten doch auch Autoren wie Scribe, Piave, Maffei, Ghislanzoni und vor allem Boito, und seine Stoffe sind u. a. Werken von Voltaire, Hugo, Dumas fils, Shakespeare, Byron, Schiller, Zacharias Werner und dem Ägyptologen Mariette entnommen, der seinerseits auf Heliodors Roman zurückgriff.[6] In Deutschland fehlten lange Zeit Librettisten, die sich mit der

---

[3a] Die jüngste deutsche Übersetzung eines Librettos von Goldoni: *Die Arkadia in der Brenta* – Prosaübers. des Opernlibrettos von Arnold E. Maurer und Danilo Reato – Mit einem Nachwort, Padova (cooperativa libraria ed. degli studenti dell'univ. di padova) 1979. Nachwort der Übersetzer S. 65: „Goldonis *L'Arcadia in Brenta* geht auf Giovanni Sagredos . . . Werk gleichen Namens zurück, das über vierzehn Auflagen erzielte." Die Musik zu Goldoni schrieb Baldassarre Galuppi. Literaturhinweise zum Thema S. 69–71.

[3b] Vgl. dazu *Opere tutte di Giambattista Casti* . . . I, Torino 1849, II, Lugano 1850. Das bekannteste Libretto für Mozarts Gegner Antonio Salieri war *Prima la musica e poi le parole* – *Divertimento teatrale* in I 377–392. Zu Casti vgl. Gabriele Muresu, *Le occasioni di un libertino (G. B. Casti)*, Messina-Firenze 1973; zu *Prima la musica* . . . Josef Heinzelmann, „*Prima la musica e poi le parole*" – *Zu Salieris Wiener Opernparodie*. In: Österreich. Musikzs. 28 (1973), H. 1, S. 19–28; zum Wiener Libretto allgemein Erika Kanduth, *Die italien. Libretti der Opern Joseph Haydns*. In: *Joseph Haydn und die Lit. seiner Zeit*. Hrsg. v. Herbert Zeman, Eisenstadt 1976 (= *Jb. für österreich. Kulturgesch.* VI), S. 61–96; dies.: *Der Kaiserliche Hofdichter im 18. Jh.* In: *Die österreich. Lit. – Ihr Profil an der Wende vom 18. zum 19. Jh. (1750–1830)* I–II. Hrsg. v. Herbert Zeman, Graz 1979, I 307–330; zu Da Ponte: Horst Rüdiger, *Die Abenteuer des Lorenzo Da Ponte* . . ., ebd. S. 331–353; Cornelia Kritsch und Herbert Zeman, *Das Rätsel eines genialen Opernentwurfs – Da Pontes Libretto zu „Cosi fan tutte"* . . ., ebd. S. 355–377, sowie die übrigen unter dem Titel *Die italien. Literaturtradition, italien. und dt. Lit. im Dienst der Musik* zusammengefaßten Kapitel, bes. S. 379–425.

[4] Vgl. auch Patrick J. Smith, *The Tenth Muse – A Historical St. of the Opera Libretto*, London 1971.

[5] In: *Tutti i libretti di Verdi* – Introduz. e note di Luigi Baldacci . . ., Milano 1975, p. 45.

Versiertheit ihrer italienischen Kollegen hätten messen können, und sie waren auch nicht nötig, weil bis über Mozart hinaus das ‚seriösere' Schauspiel mindestens gleichberechtigt neben der Oper stand. Ähnlich wie Winckelmann in den sechziger Jahren des XVIII. Jahrhunderts der deutschen Sprache unter großen Mühen die Fähigkeit zum Ausdruck ästhetischer Kategorien errungen hatte, wie die vier Fassungen der Beschreibung des Apollo im Belvedere beweisen,[7] so versuchten sich erst im XIX. und XX. Jahrhundert Autoren von Rang – an der Spitze Wagner und Hofmannsthal – am deutschen Libretto und schufen eine librettoeigene und librettotypische Sprache, die sich wesentlich von den Nichtigkeiten des Singspiels unterschied und in Verbindung mit der Musik nun auch mit dem Sprachniveau des Schauspiels messen konnte.

Ein weiteres Problem, das gerade für die Oper von wesentlicher Bedeutung ist, war aber noch nicht gelöst und ist bis heute umstritten geblieben: die Aneignung fremdsprachiger Libretti für die deutschsprachigen Bühnen. Die naheliegende Idee, die Werke einfach in der Ursprache zu singen, war im Zeitalter der Wandertruppen zunächst verhältnismäßig leicht zu realisieren, dann erst wieder in der Epoche der Jet-Set-Stars am Dirigentenpult und auf der Bühne. In der Zwischenzeit, das heißt im XIX. und in den ersten Jahrzehnten des XX. Jahrhunderts, behalf man sich in der Regel mit mühsam und gewissenlos zusammengeschusterten Übersetzungen (vom *Don Giovanni* gibt es deren etwa fünfzig),[8] die oft nicht nur der Musik zuwiderliefen, sondern auch das primitivste Textverständnis vermissen ließen. Beispiele dafür finden sich zu Dutzenden:[9] bedauernswerte Contergan-Geschöpfe aus der gestörten Verbindung unzureichender Fremdsprachen- und Fremdländerkenntnis und der Unfähigkeit zu normalem deutschen Ausdruck. Wahrhaft monströse Gebilde entstanden aber auch durch die sogenannten Nach- oder – schlimmer noch – Umdichtungen. Trotzdem soll nicht verschwiegen werden, daß ein so versierter Autor wie Wystan Hugh Auden, der nicht nur das Libretto für Strawinskys Oper *The Rake's Progress,* sondern in Zusammenarbeit mit Chester Kallman auch Übersetzungen des *Don Giovanni,* der *Zauberflöte* und der *Sieben Todsünden* geschrieben hat, ausdrücklich dafür plädiert,[10] es sei die Aufgabe des Übersetzers, „Verse zu

---

[6] Nach Otto Weinreich: Nachwort zu Heliodor: *Aithiopika ...,* Zürich 1950 (= *Die Bibl. der Alten Welt – Griech. Reihe*), S. 375f.

[7] Vgl. Hans Zeller, *Winckelmanns Beschreibung des Apollo im Belvedere.* Zürich 1955 (= *Zürcher Beiträge zur dt. Lit.- und Geistesgesch.* 8), bes. die Texte.

[8] Vgl. die *Unvollständige Liste der „Don Giovanni"-Übers.* In: *Monatshefte Frankfurt* [Anm. 1] S. 30.

[9] Ebd., die meisten Aufsätze unter III–V; ferner Gustav Brecher, *Opern-Übersetzungen,* o. O. [= Berlin] 1911; Teildr. mit Einleitung von Stephan Stomper in: *Jb. der Komischen Oper* 2 (1961/62), S. 46–82; Werner Otto, *Die Opernübers. – Ein Beitrag zum Musiktheater.* In: *Die Komische Oper 1947–1954.* Hrsg. v. der Intendanz der Komischen Oper Berlin – Lizenzausg. für die Bundesrepublik Deutschland, Düsseldorf o. J. [= 1954]; Joachim Herz, *Sinn oder Unsinn in Operntexten – Zu einigen Fragen der Übers.* In: *Theater der Zeit* 1959, H. 4, S. 22–32; Helmut Liebsch, *Eine Oper – zwei Texte – Textkrit. Bemerkungen zu Donizettis „Don Pasquale".* In: *Musik und Gesellschaft* 13 (1963), H. 1–12, S. 91–95; Josef Heinzelmann, *Zwischen den Stühlen – Von den Schwierigkeiten beim Übersetzen für das Musiktheater ...,* Ms. einer Sendung für den Südwestfunk am 3. 3. 1978.

[10] W. H. Auden, *Das Übersetzen von Opernlibretti.* In: *Des Färbers Hand ...,* Gütersloh o. J., S. 573 bis 592; hier: S. 585.

finden, die [der] Musik möglichst ebenbürtig sind" – der Musik also und nicht dem Originaltext! Das Ergebnis dieser Bemühungen ist leicht zu beurteilen, wenn man etwa Don Ottavios herrliche Arie *Dalla sua pace la mia dipende* ... (I 14) und andere Stücke aus *Don Giovanni* und der *Zauberflöte* mit dem englischen Text vergleicht, der mit dem Original wenig zu tun hat.[11] Immerhin sucht Auden sein Vorgehen zu begründen,[12] und zwar durch die Gegenüberstellung der verschiedenen Ausdrucksmöglichkeiten der romanischen Sprachen und des Englischen sowie der „englischen und italienischen Vorstellungen dessen, was einem verliebten Manne zu sagen und zu tun ansteht ..." Daß hier ein Wesensunterschied besteht, lehrt freilich schon ein abendlicher Spaziergang über den Trafalgar Square bzw. die Piazza Navona, ganz zu schweigen vom Verhalten verliebter Männer in privaten Räumlichkeiten, bekanntlich einem beliebten Thema vieler Opernhandlungen.

Wagners und Hofmannsthals Texte galten nun bald auch bei den Übersetzern fremdsprachiger Libretti als Modelle, welche die Gattung in einer bis dahin unvorstellbaren Weise aufwerteten. Es kam hinzu, daß sich Fachleute und Künstler vom Range Walter Felsensteins mit ihren Gesinnungsgenossen und Mitarbeitern nicht nur um unverfälschte Wiedergabe der musikalischen Qualitäten einer Oper, etwa der *Carmen*, bemühten,[13] sondern neben der Werktreue des ‚Musiktheaters' ein weiteres Kriterium in den Mittelpunkt ihrer Bemühungen stellten:[14] die „Verantwortung vor dem Publikum ‚heute und hier', begriffen als Verpflichtung zur absoluten ‚Verständlichkeit' des Kunstwerkes Aufführung". Daß sich auf diese Weise ein Widerspruch zwischen Werktreue, was unter anderem die Aufführung in der Originalsprache einschlösse, einerseits und jener „Verpflichtung zur Verständlichkeit gegenüber dem Publikum" auf der anderen Seite ergibt, liegt auf der Hand, denn in der Regel versteht das Publikum die Originalsprache nicht. Wie also soll das Dilemma behoben werden?

Es ist wohl kein Zufall, daß sich Theoretiker und Theaterpraktiker vor allem aus dem sozialistisch überformten Teil Deutschlands um die Lösung dieser Frage bemüht haben, meist auf den Spuren Felsensteins oder in Auseinandersetzung mit ihm. Wenn es richtig ist, daß Sprache die Ideologie ausdrückt, so hört man bestimmten Wendungen oder Vokabeln ihre Herkunft an. Felsenstein selbst scheint das Stichwort vom „kulinarischen Opernbetrieb" gegeben oder mindestens aufgenommen zu haben,[15] das alsbald in Ost und West die Runde machte. So befürchtet Götz Friedrich unter bestimmten Umständen die Reduzierung der Oper auf „die rein kulinarische Funktion" und stellt ein „kulinarisch verführtes" dem „am menschlichen Vorgang interessierten" Publikum gegenüber.[16] Hans Hartleb, der zu differenzieren

---

[11] Ebd. S. 585–592.
[12] Ebd. S. 586.
[13] Vgl. Walter Felsenstein – Joachim Herz, *Musiktheater – Beiträge zur Methodik und zu Inszenierungskonzeptionen*. Leipzig 1976, etwa Felsenstein: *Vorbemerkungen zu „Die Hochzeit des Figaro"*, S. 164–168; ders.: *Unverfälschte „Carmen"*, S. 275–278, und weitere Aufsätze.
[14] Götz Friedrich, in: *Monatshefte Frankfurt* [Anm. 1] S. 32.
[15] Ebd. S. 47.
[16] Ebd. S. 32f.

versteht und *Lulu* in Stockholm auf Schwedisch, die *Arabella* in London jedoch in deutscher Sprache inszeniert hat, weiß das verschiedene Verfahren überzeugend zu begründen, stellt aber trotzdem die rhetorische Frage:[17] „Will interpretative Opernarbeit eigentlich nur den kleinen Kreis hochstilisierter Genießer oder will sie eine weitgefächerte Auswahl aus allen Kreisen der Gesellschaft erfassen?" Paul Dessau empfiehlt bündig:[18] „An Stelle der Kehlkopfakrobatik trete das Auf-Sinn-Singen", und Stephan Stomper rühmt in der Vorbemerkung zum Teilneudruck eines der seltenen deutschen Werke, die sich schon früh ernsthaft mit dem Libretto auseinandergesetzt haben, Gustav Brechers *Opern-Übersetzungen*, deren Verfasser nach,[19] unter seiner Leitung habe die Leipziger Oper „nicht nur Ohrenschmaus und Unterhaltungskunst" geboten, was ebenso eindeutig unter das ‚Kulinarische' zu fallen scheint wie die „Kehlkopfakrobatik" unter das Zirzensische. Peter Hacks aber widmet ein ganzes Kapitel seines Essays *Versuch über das Libretto*[20] dem „Kulinarischen". Dann meint er jedoch, es sei besser, „den Begriff ‚kulinarisch' auf die Oper nicht anzuwenden", empfiehlt für ihren ‚Wohlgeschmack' den beinahe obsolet gewordenen Begriff ‚schön' und kommt zu dem Schluß, zu dem auch wir uns bekennen: „Die Oper ist ihrem schönen Wesen nach affirmativ; das kann ihr nur verübeln, wer der Kunst übelnimmt, daß es sie gibt."

Bei der folgenden Analyse einer der wenigen Libretto-Übersetzungen unseres Jahrhunderts, die Anspruch auf literaturkritische Wertung erheben können, werde ich auf verschiedene Probleme n i c h t eingehen, teils weil ich sie für unwichtig halte, teils weil es mir an Kompetenz fehlt. Das gilt neben dem ‚Kulinarischen', das mich übrigens so wenig schreckt wie eine gut zubereitete Speise, vor allem für die mit der Angst vor allem ‚Elitären' eng zusammenhängende Frage, ob es die Aufgabe des Theaters sei,[21] „den humanistischen Kern [der Oper] herauszuarbeiten, ihre Aussage zu verdeutlichen", wobei schon der Mißbrauch des Begriffs ‚humanistisch' Schauder erweckt. Ich werde ferner auf die Behandlung aller theatertechnischen und Verwaltungsfragen verzichten, so zum Beispiel der oft beklagten Nachlässigkeit von Operninszenierungen, der Verfügbarkeit geeigneter Sänger usw. Natürlich werde ich auch keine Finanzfragen behandeln, obwohl mir bekannt ist, daß Auftragsübersetzungen von Libretti honoriert werden müssen und daß Theater Unternehmen sind, die entweder von den Finanzausschüssen der Parlamente oder vom zahlungswilligen Publikum oder von beiden leben. Noch weniger kann ich mich mit den Folgen der Entwicklung der Schallplattenindustrie und ihrer Neigung zur Wiedergabe einer Oper in der Originalsprache befassen, auch nicht mit ihren Vorzügen.[22] Diese bestehen nicht zuletzt darin, daß sie dem Hörer ad aures demonstrieren, wie

---

[17] Ebd. S. 37.
[18] *Notizen zu Noten*, Leipzig 1974, S. 151.
[19] AaO. [Anm. 9] S. 51.
[20] In: *Oper*, München 1980, S. 199–257, bes. 253–257; hier: S. 256f.
[21] Leo Berg, *Dresden 1963: Originalsprache – Ein Experiment*. In: *Monatshefte Frankfurt* [Anm. 1] S. 43.
[22] Vgl. Jürgen Vorlauf, *Opern-Konzert und Musik-Theater*, ebd. S. 39–42.

eine vollendete Aufführung klingen k a n n, die irgendwo einmal, allen widrigen Umständen zum Trotz, dennoch gelang. Wirklich verstehen wird der Hörer die Darbietung freilich erst dann, wenn er den Text mitliest, sei es einen deutschen, den er beim Singen in der Regel nicht viel besser versteht als einen fremdsprachigen, oder einen solchen. Daß das Unverstehen lediglich die Folge eines „sprachlichen Schlendrians" oder einer „Sprachschluderei" sei,[23] wird niemanden überzeugen, der eine Oper ohne textliche Vorbereitung zum ersten Mal hört. Auch in diesem Falle hat Peter Hacks besser hingehört und genauer nachgedacht:[24] „Ihrem Wesen nach ist die Oper das Theater, in welchem nicht gesprochen wird . . . ,nicht gesprochen' heißt ,gesungen'; ,gesungen' aber heißt beim Opernsänger . . . kaum viel Besseres als ,unverständlich'. Die hebräische Schrift hat keine Vokale, die Arie keine Konsonanten." Das ist zwar in der Verallgemeinerung übertrieben und gilt vor allem kaum für italienische Sänger, denen die Konsonanten keine Schwierigkeiten bereiten; für deutsche Sänger trifft es in vielen Fällen zu. Schuld daran ist nicht immer der Schlendrian, sondern die Sprache selbst.

Ich erwähne alle diese Probleme nur, um zu zeigen, daß mir bekannt ist, wie sehr sie mit der Frage der Übersetzung von Opernlibretti zusammenhängen. Für die folgende Analyse setze ich mir ein bescheideneres Ziel: Ich beschränke mich auf Fragen, welche die Theoretiker des Librettos meist übersehen, weil sie Ohr und Auge einseitig auf die Musik richten. Die Oper ist jedoch ein Gesamtkunstwerk, das neben anderen Bestandteilen – Bühnenbild, Kostüm, Maske usw. – auch die Literatur umfaßt, mindestens dann, wenn das Libretto literarische Ansprüche erhebt. Als spezifisch grenzüberschreitende Literaturwissenschaft fühlt sich die Komparatistik für die Analyse zuständig, sei es wegen des Übersetzungsproblems oder weil hier e i n e Kunst durch eine andere erhellt wird.

Das Libretto *Die Hochzeit des Figaro . . . Deutscher Text von Karl Wolfskehl*[25] ist zwar schon 1924 in Florenz entstanden, aber erst fünfzig Jahre später veröffentlicht worden. Der Mitarbeiter des Textdichters war der Komponist und Musikkritiker Frank Wohlfahrt, der dem Dichter „das betreffende Musikstück . . . immer wieder vorspielen und -singen" mußte.[26] Nicht immer war dann Wolfskehls Lösung richtig, „zwar stimmte die Silbenzahl, aber die Betonungen saßen noch an dieser oder jener Stelle falsch . . . Es war Wolfskehl darum zu tun . . ., wenn irgend möglich, die deutschen Vokale den italienischen weitgehend anzugleichen", wie es bald darauf auch Siegfried Anheißer versuchte. Noch in einem Brief aus dem neuseeländischen Exil bedankte sich Wolfskehl bei der Frau seines Mitarbeiters:[27] „Grüßen Sie mir ja den

---

[23] Hans Hartleb, *Oper nur in der Originalsprache?*, ebd. S. 36, 38.
[24] Hacks, *Oper* [Anm. 20] S. 263.
[25] Nachwort von Klaus Schultz, Marbach am Neckar 1978 (= *Marbacher Schr.* 15), 110 S., sechs Figuren von Hans Strohbach für eine *Figaro*-Aufführung in Köln 1927.
[26] Ebd. S. 104 ein Bericht Wohlfahrts.
[27] Karl Wolfskehl, *Zehn Jahre Exil – Briefe aus Neuseeland 1938–1948*. Hrsg. . . . v. Margot Ruben . . . Heidelberg/Darmstadt 1959 (= *Veröffentlichungen der Dt. Ak. für Sprache und Dichtung* 13), S. 303. Offenbar aus Scherz oder Versehen ,übersetzt' Wolfskehl das englische ,godfather' (= ,Pate, Gevatter') mit „Gottvater". Vgl. ferner Anm. S. 411 f.; „A l l e Vokale . . ." ist natürlich stark übertrieben.

Frank Wohlfahrt, der doch Gottvater und Geburtshelfer meines ‚Figaro' zugleich ist." Das Typoskript der Arbeit mit handschriftlichen Korrekturen befindet sich unter Wolfskehls Nachlaß im Deutschen Literaturarchiv zu Marbach. Wolfskehl hat nur die ariosen Teile des Textes übersetzt; die wortgetreue Übersetzung der Rezitative, durch Kursivdruck unterschieden, stammt von Karl Dietrich Gräwe und stand ursprünglich im Textheft der Hamburger Staatsoper als Verständnishilfe für eine Aufführung in italienischer Sprache im Jahre 1974.[28] Sie bleibt hier außer Betracht. *Zur Übersetzung der Rezitative im ‚Don Giovanni'* hat sich Walter Dürr geäußert.[29]

Daß Wolfskehl ein Autor von Rang ist, dessen Arbeit literarische Beachtung verdient, bezeugen weniger seine Gedichte und Mythen als der Briefwechsel und die Essays.[30] Im ersten Drittel des Jahrhunderts bis zur Vertreibung durch die Nationalsozialisten hat er in Stefan Georges Zirkel eine nicht unbedeutende Rolle gespielt. Besondere Aufmerksamkeit verdient sein deutscher *Figaro* durch den Umstand, daß hier das Dokument, ja das Bekenntnis eines Gefolgsmannes eben von George vorliegt. Dessen neuhumanistischer Freundeskreis stand der Plastik mit ihren scharfen Konturen näher als der ‚verschwommenen' Musik, die nach dem Verständnis des Kreises von Wagners „unendlicher Melodie" und von Richard Strauß beherrscht war. Unter dieser Voraussetzung versteht sich die Vorliebe Wolfskehls für eines der klarsten und durchsichtigsten Werke der Musikgeschichte.

Den Entschluß, den *Figaro* neu zu übersetzen, faßte Wolfskehl, weil nach seiner Meinung[31] „Da Ponte's vortreffliche Operndichtung ... durch keine der bisherigen Übertragungen auch nur einigermaßen gespiegelt" wurde. Damit kam aber „auch Mozart nicht zu seinem Recht, da er sich sehr eng an das Wort gehalten hat". Wolfskehl war also anderer Auffassung als etwa Hans Hartleb, der sich – gerade wegen seiner merkwürdigen These,[32] die Originalsprache sei für die Aufführung des *Figaro* „nur ein Hemmnis" – auf „die excellenten Eindeutschungen Levis" beruft, „die wirklich den Geist Mozarts verspüren lassen". Nun hat Hermann Levi gewiß hohe Verdienste gerade um Mozart gehabt, aber am wenigsten durch seine Übersetzungen. Im übrigen gab es vor Levi und Wolfskehl bereits ein gutes Dutzend deutsche *Figaros*,[33] zwar bei weitem nicht so viel wie *Don Giovanni*-Übersetzungen, dafür aber solche von Autoren, die auch sonst in der Literaturgeschichte einen Namen haben: Goethes Schwager Vulpius und der Freiherr von Knigge schufen noch zu Mozarts Lebzeiten einen nicht ganz unbrauchbaren deutschen *Figaro*. Dann folgte

---

[28] Nach Schultz [Anm. 25] S. 108.
[29] In *Monatshefte Frankfurt* [Anm. 1] S. 28f.
[30] Neben dem in Anm. 27 zitierten Werk vgl. Wolfskehl und Verwey, *Die Dokumente ihrer Freundschaft 1897–1946*. Hrsg. v. Mea Nijland-Verwey. Heidelberg 1968 (= Veröffentlichungen der Dt. Ak. für Sprache und Dichtung 60); Karl und Hanna Wolfskehl, *Briefwechsel mit Friedrich Gundolf 1899–1931* I–II. Hrsg. v. Karlhans Kluncker. Amsterdam 1977 (= Publ. of the Inst. of Germanic St. – Univ. of London – Vol. 24); Wolfskehl, *Über den Geist der Musik*. In: *Der George-Kreis – Eine Auswahl aus seinen Schr.* Hrsg. v. Georg Peter Landmann. Stuttgart ²1980, S. 187–195.
[31] Wolfskehl [Anm. 25] S. 5, nach Druck in: *Neue Musik-Ztg.* 49 (1928), S. 107.
[32] [Anm. 23] S. 36f.
[33] Schultz [Anm. 25] S. 102.

wie beim *Don Giovanni* die Verwandlung der Opera buffa zum Singspiel, in dem die Rezitative durch Sprechdialoge ersetzt wurden, bis Eduard Devrient – also ein Schauspieler! –, der neben anderen Werken das Libretto von Marschners *Hans Heiling* geschrieben hat, im deutschen *Figaro* die Rezitative wiederherstellte. Siegfried Anheißers beachtlicher, aber utopischer Versuch, in der Übersetzung möglichst auch die italienischen Vokale zu bewahren, ist gescheitert, angeblich nicht ohne eifersüchtige Mitwirkung einer Art „Reichsstelle für Mozart-Texte" unter der Leitung Georg Schünemanns.[34] „Nach der Überlieferung und dem Urtext" haben dann Schünemann und Kurt Soldan eine „neue deutsche Bearbeitung" hergestellt. Als Reclam-Heft gedruckt,[35] dürfte sie die heute übliche Grundlage deutschsprachiger Aufführungen sein. Jedenfalls lege ich sie einem kurzen Vergleich mit Wolfskehls Versuch zugrunde.

In der *Neuen Musik-Zeitung* von 1928 hat Wolfskehl die Prinzipien seiner Übersetzung zusammengefaßt.[36] „Neben den allgemeinen bei Opernübersetzungen geltenden Grundsätzen wie sie am besten, schärfsten und eindringlichsten von Gustav Brecher ... auseinandergesetzt sind, und unter Rücksicht auf leichte Sangbarkeit des Textes, galt es ... eine Sprachgrundlage zu schaffen, die wirklich Mozartisch ist, bei vollkommener wörtlicher Treue gegenüber dem Urtexte in Schwingung und Gefühlsgehalt das in sich faßt, was von der Musik aufs Wort gewissermaßen abgefärbt ist." Ferner sind „der übersetzerischen Treue wegen ... Reimverschlingungen, die von Strophe zu Strophe übergreifenden, oder die Binnenreime", durchaus beibehalten. Endlich ist „die eigentlich selbstverständliche, wenn auch von keiner der bisherigen Übersetzungen beachtete musikalische Figurierung, in der Wiederholung, Zerteilung, Umstellung von Halb- und Ganzversen oder einzelnen Worten genau wiedergegeben ..." Bei aller Achtung vor Da Pontes Leistung bleibt also das Prinzip (nach Giambattista Castis mißverstandenem Librettotitel) *Prima la musica e poi le parole*, wobei Wolfskehl sogar eine Art Rückwirkung von der Musik auf den Text annimmt. Im übrigen bleibt es dem Leser überlassen zu erraten, welche „Sprachgrundlage ... wirklich Mozartisch ist". Als Wolfskehl den *Figaro* übersetzte, war Brechers Werk frischer, als es heute wirkt; in mancher Hinsicht wäre es ergänzungsbedürftig. Und ob es möglich ist, Reime, Binnenreime und Reimverschlingungen beizubehalten, ohne gegen den Geist der deutschen Sprache zu verstoßen, muß sich am Text erweisen.

Zum Vergleich wählen wir zunächst eine der Stellen, an denen sich Da Pontes Kunst dem Kenner leicht enthüllt: die Canzone, die Cherubino der Gräfin vorsingt (II 3):[37]

Voi che sapete   *Ricerco un bene*
Che cosa è amor,   *Fuori di me,*

---

[34] So Joachim Herz [Anm. 9] S. 30.
[35] Wolfgang Amadeus Mozart, *Die Hochzeit des Figaro* ... – In neuer dt. Bearbeitung – Nach der Überlieferung und dem Urtext von Georg Schünemann und Kurt Soldan. Hrsg. ... v. Wilhelm Zentner. Stuttgart 1977 (= *Universal-Bibl.* Nr. 2655).
[36] Wolfskehl [Anm. 25, 31] S. 5.
[37] Lorenzo Da Ponte, *Memorie – Libretti mozartiani* ... Milano 1976 (= *I Garzanti – I Grandi Libri*), p. 432 s.

Donne, vedete
4 *S'io l'ho nel cor.*
Quello ch'io provo
Vi ridirò;
È per me nuovo,
8 *Capir nol so.*
Sento un affetto
Pien di desir
Ch'ora è diletto
12 *Ch'ora è martir.*
Gelo, e poi sento
L'alma avvampar,
E in un momento
16 *Torno a gelar.*

Non so chi 'l tiene,
20 *Non so cos'è.*
Sospiro e gemo
Senza voler,
Palpito e tremo
24 *Senza saper,*
Non trovo pace
Notte né dì:
Ma pur mi piace
28 *Languir così.*
Voi che sapete
Che cosa è amor,
Donne, vedete
32 *S'io l'ho nel cor.*

Knigge und Vulpius übersetzten:[38]

Ihr, die ihr die Triebe des Herzens kennt,
Sprecht, ist es Liebe, was hier so brennt?
Ich will's euch sagen, was in mir wühlt;
7/8 *Euch will ich's klagen, euch, die ihr fühlt.*
Sonst wars im Herzen mir leicht und frei,
Es waren Schmerzen und Angst mir neu.
Jetzt fährt wie Blitze, bald Pein, bald Lust,
15/16 *Bald Frost, bald Hitze durch meine Brust.*
Ein heimlich Sehnen zieht, wo ich bin,
Zu allen Schönen mich traulich hin.
Dann wird von Leiden und innerm Harm,
23/24 *Und dann vor Freuden mein Busen warm.*
Es winkt und folgt mir nun überall,
Und doch behagt mir die süße Qual.
Ihr, die ihr Triebe des Herzens kennt,
31/32 *Sprecht, ist es Liebe, was hier so brennt?*

Bei Schünemann/Soldan heißt es:[39]

Sagt, holde Frauen, die ihr sie kennt,
Sagt, ist es Liebe, was hier so brennt?
Ich will's euch sagen, was in mir wühlt,
7/8 *Euch will ich's klagen, euch, die ihr fühlt.*
Sonst war's im Herzen mir leicht und frei,
Es waren Schmerzen und Angst mir neu.

[38] Nach Schultz [Anm. 25] S. 102f.
[39] [Anm. 35] S. 31.

>   *Durch alle Glieder strömt's glühend heiß,*
> 15/16 *Ach, und dann wieder werd ich zu Eis.*
> *In weiten Fernen such ich das Glück,*
> *Bis zu den Sternen heb ich den Blick.*
> *Seufzen und Sehnen bewegt die Brust,*
> 23/24 *Es fließen Tränen mir unbewußt.*
> *Mir bringt nicht Freuden Tag oder Nacht,*
> *Und doch dies Leiden selig mich macht.*
> *Sagt nun, ihr Frauen, die ihr sie kennt,*
> 31/32 *Sagt, ist es Liebe, was hier so brennt?*

Wolfskehl folgt Da Ponte in der Anordnung der Verse:[40]

> *Zärtliche Frauen,*
> *Saget mir frei,*
> *Ob dieses Grauen*
> 4 *Liebe wohl sei.*
>
> *Was mich erfüllet,*
> *Sollt Ihr nun sehn,*
> *Mir ist's verhüllet,*
> 8 *Kann's nicht verstehn.*
>
> *Spüre ein Wallen,*
> *Sehnen und Drang,*
> *Nun ist's Gefallen,*
> 12 *Nun bin ich bang.*
>
> *Kalt sind die Glieder,*
> *Glühn wie am Rost,*
> *Und dann gleich wieder*
> 16 *Schau'r ich vor Frost.*
>
> *Wo ich gegangen,*
> *Hier oder dort,*
> *Lockt mich Verlangen*
> 20 *Weit von mir fort.*
>
> *Seufzer entschweben*
> *Mir wie im Traum,*
> *Fühle mich beben,*
> 24 *Weiß es doch kaum.*
>
> *Nächtlich und täglich*
> *Solches Gewühl,*
> *Doch welch unsäglich*
> 28 *Süßes Gefühl!*
>
> *Zärtliche Frauen,*
> *Saget mir frei,*
> *Ob dieses Grauen*
> 32 *Liebe wohl sei.*

Es lohnt, zunächst einen Blick auf den italienischen Text zu werfen. Da Ponte war ein gebildeter, mit allen literarischen Wassern gewaschener Autor. Gleich die beiden ersten Verse paraphrasieren den Anfang von Dantes Canzone *Donne ch'avete intelletto d'amore* ... aus der *Vita nova* (XIX).[41] Der Petrarkismus in den Versen 11–16 und 21–28 mit dem zur Algophilie gesteigerten Schluß (v. 27 f.),[42] der in der Übersetzung nur schwach herauskommt, ist so wenig zu überhören wie in der anderen Canzone, welche der liebestolle Cherubino der mit gesundem Menschenverstand reagierenden Susanna übergibt *(Povero Cherubin, siete voi pazzo?)* (I 5, v. 2):[43]

---

[40] [Anm. 25] S. 33f.
[41] Vgl. Horst Rüdiger [Anm. 3b] S. 336 und Anm. 15 und 16 mit weiteren Hinweisen.
[42] In der kritischen Literatur zum Libretto habe ich nur e i n e n Hinweis auf den Petrarkismus gefunden: Walter Dürr nennt in dem Aufsatz *Zur Übers. der Rezitative im „Don Giovanni"*. In: *Monatshefte Frankfurt* [Anm. 1] S. 28 die Arien im *Don Giovanni* „gewissermaßen spät-petrarkesk".
[43] [Anm. 37] S. 413f.

Or di fuoco, ora sono di ghiaccio . . .

Wie viele andere Verliebte seiner Zeit ist also auch Cherubino ein Opfer der petrarkistischen Epidemie, mit der er das meist unwissende Publikum unserer Opernhäuser noch heute infiziert oder belustigt. – Der Petrarkismus wird durch die Elemente eines Locus amoenus verstärkt (v. 9–15):

> *Parlo d'amor vegliando,*
> *Parlo d'amor sognando:*
> *All'acque, all'ombre, ai monti,*
> *Ai fiori, all'erbe, ai fonti,*
> *All'eco, all'aria, ai venti*
> *Che il suon de' vani accenti*
> *Portano via con sé . . .*

Wolfskehl übersetzt diesen Passus verhältnismäßig frei:[44]

> *Bald verbrenn' ich und bald beb' ich eisig . . .*
>
> *Wach' ich, in Liebe wall' ich,*
> *Träum' ich, von Liebe lall' ich,*
> *Zu Quellen, Schluchten und Wäldern,*
> *Zu Blüten, Bächen und Feldern,*
> *Das Echo gibt's dem Wind weit*
> *Dies Wort berauschter Kindheit*
> *Weit in die Welt hinein.*

Wolfskehls Vorliebe für das ‚Wallen' ist wohl ein Reflex Wagnerscher Diktion. Ob der Ersatz von ‚Schatten' und ‚Bergen' durch „Schluchten und Wälder" nötig war (der Reim hat auch hier mitgewirkt), bleibe dahingestellt; Schatten gehören in südlichen Gegenden jedenfalls zum Locus amoenus. Am Schluß verfällt Wolfskehl in Fin de siècle-Konventionen. Im Original ist weder von einem Zug „weit . . . / Weit in die Welt hinein" noch gar von einer dehmelnd „berauschten Kindheit" die Rede; es heißt lediglich, daß die Winde „den Klang der schwerelosen [so ist ‚vani' wohl zu verstehen] Lieder mit sich forttragen".

Cherubinos beide Canzonen stehen also in einer literarischen Tradition, deren betonter Schlichtheit man auch die Schule der Arcadia anhört. Es hieße nun vom Übersetzer zu viel verlangen, wenn man von ihm die ‚Nachahmung' der originalen Stilelemente erwartete. Man darf allerdings erwarten, daß er sie überhaupt erkennt und versucht, in und mittels seiner Sprache einen **Stil zu finden**, der mit dem originalen zwar **nicht identisch** sein kann, ihm aber in der Übersetzersprache **angemessen** sein muß.[45] Das Kriterium der Angemessenheit (des griechischen

---

[44] [Anm. 25] S. 18.
[45] Vgl. Horst Rüdiger, *Über das Übersetzen von Dichtung*. In: *Akzente*, H. 2 (1958), S. 174–188; hier: S. 184f. Unabhängig davon hat nur Auden [Anm. 10] S. 582 das Problem erkannt.

‚prépon', des lateinischen ‚aptum') ist natürlich bis zu einem Grade subjektiv wie alle ästhetischen Urteile, trotzdem aber unentbehrlich. Sofern nun ein bestimmter, dem Original angemessener Stil in der eigenen Literatur vorhanden ist, bietet das Transponieren verhältnismäßig geringe, durch Übung zu meisternde Schwierigkeiten. Das gilt zum Beispiel für die Predigt, den journalistischen Bericht, die diplomatische Note usw. Doch in der deutschen Literatur gibt es kein Werk, das Dantes *Vita nova*, und keine Richtung, welche der Arcadia zu vergleichen wäre (es sei denn, man dächte an Poeten wie Canitz oder Besser). Am ehesten könnte man von einem deutschen Petrarkismus im Rahmen einer gesamteuropäischen Mode sprechen, die freilich schon im XVI. und XVII. Jahrhundert grassierte.[46] Heute findet sich in keiner europäischen Literatur mehr ein Äquivalent. Die Tradition ist abgebrochen.

Dem Übersetzer bleibt also nichts anderes übrig, als einen Stil zu suchen, der dem originalen angemessen ist. An seine literarhistorischen Kenntnisse wie an seine Schöpferkraft werden hohe Ansprüche gestellt. Wie ein Übersetzergenie vom Range Voss' zeigt (er hat einen deutschen Stil, der dem homerischen weitgehend angemessen ist, recht eigentlich geschaffen), ist er in ganz anderer Weise frei als der technische Übersetzer, weil ihm die gleiche „reine Energie des Geistes" (Wilhelm von Humboldt) zu Gebote steht wie dem Dicher in der Ursprache. Diese einfache Überlegung erklärt, warum es so wenig gute Übersetzer besonders für das Libretto gibt: „Reine Energie des Geistes" ist eine Gabe, die man nicht in der Schule, aber auch nicht am Regie- und Dirigentenpult lernt.

Unter diesen Voraussetzungen genügt auf Knigge-Vulpius' und Schünemann-Soldans Übersetzung von Cherubinos zweiter Arie (II 3) ein rascher Blick. In Wilhelm Zentners Einleitung zum Text der zuletzt genannten Übersetzer heißt es richtig, wenn auch in der gemütvollen Sprache des Spätbiedermeier, die wohl vom Umgang mit manchem Libretto eingefärbt ist:[47] „Schünemann hat, was an alten Übersetzungen brauchbar und gelungen, dem Ohr des Opernfreundes vertraut und bereits in den musikalischen Hausschatz eingegangen war, in kluger Sichtung übernommen . . ." Die „kluge Sichtung" betrifft die Verse 3/4 bis 11/12 und 31/32, die gegenüber der Vorlage fast unverändert geblieben sind. Wenn sich aber dem ‚Neuübersetzer' die Worte für die köstliche Ungewißheit des Liebenden versagen (v. 17–20), dann schweift er „in weite Fernen" und gar „bis zu den Sternen", wo auch der Librettist nicht konkret zu sein braucht. Knigge-Vulpius hatten sich an dieser Stelle auch nicht besser zu helfen gewußt als mit einer „traulichen" Neigung „zu allen Schönen". Bemerkenswert, daß alle Übersetzer die Doppelreime gewahrt haben; nur Schünemann-Soldan haben auf die abgegriffene Kombination „Triebe – Liebe" ihrer Vorlage verzichtet.

Offensichtlich haben auch Wolfskehl die Reime Schwierigkeiten bereitet, und es fragt sich, ob nicht der Übersetzer dem Rat mancher modernen Theoretiker und

---

[46] Vgl. u. a. *Übers. und Nachahmung im europ. Petrarkismus – St. und Texte.* Hrsg. v. Luzius Keller. Stuttgart 1974 (= *St. zur Allg. und vgl. Lit.wiss.*, Bd. 7).
[47] Zentner [Anm. 35] S. 7.

Praktiker folgen und Reime nicht erzwingen sollte.[48] Denn er hat mit zwei Eigenarten der italienischen Sprache zu kämpfen:[49] ihrem Reichtum an zwei- oder mehrsilbigen Reimen und der Seltenheit auf der letzten Silbe betonter oder einsilbiger Wörter. Gerade im vorliegenden Falle hat es Da Ponte seinen deutschen Übersetzern freilich leicht gemacht, indem er in den jeweils zweiten und vierten Versen einsilbige betonte (so, me, è, dì) oder apokopierte Wörter mit dem Ton aus der letzten Silbe (amor, cor, desir, martir, avvampar, gelar, voler, saper) oder solche mit dem ‚natürlichen' Akzent aus der letzten Silbe (ridirò, così) gewählt hat. Ob die Häufung solcher prosodischen Lizenzen im Italienischen noch als ‚schön' gelten kann, darf hier außer Betracht bleiben; im Veneto, woher Da Ponte stammt, ist sie gewiß weniger aufgefallen als im Süden. Wolfskehl hat jedenfalls hier keine Schwierigkeiten gehabt, den Wechsel von Wörtern, die auf der vorletzten und der letzten Silbe betont sind, zu übernehmen, weil die deutsche Sprache diese Möglichkeit bietet.

Dennoch hat der Reim einen Zwang auf den Übersetzer ausgeübt. „Zärtliche" Frauen (v. 1, 29) steht weder bei Dante noch bei Da Ponte, stört aber als mögliche Ergänzung so wenig wie „frei" (v. 2, 30). Anders verhält es sich mit dem „Grauen" (v. 3, 31). Daß Cherubino ein solches nicht empfindet, versteht sich aus der Situation und aus dem Charakter von Mozarts Vertonung von selbst. Er empfindet Ungewißheit, Unsicherheit, ist unruhig, stürzt von einer Empfindung in die andere, versteht sich selbst nicht mehr – kurz, mit aller Eleganz, die dem XVIII. Jahrhundert eigen ist, schildert ein zum ersten Mal Verliebter seinen selig-unseligen Zustand. Alles andere – nur kein „Grauen", das überdies ausgerechnet auf „Frauen" reimt. Während es im Italienischen einfach heißt (v. 7), sein Zustand sei ihm neu, zwingt der Reim den Übersetzer zu einem preziösen „verhüllet". Ähnlich verhält es sich mit dem bereits erwähnten „Wallen" (v. 9), das den „affetto" ins Wagnerische hochschraubt, und leider schwächt das „Gewühl" (v. 26), ebenfalls eine Konzession an den Reim, die sonst recht geglückte siebente Strophe.

Zu anderen Härten gegen die deutsche Sprache zwingt die Zahl und Art der Takte. Figaros Cavatina, in der so viel von Beaumarchais' rebellischem Geiste enthalten ist, wie in Wien gerade noch möglich war, lautet (I 2):[50]

> *Se vuol ballare,*
> *Signor Contino,*
> *Il chitarrino*
> *Le suonerò . . .*

---

[48] Z. B. Joachim Herz [Anm. 9] S. 29, der sich auf Mozarts Brief an den Vater vom 13. 10. '81 beruft.
[49] Vgl. auch Hans Helmut Christmann, *Wesenszüge der italien. Sprache in Gesch. und Gegenwart.* In: *Italien. St.*, H. 2, Wien 1979, S. 119–135; hier: S. 121–123. Auf der fünftletzten Silbe betonte Wörter wie ‚comúnicamelo' (= ‚teile es mir mit') habe ich allerdings noch nicht gehört. Sollte die ‚Regel' eine solche Betonung verlangen, so hilft sich der Sprechende mit der Verschiebung des Akzentes auf die drittletzte Silbe: ‚comunicámelo'. Für das Libretto hat diese Frage nur theoretische Bedeutung.
[50] [Anm. 37] S. 407f.

Wolfskehl:[51]

> *Falls unser Gräflein zu tanzen getraute,*
> *Warte die Laute,[52]*
> *Spiel ich dabei, (ja) . . .*

Niemand wird es dem Übersetzer verdenken, wenn er aus der „kleinen Gitarre" eine „Laute" macht, zumal die Möglichkeiten der Suffixbildung, die das Italienische auch für Diminutive bietet, im Deutschen auf zwei reduziert sind: Weder ‚Gitärrchen' noch ‚Gitärrlein' wäre denkbar. Leider ist es Wolfskehl auch nicht gelungen, in der vielerorts so glücklich übersetzten Arie Figaros, die das Finale des ersten Aktes bildet (I 8), die Ironie der Diminutive vernehmlich zu machen: Aus dem spöttischen „Narcisetto, Adoncino d'amor" (v. 4)[53] ist ein blasser „narzissisch adonischer Tor"[54] geworden. – In der Cavatina stört also nicht das fehlende Diminutiv „chitarrino", wohl aber neben dem als nicht-reflexiv behandelten „getraute" auch die Anrede, die im Original durchgehend die Höflichkeitsform ist (v. 1, 4, 8, 19, 22: „Se vuol . . .", „Le suonerò", „Le insegnerò"), also direkter und damit schärfer wirkt. – Manchmal hat auch Wolfskehl sich bemüht, den Klang der originalen Reime im Deutschen zu bewahren. In dem Terzett zwischen dem Grafen, Basilio und Susanna singen die Männer (I 7):[55]

> Conte: *Siamo qui per aiutarti,*
> *Non turbarti, o mio tesor.*
>
> Basilio: *Siamo qui per aiutarvi:*
> *È sicuro il vostro onor.*

Wolfskehl:[56]

> Graf und Basilio: *Wir sind hier, um Dir zu helfen!*
> *Sei nicht ängstlich, mein süßer Flor!*
> *Sei zufrieden, nichts ging hier vor!*

Während das italienische „O mio tesor(o)" oder – inniger – „Tesor mio" zwischen Liebenden ein natürlicher Ausdruck der Zärtlichkeit ist, klingt „mein süßer Flor" nicht nur affektiert, sondern ist in seiner Bedeutung nur zu erraten. Die musikalisch gebotene Silbenzahl aber hat aus einem dem Handlungszusammenhang angemessenen ‚Sei ruhig' (richtiger: ‚Sei*d* ruhig') ein schiefes „Sei zufrieden" hervorgebracht.

Eine besondere Crux für den deutschen Übersetzer bilden die hellen Vokale der italienischen Sprache, deren Reinheit durch das Fehlen schwer aussprechbarer

---

[51] [Anm. 25] S. 13f.
[52] Ich bezweifle, daß dieser Vers richtig wiedergegeben ist. Nach „Warte" fehlt wohl ein Komma, das nach „Laute" überflüssig ist.
[53] [Anm. 37] S. 426.
[54] [Anm. 25] S. 27.
[55] [Anm. 37] S. 419.
[56] [Anm. 25] S. 22.

Konsonantengruppen verstärkt wird.[57] Beide Eigenschaften machen das aus, was wir gemeinhin als ‚Musikalität' empfinden und was uns wünschen läßt, gerade Mozarts italienische Opern in der Originalsprache zu hören. Denn mit einem für die italienische Sprache überaus empfänglichen Ohr hat Mozart die klanglichen Möglichkeiten genutzt, die Da Ponte ihm reichlich dargeboten hat. Figaros Triumph-Arie über Cherubino beginnt (I 8):[58]

> *Non più andrai, farfallone amoroso,*
> *Notte e giorno d'intorno girando,*
> *Delle belle turbando il riposo,*
> *Narcisetto, Adoncino d'amor.*

Wolfskehl übersetzt:[59]

> *Nun ist's aus falterhaft, liebeslohend*
> *Früh und spät überall hinzuschwärmen,*
> *Aller Frauen Gewissen bedrohend,*
> *Ein narzissisch adonischer Tor.*

Der ungemeinen Fähigkeit der italienischen Wörter zur Bindung steht im Deutschen die Notwendigkeit entgegen, das auf einen Konsonanten endende Wort mit diesem Konsonanten auch deutlich enden zu lassen. Eine gewisse vokalische Bindung wäre allein zwischen „Früh und" möglich, doch müßte der das Wort abschließende Vokal *ü* auf jeden Fall deutlich hörbar sein, während im Italienischen der Schlußvokal des vorangehenden Wortes mit dem Anfangsvokal des folgenden so verschliffen wird, daß er praktisch kaum mehr wahrzunehmen ist, vor allem natürlich bei einem „Allegro vivace".

Wolfskehls Übersetzung gibt den Sinn der beiden ersten Verse recht genau wieder; durch die geglückten Bildungen „falterhaft, liebeslohend" trifft er zugleich den heiter-ironischen Ton. Um den Abstand zu ermessen, den Wolfskehl von seinen Vorgängern trennt, mag es genügen, sich zweier Übersetzungen zu erinnern, die zum „musikalischen Hausschatz" gehörten und wohl noch immer manches Hauskonzert bereichern:[60]

> *Dort vergiß leises Flehn, süßes Wimmern,*
> *Dort wo Lanzen und Schwerter dir schimmern . . .;*

oder Schünemann-Soldan:[61]

> *Nun vergiß leises Flehn, süßes Kosen*
> *Und das Flattern von Rose zu Rosen . . .*

---

[57] Ein italienischer Verleger, mit dem ich mich über eine mögliche Übersetzung von Elisabeth Langgässers Roman *Das unauslöschliche Siegel* unterhielt, lehnte respektlos parodierend ab: „Der unaussprechliche Igel".
[58] [Anm. 37] S. 426.
[59] [Anm. 25] S. 27.
[60] Joachim Herz [Anm. 9] S. 29.
[61] [Anm. 35] S. 27.

Vor solcher Lyrik blieb Wolfskehl nur der Rückzug von allen Konventionen und der Neubeginn vom Nullpunkt aus. Aber auch er ist, wie bei einer Libretto-Übersetzung nicht anders zu erwarten, nicht aller Schwierigkeiten Herr geworden. Abgesehen von dem bereits erwähnten matten vierten Vers (immer im Vergleich mit dem Original) bedroht Cherubino keineswegs das „Gewissen" der Frauen – so christlich dachte der Abate Da Ponte denn doch nicht –, sondern er stört ihre Ruhe.

Doch achten wir vor allem auf den Klang der Verse. Sie haben nur zwei Endreime, dafür aber drei Binnen- bzw. End-Binnenreime – „giorno d'intorno", „Delle belle" und „girando – turbando" –, die Wolfskehl trotz seiner Ankündigung, sie beachten zu wollen, außer Acht gelassen hat. „Überall hinzuschwärmen" gibt zwar den Sinn von „d'intorno girando" treffend wieder, muß aber mit einem Klangbild erkauft werden, das wegen der Zischlaute – zuschw – schwer singbar sein dürfte, zumal weitere Zischlaute oder schwierige Konsonantenverbindungen in unmittelbarer Nähe stehen: ist's, -wiss-, -zissisch, -nischer. – Besondere Schwierigkeiten bieten die einfachen Schlußverse der Arie, die ja zugleich Aktschluß sind:

> *Cherubino, alla vittoria!*
> *Alla gloria militar!*

Wolfskehl:

> *Cherubino, auf zum Siege,*
> *Ring um Ruhm in heißer Schlacht!*

Für das Orchester sind neben Violinen auch Flöten, Oboen, Fagotte, Hörner, Trompeten und Pauken im strahlenden C und G vorgesehen, und jedermann hört den triumphalen Klang der kriegerischen Musik und zugleich die Persiflage auf die Niederlage des kleinen Offiziers in der Liebe, die ihn nun zu einem tröstlichen militärischen Sieg führen soll. Die Übersetzung ist untadelig; den etwas schwächlichen zweiten Vers – „heiße Schlacht" ist Konvention – hat Wolfskehl, altdeutscher Dichtung überaus kundig und wohl durch Wagner ermutigt, mit Stabreimen zu kräftigen versucht. Betrachtet man aber die Vokale, so zeigen sich die Grenzen übersetzerischer Möglichkeiten deutlich. Das Original enthält wiederum einen versteckten End-Binnenreim, diesmal zweier für alle Soldateska untrennbarer Stimulantia: „vittoria – gloria". Hier hat das Deutsche kein Äquivalent zu bieten. Sieht man vom Namen Cherubinos ab, so sind alle fünf folgenden Wörter auf die hellen Vokale *a* und *i* gestimmt, nur die versteckten Reimwörter akkompagnieren mit einem dunklen *o*. Niemand wird bestreiten wollen, daß die originale Klangverteilung den sieghaften Ton der Verse und den Übermut ihres Sängers kennzeichne; mit einiger Phantasie mag man sich auch vorstellen, daß sie Mozart zu seinen triumphierenden Tönen inspiriert habe. Beides, die Verse Da Pontes und Mozarts Vertonung, gehören untrennbar zusammen, und keine Übersetzung – auch nicht die beste – kann das Original ersetzen.

Ich breche ab. Es wäre nicht schwer, die Analyse fortzusetzen, aber billig, weitere Mängel festzustellen. Selbst einem enthusiastischen Rezensenten von Wolfskehls deutschem *Figaro* sind „einige Übereck-Konstruktionen und Um-jeden-Preis-Reime" sowie „bisweilen hochtrabend literarische" Sätze aufgefallen;[62] auch mißfallen ihm „Apostrophe, Wortneubildungen, Jargon und abgerissene Sätze". Dann aber faßt er zusammen: „... zumal in den Ensembles flammt Theaterfeuer auf, genährt von einem bekömmlichen Quentchen Unbekümmertheit". Dieses Urteil trifft zu, ja man sollte ergänzend sagen, daß es keine bessere Übersetzung eines Mozart-Librettos gibt und daß keine künftige Würdigung des George-Kreises diese Leistung Wolfskehls mehr übergehen darf. Denn hier hat ein Sprachkundiger die häufigsten übersetzerischen Untugenden mit starker Hand und gutem Geschmack weitgehend vermieden: Flickwörter, Fehlbetonungen, undeutsche Syntax und – meist übersehen – die Häufung einsilbiger Wörter.

Dennoch fällt es schwer, Joachim Kaiser zuzustimmen, der mit ausdrücklichem Hinweis auf Wolfskehls „vorzügliche" Übersetzung unter dem Reiztitel „Muß Mozart unverständlich sein?" für die Aufführung von Mozarts italienischen Opern auch in deutscher Sprache plädiert:[63] „Italienischen Aufführungen müssen gleich viele oder noch mehr deutschsprachige gegenübergestellt werden!" Schon hier fehlt es an Differenzierung. Mit Recht ist auf die Voraussetzungen hingewiesen worden,[64] unter denen eine „Oper, in der Originalsprache aufgeführt, zur Gänze verstanden – gehört, gesehen und verstanden – werden kann": nämlich bei den internationalen Festspielen und „in den Metropolen der Oper" (genannt werden Wien, München, Mailand, London, Paris, Berlin, Hamburg). Außerdem hänge das Verständnis vom jeweils gespielten Werk ab. Das ist selbstverständlich, denn es gibt Werke, die seit Jahrzehnten oder Jahrhunderten rundum bekannt sind, und weniger oder gar nicht bekannte. Mozarts Opern gehören zu den bekannten.

Kaiser stützt sein Plädoyer für die deutschsprachige Aufführung, indem er einige (keineswegs alle) Argumente der Verteidiger der Originalsprache zu widerlegen versucht. Erstens, „das Italienische klinge viel besser und lasse sich nicht angemessen ersetzen". Zweitens, „man kriege heute internationale Sänger überhaupt nicht mehr zusammen, wenn man um des sprachunkundigen Publikums willen aufs Italienische verzichte; viele Solisten hätten keine Lust oder Zeit, eine deutsche Fassung zu lernen. Auch gebe es keine anerkannt guten Übertragungen, auf die man sich einigen könne." Drittens, „es sei gar nicht nötig, daß die Hörer alles oder vieles verstehen. Die Musik mache die Hauptaffekte ‚auch so' klar, den Rest könne ja der Regisseur verdeutlichen...; und wem das immer noch nicht genüge, der habe doch die Möglichkeit, sich zu Hause vorzubereiten."

Das zweite Argument qualifiziert Kaiser selbst als „Betriebsargument", für das ich

---

[62] Karl Schumann, *Verwunschene Mozart-Übers.* In: *Süddt. Ztg.*, Nr. 225 vom 30. 9./1. 10. '78, S. 107.
[63] *Süddt. Ztg.*, Nr. 211 vom 14. 9. '78, S. 33. – F. Thorn, *Der Herr Johann – Zur umstrittenen Frage der Übers. von Operntexten.* In: *Süddt. Ztg.*, Nr. 64 vom 15./16. 3. 1980, S. 140, erschien nach Abschluß meines Aufsatzes.
[64] Hans Hartleb [Anm. 23] S. 36f.

nicht zuständig bin. Ich habe aber den Eindruck, daß es weitgehend richtig ist. Der Vorschlag, „mit dem eigenen Ensemble... deutschsprachige Aufführungen zu erarbeiten", ist löblich. Nur ist das Publikum durch das Anhören von Rundfunk- und Fernsehübertragungen aus großen Häusern und durch qualitativ tadellose Schallplatten so verwöhnt, daß es bei Provinzniveau – und mag es noch so deutsch klingen – „kulinarisches Desinteresse" zeigt. (Das Stichwort fehlt auch hier nicht.) Denn wer Ohren hat zu hören, der hat gelernt, gute Stimmen, Dirigenten und Orchester von den besseren zu unterscheiden.

Das dritte Argument scheint mir keineswegs „zynisch", wie Kaiser es charakterisiert, sondern durchaus normal. Ich kann mich in der Tat vorbereiten, nämlich mit dem originalen Text oder einer der mehr oder minder jammervollen Übersetzungen, und werde mich dann keineswegs „als Ausgeschlossenen empfinden", wenn ich das Werk in der Fremdsprache höre. So habe ich zum Beispiel den *Boris Godunow* in russischer Sprache gehört und mich nicht ausgeschlossen gefühlt, obwohl ich Russisch nicht kann. Freilich hatte ich den Text zuvor in einer deutschen Übersetzung gelesen, sogar zweimal, und das Textbuch in die Aufführung mitgenommen. So einfach ist das. Aber das tue ich auch, wenn ich ein Schauspiel in deutscher Sprache ansehen will, dessen Inhalt mir nicht mehr gegenwärtig ist. Fühlen sich etwa die Zehntausende von Ausländern, in der Mehrzahl Deutsche, die alljährlich die Aufführungen in der Veroneser Arena hören, oder die Ausländer in Salzburg und Bayreuth durch die fremden Laute am Genuß der Oper behindert? Oder entfernen wir uns einen Augenblick aus den ‚elitären' Hallen der Oper (aber die Veroneser Arena i s t gar nicht elitär): Das Sachstichwortverzeichnis eines *Rock-Lexikons* bringt fast nur angloamerikanische oder von Farbigen gebrauchte Ausdrücke:[65] „Von Anka bis Zappa, von Woodstock bis Altamont: (fast) alles über Popmusik, Beat, Blues, Folk, Rock & Soul," verkündigt die Werbung. Hier fühle ich mich in der Tat gehandicapt, um im pseudoangelsächsischen Jargon zu bleiben. Aber es handelt sich ja nur um Fachausdrücke, wird man einwenden. Doch wenn ich die Texte auch verstehen will? Nicht viele Fans dürften auf die Idee gekommen sein, ihre Hits zu übersetzen. Ob sie sie verstehen, ist freilich eine andere, im Prinzip aber von der Libretto-Übersetzung kaum unterscheidbare Frage.

Bei der Widerlegung des ersten Argumentes dürfe man es sich nicht leicht machen, meint auch Kaiser. Er geht dann auf die unbestritten albernen Übersetzungen der Schimpf- oder umgangssprachlichen Wörter ein, an denen zum Beispiel der *Don Giovanni* reich ist. Für manche gibt es im Deutschen keine Äquivalente – eben das spricht für die Beibehaltung des originalen Textes. Und wenn selbst gelegentliche Fehlbetonungen in der Übersetzung hingenommen werden sollen, so könnte man ja auch beim Original bleiben, in dem die Betonungen wenigstens stimmen. Solche Argumente sagen gar nichts gegen die Musikalität der italienischen Sprache, viel aber gegen schlechte Übersetzungen. Entscheidend ist jedoch nicht allein das klang-

---

[65] Siegfried Schmidt-Joos, Barry Graves unter Mitarbeit von Bernie Sigg: *Rock-Lexikon*. Reinbek bei Hamburg 1973, S. 303–330 und Rückseite des Einbands.

ästhetische Element, sondern die Wertung des Librettos als literarischer Gattung. Gewiß sind Da Pontes Texte „nicht . . . Dichtungen höchsten Ranges", und sie sind bis zu einem gewissen Grade übertragbar, wie Wolfskehls *Figaro* zeigt. Doch es zählt auch, wie wir nachzuweisen versucht haben, ihr Stellenwert in der Geschichte der italienischen Literatur und die literarische Tradition, die in sie eingegangen ist. Vom Übersetzer ist zu fordern, daß er nicht nur Klänge oder Vokabeln oder Satzgebilde transponiert, sondern den Geist des Kunstwerks. Wie man die Opera buffa nicht ungestraft in ein Singspiel verwandelt, so unter- oder überschreitet man nicht ohne bedenkliche Folgen das Stilniveau eines Librettos von literarischem Rang oder transponiert es auf ein anderes Niveau und in eine andere Welt. Voraussetzung ist, daß man das Niveau im Original überhaupt wahrnimmt und fähig ist, in der Übersetzersprache das angemessene Äquivalent zu finden oder zu schaffen.

Über die hohe Qualität von Wolfskehls *Figaro*-Übersetzung herrscht Einigkeit.[66] Unseres Wissens ist sie bisher keiner Aufführung zugrundegelegt worden. Intendanten lehnten Vorschläge ab, Sänger weigerten sich aus praktischen Gründen: „sie könnten mit einer solch unbekannten Übersetzung nicht an anderen Opernhäusern gastieren". Die pragmatischen Argumente, die stärkere Überzeugungskraft zu haben scheinen als die ideellen und die ästhetischen, sprechen also für weiteres Beharren auf der Wiedergabe im Original – für deren Verteidiger und Liebhaber ein tröstlicher Aspekt.

Mein Dank gilt den Herren Joachim Schlichte und Rüdiger von Tiedemann, die mir bei der Beschaffung des teilweise schwer erreichbaren Materials behilflich waren.

[66] Vgl. Alfred Einstein bei Schultz [Anm. 25] S. 101, ferner S. 105.

Johann Friedrich Reichardts Liederspiele

von

RENATE MOERING (Wiesbaden)

Johann Friedrich Reichardts Liederspiele sollen in diesem Referat unter drei Gesichtspunkten betrachtet werden: in ihrem historischen Kontext, in der künstlerischen Intention und in der Verwirklichung dieser Intention.

Im Mittelpunkt steht seiner Originalität und der historischen Begrenzung „1800" wegen das erste von insgesamt drei Liederspielen: *Lieb' und Treue;* die anderen beiden Stücke: *Juchhei!* und *Kunst und Liebe* werden kurz einbezogen. Auf die Besonderheit der Gattung gehe ich später ein.

Lieb' und Treue entstand im privaten Familienkreis anläßlich einer Geburtstagsfeier und wurde dann am 31. März 1800 am Berliner Nationaltheater uraufgeführt.[1] Nach diesem, wie Reichardt es nennt, *kleinen sentimentalen Stück,*[2] versuchte er, die von ihm mit diesem Stück geschaffene Gattung auf *das Komische*[3] auszuweiten und schrieb *bey einer militärischen Veranlassung* nach *eine(r) patriotisch-militärischen Anekdote* das Liederspiel *Juchhey,*[4] das ebenfalls 1800, aber mit geringerem Erfolg aufgeführt wurde.[5] Mit seinem dritten Stück *Kunst und Liebe* kehrt Reichardt zur

---

[1] Die genaue Entstehungszeit des Stückes ist nicht bekannt. Als Terminus post quem dürfte 1797 anzusetzen sein, als Reichardt nach seiner Begnadigung durch den preußischen König (s. u. zu seiner Entlassung) als Salineninspektor auf sein Giebichensteiner Landgut zurückkehrte (vgl. Walter Salmen, *Johann Friedrich Reichardt. Komponist, Schriftsteller, Kapellmeister und Verwaltungsbeamter der Goethezeit.* Freiburg i. Br. u. Zürich 1963, S. 91. Salmens eigene Skizzierung der Entstehung ist in der Datierung unklar; ebda., S. 97). Reichardt selbst schreibt in seiner Abhandlung: *Etwas über das Liederspiel* am 22. Juli 1801 in der *Allgemeinen Musikalischen Zeitung* (AMZ), Nr. 43, Sp. 711, über seinen Plan, ein *kleines liedermässiges Stück* auf die Berliner Bühne zu bringen: *Ich sah mich nach einem Gegenstande um und glaubte ihn in einem kleinen Stücke zu finden, das ich vor einigen Jahren schon zu einem ganz andern Zwecke – zu einem häuslichen Fest für meine eigne Familie – bereitet hatte.* (Wiederabdruck in der überarbeiteten Fassung seiner Abhandlung als Vorwort zum Textbuch *(Liederspiele)*: *Etwas über die Entstehung des deutschen Liederspiels.* Tübingen 1804 (Herbst 1803), S. VI. – Zu den Daten der Aufführung s. Rolf Pröpper, *Die Bühnenwerke Johann Friedrich Reichardts (1752–1814).* Bd. 2: *Werkverzeichnis.* Bonn 1965 (= Abh. zur Kunst-, Musik- und Lit.wiss., Bd. 25), S. 115 und Salmen, a.a.O., S. 142 Anm. 380. Die Partitur für die Berliner Aufführung, die sich in Kopistenhand in der Staatsbibliothek Preußischer Kulturbesitz, Musikabteilung, Berlin (Mus. ms. 18. 218) erhalten hat, trägt den Titel *Lieb' und Frieden.* Für die freundliche Erlaubnis zu Abbildungen danke ich vielmals.

[2] AMZ 1801, Sp. 715; *Liederspiele,* S. XIV.

[3] ebda.

[4] AMZ 1801, Sp. 715; *Liederspiele,* S. XV.

[5] Uraufführung am 21. 6. 1800. (s. Pröpper, a.a.O., S. 120). – Partitur Staatsbibliothek Preußischer Kulturbesitz, Musikabteilung, Berlin (Mus.ms. 18. 219). Zum Mißerfolg des Stückes trug nach

Art des ersten Stückes zurück; es wurde erst 1807 uraufgeführt, das Textbuch erschien aber bereits mit den anderen beiden Textbüchern im Herbst 1803 mit der Jahreszahl 1804 bei Cotta;[6] wenig später kam der von Reichardt eingerichtete Klavierauszug aller drei Stücke in Straßburg heraus.[7] Die Textbücher stammen wie die Musik von Reichardt selbst; auch die Aufführung von *Lieb' und Treue* konnte Reichardt in Berlin selbst einstudieren.[8] Es ist daher anzunehmen, daß wir bei diesem kleinen Stück ein Werk ganz nach Reichardts eigenem Kunstwollen vor uns haben, und deshalb scheint die nähere Betrachtung verlockend zu sein.

Der Aufführung von *Lieb' und Treue* war ein großer Erfolg beschieden. Das verstand sich bei dem 1800 berühmten Reichardt dennoch keineswegs von selbst. Reichardt war erst 1798 mit der Uraufführung seines Singspiels *Die Geisterinsel* nach Shakespeares *Sturm* zur Berliner Bühne zurückgekehrt,[9] von der er einige Jahre durch die Ungnade des Königshauses verbannt worden war. Die sentimental-fiktive Handlung des Liederspiels spielt in Reichardts jüngster Vergangenheit und entbehrt nicht einer politischen Brisanz, besonders wenn man Reichardts damaligen Ruf eines Demokraten bedenkt: Im nachrevolutionären Frankreich, an der schweizerischen Grenze, feiert eine französische Familie den Geburtstag der geliebten Frau und Mutter. Es ist die Familie von Richard, einem Gutspächter, der außer einem erwachsenen abwesenden Sohn drei Kinder, Rose, Collin und Jeannette, besitzt, zwei Mädchen von 16 und 10 und einen Jungen von 12 Jahren. (Die Rolle dieses Jungen Collin wurde in der Berliner Aufführung übrigens von Madame Bethmann-Unzelmann gespielt, *deren allerliebstes naives Spiel [. . .] das ganze Stück belebte.*[10]) Wäh-

---

Reichardts Ansicht der von der Direktion geänderte Titel *Der Jubel* bei, der falsche Erwartungen geweckt habe (AMZ 1801, Sp. 715; *Liederspiele*, S. XV); Reichardt fährt fort: *Obgleich mir nun aber mein Freund I f l a n d schrieb, dass das kleine komische Stück sein Publikum gefunden hätte, dem es als ein ländliches lustiges Gemählde im niederländischen Geschmack gar wohl behagte, so hat mich der getheilte Beyfall doch bewogen, es mir zurück zu erbitten, um es nach einiger Zeit von neuem vorzunehmen und ihm die Vollendung zu geben, deren es vielleicht fähig ist und die ich damals in der Eile, mit der es von mir verlangt wurde, auch nicht einmal nach meinen eignen Kräften geben konnte.* (AMZ 1801, Sp. 715f.). Im Vorwort der *Liederspiele* fügt Reichardt hinzu: *Das ist nun geschehen . . .* (a.a.O., S. XVI).

[6] *Liederspiele*, a.a.O. – Zu einer frühen Fassung von *Kunst und Liebe* schreibt Reichardts Schwager Ludwig Tieck auf dessen Bitte um Stellungnahme hin einen recht kritischen Brief, der wiederabgedruckt und kommentiert ist bei Pröpper, a.a.O., Bd. 1: *Textteil*, 1965, S. 133–135. Zur einmaligen Aufführung in Berlin am 30. 11. 1807 (Pröpper, Bd. 1, S. 137; Bd. 2, S. 125) s. die vernichtende Rezension in der AMZ, Jg. 10, Nr. 14, S. 219f. (30. 12. 1807).

[7] Musik zu Joh. Friedrich Reichardts Liederspielen (s. Salmen, a.a.O., S. 341 Anm. 1061; Pröpper, Bd. 2, S. 115.) Reichardts Selbstanzeige in der Berlinischen Musikalischen Zeitung Nr. 80, 1805, S. 316f., nennt Textbuch und Klavierauszug als zusammengehörig.

[8] *Ich gab dem Hern. Direktor I f l a n d das kleine Liederspiel: L i e b u n d T r e u e, und er hatte das Vertrauen zu mir, den Versuch zu wagen. Durch eine Unpässlichkeit gezwungen in seinem Zimmer zu bleiben, überliess er mir die Veranstaltung der ganzen Aufführung. Ueberzeugt, dass zu solchen kleinen zarten Stücken die grösste Sorgfalt und Uebereinstimmung gehöre, wenn sie ihre ganze Würkung thun sollen, ward keine Mühe beym Einstudieren gespart. Es ward nicht schwer, das kleine Stück recht gut zu besetzen. Die Sänger und Sängerinnen gingen sehr willig in meinen Wunsch ein, die höchste Simplicität im Gesange zu erhalten . . .* (AMZ 1801, Sp. 713; ähnlich: *Liederspiele*, S. Xf.)

[9] Uraufführung am 6. Juli 1798; s. Salmen, a.a.O., S. 268; Pröpper, Bd. 2, S. 133.

[10] AMZ 1801, Sp. 713; *Liederspiele*, S. XI.

rend die Kinder mit dem Vater im Garten eine Hütte zum Geburtstagsfest schmükken, kehren zwei junge Flüchtlinge zu ihrem Geburtshaus zurück, Louis und Henriette, die inzwischen erwachsenen Kinder des in der Revolution in Paris hingerichteten Gutsbesitzers. Louis liebt Rose, die Tochter des Verwalters, und wagt deshalb ein Wiedersehen; Henriette, die die Schreckensherrschaft der vergangenen Jahre noch nicht vergessen hat, will ihn furchtsam davon abhalten. Beide hatten sich am Vorabend schon als musikantische *Schweizerbursche* verkleidet dem Haus genähert, sie treten nun zur Feier zaghaft mit Gesangsdarbietungen hervor und werden dann an den Liedern, die sie in ihrer Kindheit oft mit der Familie des Verwalters gemeinsam gesungen hatten, erkannt und freudig begrüßt. Der Verwalter Richard gibt dem jungen Herrn Louis die Güter zurück mit den Worten:

> *Gesegnet sey die Vorsehung, die euch vereinigt uns zuführt! Mit diesem Handschlag leg' ich alles wieder in eure Hände. Ihr seid nun Herr und Meister von diesen Gütern, nur für euch bewahrt' ich alles; behaltet mich zu eurem Pächter, und seid mir ein eben so guter Herr, als euer Vater war, und alle meine Wünsche sind erfüllt.*[11]

Und die Frau ergänzt:

> *Wenn ihr wüßtet, was der brave Mann alles in den beiden Jahren um euch gelitten hat! ... wie er sich oft, so ganz gegen sein Herz, äußerlich den wüthenden Menschen gleich gestellt, um im Besitz der Güter zu bleiben, sie euch zu erhalten, sie ...*[12]

Louis ist nicht minder edelmütig, als er erfährt, daß die Schreckensherrschaft vorbei und er wirklich wieder Herr seines Besitzes ist: Er verlobt sich mit Rose und verspricht seine Schwester dem ältesten Sohn des Verwalters, der in den Pyrenäen das Vaterland verteidigt.

Der biographische Hintergrund dieses, wie Walter Salmen meint, „anspruchlossentimentalen Stücks"[13] soll nun kurz betrachtet werden. Reichardt selbst hatte den Inhalt des Stückes verharmlost. Er schreibt in seiner Abhandlung *Etwas über das Liederspiel* nach einer Kritik an der Berliner Oper:

> *Das brachte mich auf den Gedanken, es mit einem kleinen liedermässigen Stücke, dessen ganzer Charakter nur auf Einen angenehmen Eindruck abzweckte, zu versuchen, ob das Theaterpublikum wohl wieder für das Einfache und blos Angenehme zu interessiren seyn möchte. Ich sah mich nach einem Gegenstande um und glaubte ihn in einem kleinen Stücke zu finden, das ich vor einigen Jahren schon zu einem ganz andern Zwecke – zu einem häuslichen Fest für meine eigne Familie – bereitet hatte.*[14]

---

[11] *Liederspiele*, S. 38.
[12] ebda., S. 39.
[13] a.a.O., S. 97.
[14] AMZ 1801, Sp. 711; vgl. *Liederspiele*, S. VI.

Mehrfach betont Reichardt den Charakter des bloß Angenehmen und Sentimentalen des kleinen Stücks.[15] Der Bezug zur jüngsten politischen Vergangenheit wird verschwiegen, und diese Akzentsetzung scheint mir kein Zufall zu sein; hatte doch Reichardt für sein Interesse an der französischen Revolution schwer büßen müssen.

Reichardt, der aus einer Musikerfamilie stammte, war in seiner Jugend durch Erfolg sehr verwöhnt gewesen: Als Kind trat er schon in vornehmen Königsberger Kreisen als Musiker auf, wurde mit 16 Jahren von Kant persönlich zum Studium bei ihm ermutigt, reiste als Violinvirtuose durch Deutschland und wurde 1775 mit 23 Jahren als königlich-preußischer Kapellmeister von Friedrich dem Großen nach Berlin gerufen. In dieser Anstellung kam es allerdings zu Konflikten, denen der unternehmende junge Komponist endlich unterlag. Friedrich der Große verharrte im musikalischen Geschmack seiner Jugendjahre, so daß Reichardt vor allem Opern von Hasse und Graun einzurichten hatte und nur in deren Stil komponieren durfte; auch ließen die Kräfte der Berliner Oper zu wünschen übrig; die Sänger waren vor allem Kastraten; die Einführung einer Baßpartie bedeutete eine Kühnheit. Verboten war es Reichardt, in Molltonarten zu komponieren, und sein Versuch, das Orchester ein Crescendo spielen zu lassen – er hatte dies in Dresden kennengelernt –, wurde vom König mit dem Tadel bedacht: *In der Arie hat er einen ganz curiosen Feuerlärm angebracht.*[16] Dem jungen, selbstbewußten Reichardt, der Friedrich den Großen gleichwohl als Menschen schätzte, war die Beschränkung der künstlerischen Entfaltungsmöglichkeiten wohl ebenso unerträglich wie der Zwang der höfischen Etikette, von dem der für alle vorgeschriebene Briefschluß einen Eindruck gewährt:

Mit der tiefsten Verehrung ersterbe ich
Eurer Königlichen Majestät
aller unterthänigster Knecht.[17]

Nach dem Tode Friedrichs des Großen im Jahr 1786 war Reichardt Berlins schon recht müde und versuchte sein Glück in London und Paris. Die Gunst Friedrich Wilhelms II. erkannte er nicht recht, begeisterte sich vielmehr zunehmend für demokratische Ideen. Schon 1782 hatte Reichardt seinen Vetter, den steckbrieflich gesuchten demokratischen Schriftsteller Johann Christian Schmohl, in seinem Berliner Haus versteckt, um ihn mit nach Königsberg zu nehmen, wo dieser unter dem Pseudonym William Becker die Schrift *Ueber Nordamerika und Demokratie* erscheinen ließ, die sofort verboten wurde, worauf Reichardt ihm zur Flucht nach Amerika

---

[15] AMZ 1801, Sp. 712: *von einer angenehmen Instrumentalbegleitung unterstüzt; eigentlich sentimentaler Art;* Sp. 714: *dem blos angenehmen sanften Charakter des Ganzen; Statt der Ouvertüre . . . blos eine angenehme bekannte Liedermelodie; Eine kleine angenehme ländliche Dekoration; dieser kleinen, nur auf Einen angenehmen Eindruck angelegten Komposition;* Sp. 715: *Dieses kleine sentimentale Stück; dem ersten sentimentalen Stück.*

[16] Reichardt veröffentlichte Teile seiner *Autobiographie* in der *Berlinischen Musikalischen Zeitung* (1805) und in der *Allgemeinen Musikalischen Zeitung* (1813 und 1814); s. Pröpper, Bd. 2, S. 19; das Zitat: AMZ 15. Jg., Nr. 39, 29. Sept. 1813, Sp. 642.

[17] s. etwa Salmen, a.a.O., S. 71.

verhalf.[18] – Ebenfalls 1782 äußert sich Reichardt in seinem *Musikalischen Kunstmagazin* nicht gerade höflich über *Großgute Regenten*,[19] denen er doch die Schrift unterwürfig gewidmet hatte, im ersten, auf die Widmung folgenden Artikel *An junge Künstler*.[20] Darin stellte er die Maxime auf: *Freiheit, Wahrheit, Liebe und edler Wirkungstrieb machen das wahre Wesen des Künstlers*[21] und fordert die völlige Freiheit der künstlerischen Arbeit gegenüber den Ansprüchen eines etwas *weibischen Fürsten* und einer *fürstlichen Allprätension*.[22] Der Künstler solle *allein für seine Kunst und für das Gefühl und Ohr des unbefangnen Naturmenschen und Kunstfreundes arbeiten*.[23] Wir erraten es schon, daß im gleichen Aufsatz Rousseau beschworen wird;[24] er hat neben Kant[25] Reichardt am meisten beeindruckt, was seinen literarischen Niederschlag in einer Übersetzung von Rousseaus *Dictionnaire de Musique* fand.[26]

So ist es nicht erstaunlich, daß Reichardt die französische Revolution *von Anfang an übermächtig an sich gezogen* hat, wie er am 7. April 1795 an Goethe schreibt.[27] Im Frühjahr 1792 fuhr er nach Paris und veröffentlichte seine Beobachtungen, die *Vertrauten Briefe über Frankreich. Auf einer Reise im Jahr 1792 geschrieben* unter einer Herausgeberfiktion mit dem Pseudonym *J. Frei* – einer Abkürzung von Johann Friedrich Reichardt.[28] Jenkel meint sicher zu Recht, daß die Verfasserschaft Reichardts „den Zeitgenossen fast gänzlich unbekannt" blieb. „Wäre Reichardt dem preußischen Hofe als Verfasser bekannt geworden, hätte er zweifellos sofort seine Stellung verloren."[29] Reichardt tritt darin als begeisterter Demokrat für eine konsti-

---

[18] s. H. M. Schletterer, *Joh. Friedrich Reichardt. Sein Leben und seine musikalische Thätigkeit*. Augsburg 1865 (= H. M. Schletterer, *J. Fr. R. Sein Leben und seine Werke*. Bd. I. *Reichardt, der Musiker*. [mehr nicht erschienen]), S. 311–313; Salmen, a.a.O., S. 187 Anm. 630; ferner die durch ihren Faktenreichtum noch wertvolle Diss. von Friedrich Jenkel, *Johann Friedrich Reichardt. Ein deutscher Komponist als politischer Schriftsteller im Zeitalter der französischen Revolution*. Jena 1919 (Masch.), S. 5 und Lit.verz. S. 4.

[19] *Musikalisches Kunstmagazin von Johann Friederich Reichardt*. 1. Bd. I. Stück, Berlin, Im Verlage des Verfassers: *An Großgute Regenten*.

[20] ebda., S. 1.

[21] ebda., S. 2.

[22] ebda.

[23] ebda.

[24] ebda., S. 2 und 7. Reichardt druckt im *Musikalischen Kunstmagazin* auch Kompositionen Rousseaus ab: Bd. 1, Stück 2, nach der Anzeige der *Consolations de Miseres de ma Vie* (S. 69–72) *Gesänge aus seiner Sammlung* (S. 72): S. 73–79.

[25] Reichardt zitiert *Vortrefliche Stellen* aus Kants *Critik der Urtheilskraft* im *Musikalischen Kunstmagazin*, Bd. 2, Berlin 1791, 7. Stück, S. 87–89.

[26] *J. J. Rousseau's musikalisches Wörterbuch aus dem Französischen übersetzt und mit Zusätzen und Anmerkungen versehen*. Lemgo 1782.

[27] Max Hecker, *Die Briefe Johann Friedrich Reichardts an Goethe. Aus dem Goethe- und Schiller-Archiv mitgeteilt von M. H*. In: *Jb. d. Goethe-Gesellschaft*, Bd. 11, 1925, S. 201.

[28] *Vertraute Briefe über Frankreich. Auf einer Reise im Jahr 1792 geschrieben*. Erster Theil, Berlin 1792; zweiter Theil, Berlin 1793. Der *Vorbericht des Herausgebers* ist *J. Frei* unterzeichnet (1. Th., S. XIV). Das Titelblatt ziert eine Jacobinermütze. Der ausführlichen Besprechung bei Jenkel (a.a.O., S. 28–51) ist wegen ihres nationalistischen Standpunkts nicht immer zuzustimmen.

[29] Jenkel, a.a.O., S. 9a. Günter Hartung, der Reichardts Entlassung einen Aufsatz widmet, ergänzt, daß die damalige Zensur „gegenüber selbständigen umfangreichen Büchern . . . relativ nachlässig verfuhr." Die Unkenntniß von Reichardts Verfasserschaft habe den Hof nicht aufmerksam werden lassen. (Günter Hartung, *Reichardts Entlassung*. In: *Wiss. Zeitschrift der Martin-Luther-Universität Halle-Wittenberg*, Mai 1961, S. 975).

tutionelle Monarchie ein, glaubt allerdings, daß Deutschland für die Demokratie nicht *gedrückt genug... noch aufgeklärt genug (sei), um die grossen Vortheile einer besseren Constitution hinlänglich einsehen zu können.*[30] Enttäuscht ist er von der Nationalversammlung, wo sich aus Mangel an demokratischen Spielregeln nur die lautesten Schreier durchsetzen können. Auch wenn ihm besonders die Jakobiner zu pöbelhaft und vor allem zu radikal sind, bringt er sich von der Reise doch eine Jakobinermütze mit: *Sie soll mir auf der weiteren Reise zur Schlafmütze dienen, und das ist bei unsrem Freiheitsschlafe gar nicht ausser dem Costume.*[31]

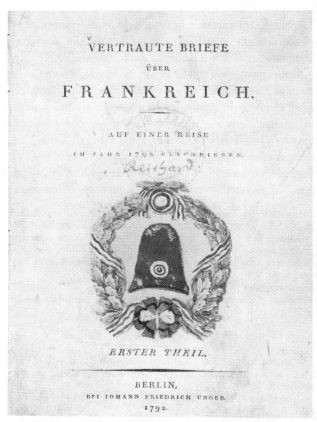

Am 28. Oktober 1794 wurde Reichardt vom König mit folgenden Worten entlassen:

> Se Königl: Majestät von Preussen etc. Unser allergnädigster Herr! Ertheilen hiemit dem Capellmeister Reichardt den Abschied, dessen bekantes Betragen, besonders in Hamburg ist die Haupt-Veranlaßung dazu. . . .
>
> Fr. Wilhelm[32]

[30] *Vertraute Briefe...*, a.a.O., 1. Th., S. 46.
[31] ebda., 2. Th., S. 248.
[32] Hartung, a.a.O., S. 971.

Hartung ist der Begründung *besonders in Hamburg* nachgegangen und hat dargestellt, daß Reichardt zu revolutionsfreundlichen Kreisen in der Hansestadt enge Kontakte besaß, die er durch seine zweite Frau, eine Tochter des aufgeklärten Pastors Alberti, eines Gegners des Hauptpastors Goeze, vertieft hatte.[33] Auch nach seiner Entlassung hält Reichardt sich zunächst in Hamburg und in liberal gesinnten Kreisen Holsteins auf, bis er im Herbst 1796 rehabilitiert und zum Salineninspektor in Schönbeck bei Halle ernannt wurde. Seine Stellung als königlicher Kapellmeister konnte er zwar nicht wieder einnehmen, doch wurde sein Kontakt zum preußischen Hof erneut befestigt, als er nach dem Regierungsantritt Friedrich Wilhelms III. die junge, von ihren Untertanen idealisierend verehrte Königin Luise im Gesang unterrichten durfte.[34] Er war dem preußischen Hof plötzlich vertrauter als unter dem absolutistischen Herrscher Friedrich II.

Im Hamburger Exil hatte Reichardt 1795 in der Zeitschrift *Frankreich* seine Einstellung zur französischen Revolution präzisiert. Im Vorwort des ersten Bandes dieser Zeitung, die Nachrichten aus Frankreich in *Briefen Deutscher Männer in Paris* lieferte, vergleicht Reichardt die Revolution mit einer Krankheit, durch die ein geknechteter Körper sich regeneriert:

> *Frankreich, das von Natur herrlichstbegabte, mit den glücklichst organisirten Menschen wohlthätig bevölkerte Land, wurde durch eine lange Reihe von unweisen, unmenschlichen Regenten so gedrückt, so entkräftet, so zertreten, daß der theilnehmende Beobachter an alle Vorsehung, an alle schicksalleitende Gottheit zweifeln müßte, wenn die Naturgeschichte, die ganze Weltgeschichte nicht deutlich lehrte, daß in der moralischen Welt, wie in der physischen, ohne Druck keine Elasticität sich äussert, daß nur der möglichsterträgliche Druck die ganze Summe der innersten Kräfte aufregt und in Wirksamkeit setzt; daß grosse moralische Regenerationen, wie die physischen, nur aus Zerstöhrung hervorgehen, daß grosse kühne Schritte des gesammten Menschengeschlechts ganze Geschlechter zertreten und vernichten.*[35]

Auch wenn hier ein Verzicht auf Gewalt als unmöglich angesehen wird, so wird doch die Schreckensherrschaft der Jakobiner von Reichardt als Despotie einer einzelnen Gruppe verurteilt, diese aber sei nun gerade erfolgreich durch die *öffentliche Meynung* beendet worden. Ungebrochen erscheint hier das Selbstbewußtsein

---

[33] ebda., S. 975–978. Hartung: „In den neunziger Jahren wurde daher Hamburg (von den französisch besetzten Gebieten abgesehen) der größte Umschlagplatz für die Revolutionsideen in Deutschland." (S. 976). Ähnlich schon Jenkel, a.a.O., S. 11. – Zu Reichardts zweiter Frau s. auch Schletterer, a.a.O., S. 334–337. Reichardt hatte sie 1783 im Haus seines Freundes G. H. Sieveking kennengelernt. Von Sieveking schreibt Karl August Böttiger in seinem Tagebuch von 1795, daß er sich nicht scheute, *selbst das Blut- und Schreckenssystem eines Robespierre zu vertheidigen.* (*Literarische Zustände und Zeitgenossen. In Schilderungen aus Karl Aug. Böttiger's handschriftlichem Nachlasse.* Hg. v. K. W. Böttiger, Leipzig 1838, S. 26; zu Reichardt s. dort S. 52–57).

[34] Salmen, a.a.O., S. 92.

[35] *Frankreich im Jahr 1795. Aus den Briefen Deutscher Männer in Paris. Mit Belegen.* 1. Bd., Altona 1795, S. 4; s. dazu Jenkel, a.a.O., S. 14f.

des entlassenen Reichardt, nun, da er Journalist ist, in der Rolle eines Beeinflussers der *öffentlichen Meynung* in Deutschland.

Wenn wir nach diesem biographischen Exkurs zu unserem Liederspiel zurückkehren, so sind in diesem Stück, dessen autobiographischer Charakter schon immer erkannt,[36] aber noch nicht untersucht wurde, einige Züge gar nicht mehr so selbstverständlich-harmlos, sondern eher befremdend: War Reichardt Richard, der treue Verwalter und Untertan? Schon der abgewandelte Name ist zweideutig, als es scheint: Reichardts Stiefsohn Wilhelm Hensler, der während der Revolution nach Frankreich ging und später sogar unter Napoleon kämpfte, nannte sich *Richard*.[37] Freilich hatte Reichardt für Deutschland nie eine Revolution gefordert, aber er hatte doch die französische Revolution mit begeisterter Anteilnahme und keineswegs verstört-leidend und für die Herrschaft heimlich kämpfend, wie der Gutsbesitzer seines Stückes, verfolgt. Dennoch hatte ihn seine Entlassung völlig unerwartet getroffen, und er fühlte sich zutiefst verkannt in einer – trotz aller idealistisch-humanistischen Spekulationen – loyalen Einstellung.[38] Diese bringt er nun nach seiner Rückkehr in einer Rührstückhandlung vor das Forum, das während mehrerer Jahre seine Gesinnung diskutiert hatte, nämlich Berlin. Der Schluß des Stückes allerdings bringt nur scheinbar eine Unterwerfung; denn der großmütigen Handlung eines Richard in Frankreich, die in Deutschland für einen Reichardt pure Pflichterfüllung gewesen wäre, antwortet im Stück das großmütige Eheangebot des Aristokraten Louis – ein Bühnentraum, der in der Realität in Deutschland wohl kaum eine Parallele haben konnte. Eine Generation früher, in den Singspielen Weißes, war der Aristokrat, wenn er sich in das Landmädchen verliebte, nur Verführer; er durfte gar nichts anderes sein, weil seine Stellung das nicht erlaubt hätte. Reichardts Louis ist am Ende des Stückes zwar wieder Herr des Besitzes, aber nicht mehr Angehöriger einer anderen sozialen Schicht. Bezeichnend für diesen Wandel ist, daß wir von allen

---

[36] „Kommen wir jetzt zurück auf die Frage, wie sich die Vereinigung von Lied und Singspiel vollzog, und in wiefern gerade die politischen Ereignisse die historische Entwickelung dieses Kunstzweiges beeinflußten . . ." (Ludwig Kraus, *Das Liederspiel in den Jahren 1800 bis 1830. Ein Beitrag zur Geschichte des deutschen Singspiels*. Diss. Halle-Wittenberg 1921 [Masch.], S. 10); Kraus läßt es bei dieser Bemerkung bewenden. Er meint außerdem: „In ‚Liebe und Treue' ist mit vollem Bewusstsein eine Geburtstagsfeier in der Familie des Künstlers geschildert; unschwer erkennen wir in den Personen des Stückes die Familie Reichardt wieder. Der Name des Vaters ‚Richard' kann wohl mit Sicherheit als eine Anspielung auf ‚Reichardt' betrachtet werden." (ebda., S. 24). „Die vom Komponisten französischen Mustern nachgeschaffenen Libretti, in denen die Spuren der Revolutionszeit unverkennbar sich zeigen, sind nur dürftige, meist einaktige Machwerke." (Salmen, a.a.O., S. 273); „Das Reichardts Familienleben spiegelnde einfache Libretto . . ." (ebda., S. 274).

[37] Wilhelm Hensler-Richard hatte Reichardt 1792 auf seiner Frankreich-Reise begleitet (s. Jenkel, a.a.O., S. 28). Er ist gleichzeitig das Vorbild für den abwesenden Sohn Wilhelm, der *in den Pyrenäen gegen die Spanier (kämpft) wie ein Franzose ficht* (Liederspiele, a.a.O., S. 37). Karl August Böttiger schreibt: *Sein ältester Sohn ist nämlich als Chasseur in der französischen Pyrenäenarmee, und die Briefe im Journale ‚Frankreich', die von dieser Armee her datirt sind, enthalten Auszüge aus der Correspondenz mit seinem Vater.* (a.a.O., S. 54). 1806 begegnete Wilhelm seinem Stiefvater als französischer Offizier auf einem märkischen Gut (s. Jenkel, a.a.O., S. 24f. und 28). Diese Begegnung regte Achim von Arnim zu einer Episode in seinem Roman *Die Gräfin Dolores* an (A. v. A., *Sämtliche Romane und Erzählungen*, Bd. 1, hg. v. Walther Migge, München 1962, S. 486–488).

[38] vgl. Jenkel, a.a.O., S. 10 und öfters; Hartung, a.a.O., S. 971.

Personen nur die Vornamen erfahren. Mit dieser Fiktion einer Menschheitsfamilie tritt Reichardt – angesichts der erneuerten Verbindung zum Königshof – noch einmal mit unverminderten Ansprüchen auf. Der Tenor des Stücks ist humanistisch-idealistisch: Adelsdenken einerseits und Terror der Revolutionäre andererseits werden überwunden durch reine Menschlichkeit.

Im dritten Liederspiel, *Kunst und Liebe*, knüpft Reichardt an die Thematik von *Lieb' und Treue* an. Der Vater einer im schweizerischen Exil lebenden Familie hat sich das Pseudonym *Frey* zugelegt (er heißt eigentlich *Reinhold* – auch dieser Name ist sicher als sprechender Name zu verstehen); *Frey*, also dasselbe Pseudonym, das Reichardt 1792 in den Briefen aus Frankreich verwendete. Der Sohn Freys, der aus dem abgelegenen Tal in die Freiheit der Welt fliehen will, heißt *Henry* – wohl eine Reminiszenz an den Namen von Reichardts Stiefsohn Hensler. Frey war vor der Revolution aus Straßburg geflohen und kehrt endlich glücklich in seine Vaterstadt zurück. In diesem Stück bringt die Revolution keinerlei Gewinn an Freiheit, was mit dem damaligen Aufstieg Napoleons zusammenhängen könnte, den Reichardt wenig später heftig kritisierte. – Im zweiten Liederspiel *Juchhei!* endet die bieder-derbe Handlung um einen angeblichen Fahnenflüchtigen vollends in einem Lob auf Friedrich den Großen, den *Einzigen*.[39] In allen drei Stücken wird ein verkannter Ehrenmann am Ende rehabilitiert, womit Reichardt das beliebte Schema des Rührstücks verwendet.

Beeinflußte Reichardts Auseinandersetzung mit der französischen Revolution den Inhalt der Liederspiele, so suchte Reichardt auch formal nach neuen Mitteln, um die Rokoko-Gattung des Singspiels gemäß dem humanistischen Ideal des ausgehenden 18. Jahrhunderts zu verjüngen. Angeregt durch den französischen Vaudeville, der volkstümliche Lieder schuf oder Volkslieder aufnahm, wollte auch Reichardt sich durch das Volk anregen lassen, um auf das Volk bildend zurückzuwirken.

Die ländliche Szenerie gehörte schon zum Singspiel, in diesen Liederspielen ist das Besondere der Schauplatz am Rande einer beängstigenden Natur, die der Mensch sich gleichwohl schon erfolgreich unterworfen hat:

> *Ein freier Platz im Walde, in der Mitte eine mahlerisch rusticke Hütte, deren Vorderseite sich in großen mit Birkenstäben bekleideten Thüren ganz öfnet. Anmuthig geschlängelte Gänge führen von beiden Seiten ohne Symmetrie auf die Hütte zu . . .*[40]

Das zweite Stück spielt am Rande der stürmischen Ostsee, das dritte in einem abgeschlossenen Alpental. Der Schauplatz liegt also jeweils in Gebieten, die für das städtische Rokoko, das eine liebliche Schäferlandschaft nahe der Stadt schätzte, noch barbarisch gewesen wären, in den sogenannten Rückzugslandschaften, die durch die Aufklärung an Interesse gewannen. Besonders die Schweiz galt seit Rousseau als das Land der Unschuld schlechthin. Hier suchte Reichardt auf einer Reise im Jahr 1783

---

[39] *Liederspiele*, a.a.O., S. 70.
[40] *Lieb' und Treue: Liederspiele*, a.a.O., S. 3.

in der Gesellschaft Lavaters d i e Musik zu finden, die sein Ideal der Natürlichkeit erfüllte, das er mit dem von ihm verehrten Herder als ein ursprüngliches ansah: die Volksmusik.[41] Reichardt war einer der ersten, der von *Volksliedern* nicht nur den Text, sondern auch die Melodie aufzeichnete.[42] Diese Aufzeichnung nahm er allerdings nicht mit der positivistisch wissenschaftlichen Treue vor, die das späte 19. Jahrhundert verlangte, sondern unter dem Gesichtspunkt der Erstellung eines von ihm angenommenen ursprünglich richtigen Zustands und im Hinblick auf ein gebildetes Publikum, das dem Volkslied noch weitgehend feindlich gesinnt gegenüberstand und für das die Veröffentlichung mit einer Apologie Hand in Hand gehen mußte. Ein Kuriosum der Kämpfe pro und contra Volkslied ist Reichardts musikalische Beteiligung an Friedrich Nicolais parodistisch gemeinter Volksliedersammlung *Eyn feyner kleiner ALMANACH vol schönerr echterr liblicherr Volckslieder, lustigerr Reyen vnndt kleglicherr Mordgeschichte, gesungen von Gabriel Wunderlich weyl. Benkelsengernn zu Dessaw, herausgegeben von Daniel Seuberlich, Schusternn tzu Ritzmück ann der Elbe. . . . verlegts Friedrich Nicolai 1777.*[43] Herder wurde durch diese Sammlung zu den verteidigenden Erläuterungen seiner Volksliedersammlung gezwungen.[44] Dem späten 18. Jahrhundert war die Volksliedseligkeit des späten 19. Jahrhunderts noch völlig fremd.

Reichardt legte im *Musikalischen Kunstmagazin*, in dem er auch Volkslieder veröffentlichte,[45] seine Ansichten über das Wesen des Volkslieds und seine Bedeutung für den Komponisten dar: *Sie sind wahrlich das, worauf der wahre Künstler, der die Irrwege seiner Kunst zu ahnden anfängt, wie der Seemann auf den Polarstern, achtet, und woher er am meisten für seinen Gewinn beobachtet.*[46] Neben dem von Herder übernommenen Gesichtspunkt, daß Volkslieder ursprünglich seien, steht doch immer wieder der soziologische: Volkslieder sind Lieder, die das Volk singt – z. T.

---

[41] s. dazu Walter Salmen, *Die Bedeutung der Schweiz für das Schaffen J. F. Reichardts*. In: Schweizerische Musikzeitung, Jg. 98, 1958, S. 417–420.

[42] s. dazu Walter Salmen, *J. F. Reichardt und die europäische Volksmusik*. In: Annales Universitatis Saraviensis. Philosophie. Bd. IX, 1960, S. 83–94.

[43] 2. Bd. 1778. Vgl. Clemens Brentano, *Sämtliche Werke und Briefe*, Hist.-krit. Ausg. hg. v. Jürgen Behrens, Wolfgang Frühwald und Detlev Lüders, Bd. 9, 3: *Des Knaben Wunderhorn*, hg. v. Heinz Rölleke, Teil III mit Anhang, Lesarten und Erläuterungen (= *Frankfurter Brentano Ausgabe*), S. 750–752; s. dort auch den Artikel *Reichardt*, S. 758f.; Salmen, Reichardt, a.a.O., S. 242 u. 244f. *Von den Melodieen, die Nicolai den Liedern beifügte, sind keineswegs alle wirkliche Volksweisen . . . Ein großer Theil . . . rührt von Reichardt her . . .*, schreibt Georg Ellinger im Vorwort seiner Ausg. des *Almanach* in den Berliner Neudrucken, 1. Serie, Bd. 1, Berlin 1888, S. XXXIV. s. auch Heinrich Lohre, *Zur Entstehung von Nicolais ‚Feynem kleynem Almanach'*, in: Zs. f. Volkskunde 25, 1915, S. 153. – Reichardt selbst äußert s. zum *Almanach* in den *Berichtigungen zu Reichardts Charakteristik in den beiden musikalischen Taschenbüchern von 1804 und 1805* in der *Berlinischen Musikalischen Zeitung*, hg. v. J. F. R., Nr. 26, 1. Jg. 1805, S. 103, und in seiner Rezension von *Des Knaben Wunderhorn* Bd. 1., ebda., Nr. 100, 1805, S. 395.

[44] Johann Gottfried Herder, *Stimmen der Völker in Liedern. Volkslieder*, 2 Teile. 1778/79. Hg. v. Heinz Rölleke. Stuttgart 1975, S. 473 u. 478.

[45] *Musikalisches Kunstmagazin*, Bd. 1, a.a.O., S. 4 *Es hätt' e' Buur e' Töchterli . . .*; S. 99 *Dort droben in jenem Thale . . .*; S. 100 *Es gieng ein Müller wohl über Feld . . .*; S. 154 *Ich steh auf einem hohen Berg . . .*; S. 155 *Es ritten drey Reiter zum Thor hinaus Ade!*

[46] ebda., S. 4.

seit Jahrhunderten – aber manchmal auch erst seit einigen Jahren, wenn nämlich der Komponist das zu treffen verstand, was seine Lieder volkstümlich machen konnte. Vorbildlich sind für Reichardt darin Hiller und Schulz, von dem die für die kommenden Jahrzehnte richtungsweisende Formulierung *Lieder im Volkston* stammt. Die Analyse der Volkslieder kann nach Reichardts Ansicht also das Rezept verraten, wie Volkslieder geschaffen werden können. (Mit dieser Ansicht stand Reichardt nicht allein, auch Karl Spazier z. B. vertritt sie 1800 in der AMZ in seiner *Abhandlung: Einige Worte über deutschen Volksgesang*.[47] Spazier beklagt übrigens, daß die Deutschen kaum einen lebendigen Volksgesang haben,[48] eine interessante Feststellung einer Tatsache, vor der z. B. die *Wunderhorn*-Forschung bis vor kurzem die Augen verschlossen hat.) Was Reichardt als Charakteristika des Volksliedes feststellt, stimmt weitgehend mit dem Ideal der Berliner Liederschule, der er sich angeschlossen hatte, überein und wird durch diese Optik mit bestimmt: Die Melodie muß sich ohne Begleitung und unisono behaupten können – das System der Harmonik wird als Beschränkung zurückgewiesen – und *Liedermelodien ... müssen ... die Weise des Liedes so treffen, daß man die Melodie, weiß man sie einmal, nicht ohne die Worte, die Worte nicht ohne die Melodie mehr denken kann ...*[49] (Johann Abraham Peter Schulz forderte 1784, also wenig nach Reichardt, in seiner Vorrede zur 2. Auflage der *Lieder im Volkston*, die Melodie müsse sich dem Text anschmiegen *wie ein Kleid dem Körper*.)[50] In der Antwort auf die Frage, wie Volkslieder entstehen, gibt sich Reichardt als Rationalist zu erkennen. Er warnt den jungen Künstler vor einem mißverstehenden Zurück-zur-Natur:

> *Ueberall, wo nur schönes Naturbedürfniß befriedigt sein will, ist beym Künstler Verläugnung der Kunst – nicht Unwissenheit in der Kunst – höchste Kunst. Auf diesem höchsten Gipfel ist der Künstler erst wieder dem reinen unbefangenen schönorganisirten, glücklichen, kunstsinnigen Naturmenschen gleich. Dieser kann nur Volkslieder singen, jener nur sie machen.*[51]

Volkslieder, Lieder im Volkston, Lieder für das Volk, diese Begriffe gehen ineinander über; gemeinsam ist ihnen die Richtung auf Ablehnung einer virtuosen Musik

---

[47] AMZ Nr. 5, 29. Okt. 1800, Sp. 73–81; Nr. 6, 5. Nov., Sp. 89–94; Nr. 7, 12. Nov., Sp. 105–111.
[48] *Es ist wirklich eine eigene Bemerkung, dass fast alle europäische Nationen, die gebildeten und ungebildeten, die leztern fast noch mehr als die erstern, Volksgesänge haben, die auf die allgemeine Empfindung wirken und sich erhalten; bey uns Deutschen hingegen ist dies der Fall nicht. Man kann nicht sagen, dass wir ächte Nationallieder besitzen, die nur angestimmt werden dürfen, um sogleich Herz und Sinn jedes Deutschen anzuregen; höchstens ist eine oder die andere deutsche Provinz, Schwaben zum Beyspiel, und wenn man die Schweiz dazu rechnen will, auch diese noch im Besitz von allgemein gangbaren Liedern, die Jung und Alt auswendig weiss und gern im Munde führt. Kommt ein und das andere Lied, oder was man dafür gelten lassen will, etwa vom Theater, durch die arrangirenden Klaviermeister in Familien oder aber sonst auf die Strasse und so unter die grosse Menge, so wird es eine Weile durchgeschrien, durchgeklimpert und in Gärten und an öffentlichen Wegen so lange durchgefiedelt, dass man, wenn man es nur von fern anrühren hört, davon läuft.* (ebda., Sp. 73).
[49] *Musikalisches Kunstmagazin*, Bd. 1, S. 3.
[50] Max Friedlaender, *Das deutsche Lied im 18. Jahrhundert. Quellen und Studien*. Stuttgart und Berlin 1902, Bd. 1, 1. Abt.: *Musik*, S. 257.
[51] *Musikalisches Kunstmagazin*, Bd. 1, S. 6.

– sei es der Bach-Tradition (Reichardt, selbst ein großer Bach-Verehrer, hatte die Kritik des Theoretikers des strengen Satzes in Berlin, Kirnberger, zu spüren bekommen), sei es der italienischen Oper. Auch mit einer Kritik an der damaligen Gesangskultur will Reichardt seine Liederspiele propagieren. Er beginnt seine Einleitung zu den Liederspielen:

> *Mit Bedauern sah' ich seit einiger Zeit, wie das deutsche Opernpublikum immer mehr und mehr blos an halsbrechenden Schwierigkeiten und betäubendem Geräusch Gefallen fand; die angenehmsten Lieder – die allein Einfluß auf die Gesangbildung des grossen Publikums und selbst auf dessen frohen Lebensgenuß Einfluß haben können – sah' ich oft unbeachtet vorüber tönen. Der einfache, rührende, bedeutende Vortrag verständiger, gefühlvoller Sänger und Sängerinnen bleibt oft ohne Theilnahme, wenigstens ohne Theilnahmebezeigung, welche die Sänger doch allein von jener unterrichtet. Sobald aber einer nur aus Leibeskräften hohe und tiefe Töne schnell hintereinander herausgurgelte, war des Klatschens und Beifallrufens kein Ende. Das deutsche grosse Publikum scheint sogar noch nicht einmal den Begriff gefaßt zu haben, daß die einzige wahre und grosse Schwierigkeit in der Kunst nur darinnen besteht, daß das Hervorgebrachte – welcher Art es auch immer seyn mag – rein und vollendet sey.*[52]

Auch in seinem Büchlein *Über die Deutsche comische Oper*, das vor allem eine Analyse der *Jagd* von Weiße und Hiller darstellt, hatte Reichardt schon 1774 Anweisungen zum Gesang gegeben: *. . . die erste Regel des Gesanges aber ist, mit offenem Munde zu singen.*[53] Im Liederspiel *Lieb' und Treue* gibt Richard seinen Töchtern Anweisungen zum Singen: *Aber ja recht frei! und die Worte recht deutlich . . . ,*[54] womit Reichardt auch das Publikum belehren will, denn sein Ideal ist es, in dieser Gattung Lieder singen zu lassen, *die allen . . . Lieblingslieder waren, die alle singen konnten . . . (die) dem Publikum schon längst bekannt (waren).*[55] Das einfache Klavierlied, zu dem die zu Hause singende Bürgersfrau sich selbst begleitete, war im 18. Jahrhundert weit verbreitet. Reichardt möchte es von virtuosen Einflüssen reinigen und melodisch dem Volkslied nähern.

Die künstlerische Intention der Gattung *Liederspiel* wird nach dem Bisherigen vielleicht deutlicher, als wenn man sie nur als späte, etwas karge Variante des Singspiels betrachtet. Alles, worin das Singspiel der Oper verpflichtet ist, wird von Reichardt für das Liederspiel verworfen:

1. Die Rezitative, die Reichardt als der Natur der deutschen Sprache *höchst zuwider* ansah, wie er schon 1782 in seinem Aufsatz *Ueber das deutsche Singeschauspiel* meinte.[56]

---

[52] *Liederspiele*, a.a.O., S. III; kürzer AMZ 1801, Sp. 709f.
[53] *Joh. Friedrich Reichardt über die Deutsche comische Oper nebst einem Anhange eines freundschaftlichen Briefes über die musikalische Poesie. Hamburg 1774*, S. 9.
[54] *Liederspiele*, a.a.O., S. 12.
[55] ebda., S. VIf.; AMZ 1801, Sp. 711f.
[56] *Musikalisches Kunstmagazin*, Bd. 1, S. 161.

2. Die großen Arien. In seinem Buch *Über die Deutsche comische Oper* hatte Reichardt die Praxis von Hiller gelobt, weitgehend auf *die langen weitschweifigen Arien* zu verzichten.[57]

> *Indessen konnte H. H. die großen Arien doch nicht ganz verwerfen, sondern behielt sie nur zum Unterscheidungszeichen edlerer Personen vor, wenn die in der Gesellschaft natürlicherer Menschen auftreten. Ich finde dieses sehr schicklich, und besonders alsdenn, wenn ich die Galerie, über jenen König, oder diesen Hofmann, mit dem weit aufgesperreten Maule, lachen höre.*[58]

Da in *Lieb' und Treue* die Aristokraten nicht mehr als solche auftreten, sondern als einfache, liebende junge Menschen in der ihre Natürlichkeit symbolisierenden Verkleidung von Schweizerburschen, ist es künstlerisch konsequent, auch sie keine Arien mehr singen zu lassen, sondern Lieder, z. T. eben auch Volkslieder.

3. Die Ensembles fallen fort, da keine differenzierte Charakterisierung einzelner Personen beabsichtigt ist. An ihre Stelle treten abwechselnd gesungene Liedstrophen

[57] a.a.O., S. 7.
[58] ebda., S. 8.

oder mehrstimmige Lieder, die allerdings ganz von der Oberstimme her komponiert sind und jeder Polyphonie entbehren. Die Konzentration auf die Oberstimme unter Ausschaltung des Generalbasses entsprach einem Ideal der Berliner Liederschule. Die zweite Stimme folgt der ersten fast nur in Terzen oder Sexten, oft auch eine Oktave tiefer unisono. In *Lieb' und Treue* wird durch mehrstimmige Lieder durchweg das harmonische Verhältnis der Personen verdeutlicht. Ein spritziger Streit etwa, der in Ensembles das Singspiel würzen konnte, ist völlig vermieden.

4. Für eine Ouvertüre wäre musikalisch gar nicht genug Stoff da, auch würde sie falsche Erwartungen wecken:

> *Statt der Ouverture spielten die Blasinstrumente blos eine angenehme bekannte Liedermelodie, die auf den ländlichen Charakter des Stücks vorbereitete, und deren Worte selbst, wenn sie den Zuhörern einfielen, nicht ohne Beziehung auf das Stück waren.*[59]

Es handelt sich um Reichardts Vertonung von Johann Georg Jacobis *Wie Feld und Au / so blinkend im Tau . . .*[60] Schon für Goethes *Jery und Bätely* hatte Reichardt in der Einleitung die Melodie zu *Wenn ich ein Vöglein wär . . .* verwendet. (Text und Melodie dieses Liedes g e m e i n s a m sind erstmals in *Lieb' und Treue* aufgezeichnet.)[61]

[59] *Liederspiele*, S. XIIf.; AMZ 1801, Sp. 714.
[60] s. Pröpper, Bd. 2, S. 116. In der Partitur statt „blinkend": „glänzend".
[61] s. Friedlaender, a.a.O., Bd. 2: *Dichtung*, S. 150f. u. 541f.

Dem patriotischen Stück *Juchhei!* setzt Reichardt allerdings einen Marsch voraus, leitet aber *Kunst und Liebe* wieder mit einem Schweizer Kuhreigen ein.

5. Der Gesang wird von wenigen Instrumenten begleitet, vor allem von Bläsern (Flöte, Oboe, Fagott und das von Reichardt geschätzte Horn), seltener von Streichern (Violine, Viola, Baß); dabei spielen die Instrumente keine eigenständige Begleitung, sondern verstärken nur die Singstimme. Bei den Berliner Aufführungen wurde, wie die handschriftliche Partitur erweist, zum Einstimmen des Sängers jeweils die Melodie kurz angespielt. Diese kleinen Vorspiele fehlen aber im Klavierauszug. Im Klavierauszug sind Singstimme und Klavier in nur zwei Systemen angegeben, was der Vorrangstellung der Melodie vor der Begleitung in der Berliner Liederschule entspricht. – Im zweiten und dritten Liederspiel schreibt Reichardt aber öfters in drei Systemen; entsprechend ist die Begleitung z. T. stärker ausgearbeitet. (Bemerkenswert sind in *Juchhei!* zwei Lieder von Reichardts damals 21jähriger Tochter Luise, von denen besonders *Feldeinsam flog ein Vögelein...* nach Tieck Beachtung verlangt.)[62]

[62] s. Pröpper, Bd. 2, S. 122f. – Dieses Lied, das wenig vorher in der Sammlung *XII. Deutsche Lieder von Johann Friedrich Reichardt und dessen Tochter Luise Reichardt*, Zerbst 1800 in etwas ungeschick-

Einige der Lieder aus *Lieb' und Treue* möchte ich zum Schluß als charakteristische Beispiele kurz vorstellen:

1. Als Beispiel für ein Volkslied das von Reichardt als solches bezeichnete *Schweizervolkslied: Es ist nit lang daß's g'regnet hat* . . . Nach freundlicher Auskunft des Freiburger Volksliedarchivs handelt es sich dabei, wie bei den anderen *Volksliedern*, um echte, auch anderweitig belegte Volkslieder.[63]

terer Fassung abgedruckt worden war, bekam von der zeitgenössischen Kritik ein Lob: *Besonders gut ist ihr das Herbstlied gerathen, worin vorzüglich der Schluss ganz den naiven, wundersamen Ton des Gedichts ausdrückt. Warum hat Demoiselle R. aber nicht zugleich angezeigt, wie man die letzte Zeile der 4ten Strophe: „Ist und bleibt Frühlingsschein" singen solle, da sie zu der vorstehenden Melodie schlechterdings nicht passen kann, indem sie einen Fuss zu viel hat?* (AMZ, 2. Jg. Nr. 27, 2. April 1800, Sp. 475). Der Schluß ist in *Juchhei!* verbessert.

[63] So auch: *Wenn ich ein Vöglein wär* . . . (zuerst in einer Flugschrift von 1756 ohne Melodie); *Du hast gesogt, du wollst mi nemma* . . .; *Ull Mann wull rieden* . . .; *Es ritten drei Reuter zum Thor hinaus* . . . (zuerst im *feynen kleynen Almanach* 1777, S. 74f.). Für die freundliche Auskunft danke ich Herrn Dr. Jürgen Dittmar vielmals.

2. Als Beispiel für ein *Lied im Volkston* das schlichte Kunstlied *Wie lieb' ich euch ihr Nachtigallen* . . . Die Melodie läßt höchstens zwei Töne auf eine Silbe zu; das Lied ist auch ohne Begleitung singbar.

3. Das sentimentale Kunstlied *Wann, o Schicksal* . . . auf einen Text des Schweizer Naturlyrikers Johann Gaudenz von Salis-Seewis. Der Matthisson-Schüler wurde von Reichardt, wie auch Friederike Brun und wie die Dichter des Göttinger Hain, besonders gern vertont. Typisch für Reichardts Vertonungsstil sind die Vorhalte in der Melodie; sodann der Einsatz des verminderten Septakkords zum Ausdruck der Beklommenheit auf *seufz' ich leise*. Reichardt achtete sehr auf eine gute Deklamation; hingegen konnte er den Charakter eines Gedichtes nicht immer in der ganzen Vertonung durchhalten. Er komponiert stets eng am Wort entlang.

4. *Seht wie die Tage* . . . : Ein für Reichardt leider typisches Nachlassen der Inspiration findet sich in diesem Lied (der Text ebenfalls von Salis-Seewis) beim Abschluß der Melodie auf *blau ist der Himmel und grünend das Land*. Gelungen ist hingegen der Unisono-Moll-Teil auf *Klag' ist ein Misston im Chore der Sfären* . . . Interessant ist, daß zur Vertonung der Wörter *Klag'* und *Misston* zum Moll gegriffen wurde. Ein Mißton wäre für Reichardt nicht direkt musikalisch ausdrückbar gewesen – schon *komische Musik* läßt er nur als Ausnahme zu[64] –, so greift er zu dem kompositorischen Mittel, das für manche Ohren noch ungewohnt und zu traurig klang (erinnert

---

[64] Für die eigentliche komische Musik – die so wenig wahre Musik ist, als Seiltanz wahrer Tanz ist – für diese wünscht' ich sehr, daß das ganz eigentliche Possenspiel dazu gewählt und dadurch wieder in Schwung käme. (*Ueber das deutsche Singeschauspiel*, in: *Musikalisches Kunstmagazin*, Bd. 1, IV. Stück, S. 162.)

sei an das Verbot Friedrichs II.). – Das Lied ist auch im Klavierauszug für zwei bzw. drei Singstimmen ohne Begleitung gesetzt.

5. Die Vertonung des Goethegedichts *Jägers Nachtlied*, bei dessen Text Reichardt sich starke Eingriffe erlaubt. So lautet die erste Strophe bei Goethe in Reichardts Vertonung:

> *Im Felde schleich ich still und wild,*
> *lausch mit dem Feuerrohr;*
> *da schwebt so licht dein liebes Bild,*
> *dein süßes Bild mir vor.*[65]

---

[65] Johann Friedrich Reichardt, *Goethes Lieder, Oden, Balladen und Romanzen mit Musik.* Teil I. Hg. v. Walter Salmen, München und Duisburg 1964 (= *Das Erbe deutscher Musik.* Bd. 58), S. 47. Zu Goethes verschiedenen Fassungen seines Gedichts siehe: *Goethes Werke*, hg. im Auftrage der Großherzogin Sophie v. Sachsen *(Weimarer Ausgabe)*, Bd. 1, Weimar 1887, S. 99 und 392f. und: J. W. Goethe, *Gedenkausgabe der Werke, Briefe und Gespräche.* 28. August 1949. Hg. v. Ernst Beutler *(Artemis-Ausgabe)*, Zürich, Bd. 1, 1950, S. 69; Bd. 2, 1953, S. 702f.

und in *Lieb' und Treue:*

> Im Walde schleich' ich still und wild,
> mein Herz will nicht von hier;
> da schwebt so licht dein liebes Bild,
> dein süsses Bild vor mir.[66]

[66] *Musik zu Joh. Friedr. Reichardts Liederspielen,* S. 5. Im Textbuch *Liederspiele,* S. 17 steht wohl nur irrtümlich statt *licht: leicht,* in der Partitur statt *vor: von.*

Die starke Veränderung dieses und anderer Gedichte Goethes erscheint heute als Sakrileg, so wie man auch die Einlage von Goetheliedern in die schlichte Handlung überhaupt als problematisch empfindet. Es ist nicht überliefert, wie Goethe diese Technik beurteilte, falls er die Liederspiele kennengelernt hat. Albertsen hat in dem Aufsatz *Goethes Lieder und andere Lieder* auf Goethes „Pflege einer bisher mehr subliterarischen Gattung"[67] und seine fördernde Zusammenarbeit auch mit Dilettanten hingewiesen. Ob Goethe allerdings Eingriffe in seine Lyrik hingenommen hätte, ist zu bezweifeln. – Von der vorliegenden Vertonung jedenfalls wissen wir, daß Goethe sie schätzte.[68] Das Lied, von dem es auch eine Fassung für zwei Waldhörner gibt, ist in – von Reichardt sogenannten – *Hornharmonien* geschrieben. Reichardt sah die *Hornharmonien* als eine besonders urtümliche Musikform an und unterschied sie vom Volkslied.[69] Bemerkenswert ist der Schluß der Melodie auf der Terz, durch den das Offen-Sehnsüchtige des Gedichts gut erfaßt wird.

Auf musikalischem Gebiet führt das Liederspiel also zu einer – wenn auch sehr bewußten – Reduktion. Wirklich neu auf der Bühne sind nur die von Reichardt aufgezeichneten Volkslieder – schlichte Kunstlieder wurden auch im Singspiel schon vorgetragen. Diese Volkslieder machen aber nur den geringeren musikalischen Anteil aus. Die satirischen Möglichkeiten, die sich Reichardt mit der Abkehr von der großen Bühne und im Anschluß an das Volkstümliche geboten hätten, nutzt er nicht aus. Er beschreibt in seiner Einleitung zum Textbuch die Anregung, die er vom Pariser Vaudeville erhielt:

Schon in früheren Jahren, wenn ich mich in Paris an manchem witzigen und satyrischen Vaudeville-Stück ergötzte und mir der Gedanke kam, das angenehme unterhaltende Geschlecht auch auf den deutschen Boden zu verpflanzen, ward ich nur zu bald gewahr, daß wir das eigentliche französische Vaudevillestück, dessen Seele Witz und Satyre ist, gar nicht haben können, weil wir keine witzigen und satyrischen Lieder haben, die allgemein gesungen und sentirt würden, und weil, wenn es uns auch nicht an Dichtern fehlen sollte, die Witz und Welt genug hätten, um das leichte lose Geschlecht mit Glück zu bearbeiten, unser grosses Publikum doch wohl schwerlich Sinn und Geschmack dafür haben möchte. Solche Melodieen, wie die meisten französischen Vaudevillemelodieen, die oft sehr wenig von eigentlicher Musik an sich haben, und die auch dergestalt vorgetragen werden, daß die Verse weit mehr gesprochen als gesungen, und die Einschnitte und Ruhepunkte vom Sänger jeder noch so abweichenden Strophe gemäß, der Melodie oft ganz entgegen genommen werden; dies würde deutschen Ohren, die an eine gute melodische, rythmische und harmonische

---

[67] In: *Deutsche Literatur zur Zeit der Klassik*. Hg. v. Karl Otto Conrady. Stuttgart 1977, S. 172. s. auch das informative Nachwort von Hans-Albrecht Koch zu: Johann Wolfgang Goethe, *Singspiele*, Stuttgart 1974.
[68] J. F. Reichardt, *Goethes Lieder . . .*, a.a.O., Teil II (= *Das Erbe Deutscher Musik*, Bd. 59), S. 94.
[69] s. Franz Flößner, *Beiträge zur Reichardt-Forschung*, Diss. Frankfurt a. M. 1928, S. 101f.

Folge, und an faßliche musikalische Perioden in der Melodie gewöhnt sind, wenig genügen.[70]

Eine Übertragung auch der geistreichen Züge des Vaudeville auf das Liederspiel hätte der versteckten Gesellschaftskritik von *Lieb' und Treue* vielleicht nicht schlecht angestanden.

Aber so wie Reichardts Revolutionsbegeisterung vor allem in einer Ablehnung jeder Unterdrückung bestand, während ihn gleichzeitig die neue politische Realität verständlicherweise abschreckte, so bestand ein wesentlicher Impetus für das Liederspiel in der Ablehnung alles dessen, was für unnatürlich erklärt wurde, ohne daß Reichardt das so entstandene Vakuum künstlerisch voll befriedigend auszufüllen verstand, wenn auch der Versuch, Volkslieder auf diese Weise wieder populär zu machen, Achtung verdient.

---

[70] *Liederspiele*, S. IXf.; vgl. AMZ 1801, S. 712.